Contemporary psychology:
Behavioral investigations of mind.

現代心理学

行動から見る心の探求

伊藤正人 編
Masato Ito

昭和堂

はじめに

　本書「現代心理学：行動から見る心の探究」は，現代心理学の主要な領域を取り上げ，心理学の研究の基本的な考え方とこれまでに蓄積されてきた心理学の諸事実をわかりやすく概説したものである．「現代」と冠したのは，できるだけ最近の研究成果を取り入れることを目指したからである．副題は，私たちの立場（行動分析学）から「心」というものをどう考え，これをどう扱うのかという視点から付けたものである．私たちの立場は，第1章「現代心理学の哲学的基盤」で示したように，徹底的行動主義とその延長線上にある「心」の見方である．必ずしもすべての章でこうした立場から諸現象が取り上げられているとはいえないが，多くの章では，行動分析的視点が諸現象の理解に役立っていることを示すことはできたと思っている．また，副題の「探究」とは，知識を論証・検証すること，また様々な問題を解決する過程を意味する言葉であり，行動分析学の方法論である実験的行動分析とその応用を目指した応用行動分析の考え方そのものといえる．この意味で，副題は，私たちの哲学的基盤と研究上の実践の有様を表すものである．

　本書の構成は，第1章「心理学を学ぶ」から第14章「治す」までの14章からなる．大学その他の教育機関の初学者を対象とした共通教育の「心理学」あるいは心理学専攻生を対象とした「心理学概論」などの入門的講義のためのテキストとして，通年30回分の講義を想定して編集したものである．半期の講義に供する場合には，各章1回分として教授者が各章の内容を適宜判断して取捨選択してほしい．

　本書の特徴は，上に述べた行動分析学の枠組みから心理学の各領域をまとめたこと以外にも，できるだけ筆者らの研究成果あるいは日本人研究者の研究成果を取り入れるように努めたこと，心理学が私たちの日常生活の様々な出来事と密接な関係をもっていることに受講者の注意を向けたこと，また心理学を理解する手助けとしてコラムや課題，各章の最後に読書ガイドを設け

たことなどである．こうした工夫が少しでも読者の心理学への関心を高め，心理学の理解につながれば幸いである．

平成25（2013）年3月
編者　伊藤正人
京都洛南の町家にて

現代心理学
行動から見る心の探究

現代心理学：行動から見る心の探究●目次

第1章　心理学を学ぶ：来し方・行く末 …………………… 1

日常的出来事の中の心理学の問題（崖っぷち犬，ブランド品の購買，路上の放置自転車，ニュータウンの中の踏み跡の道，日常場面の出来事の心理学的説明）／心理学の対象と方法（近代心理学の成立，ヴントの心理学体系／ヴント心理学への様々な批判／ワトソンの「科学としての心理学」／新行動主義における心理学体系の展開／心理学に影響を及ぼした他分野の新しい潮流）／現代心理学の哲学的基礎（2つの行動主義，心の哲学）

コラム：「ダンゴムシに心はあるのか：心の哲学」，「私とは何か：自分の中に自分はいない」

読書ガイド，課題

第2章　研究の進め方：観察と実験 …………………… 15

科学的研究とは／科学の方法／研究における分析と統合／心理学の方法：相関分析と因果分析／観察：相関関係の同定（サンプリング，観察データの記録法，観察の信頼性，観察者の存在，相関分析，事例研究法，質問紙調査法）／実験：因果関係の同定（独立変数と従属変数，剰余変数と混交要因）／基本的な実験法（群間比較法，個体内比較法）／研究倫理（人権・福祉・動物愛護，説明と同意，情報の管理，研究成果の公表）

コラム：「ピアソンの統計学けんか物語」

読書ガイド，課題

第3章　感じる：感覚 …………………… 31

視覚（色覚，色の3属性，色覚の理論，視力）／聴覚（聴覚の物理的特性と心理的特性）／心理物理学（刺激閾と弁別閾）／感覚の時

間的側面／感覚の相互影響／尺度構成（マグニチュード推定法による音の大きさの尺度化）／その他の感覚（味覚，嗅覚，痛覚）
コラム：「経済学におけるフェヒナーの法則」
読書ガイド，課題

第4章　知る：知覚　51
物理的世界と心理的世界の対応（多義図形と曖昧図形，知覚的補完，錯視，不可能図形，恒常性）／奥行き知覚（生理的（構造的）要因，心理的（機能的）要因）／運動知覚／時間知覚／知覚の能動性
コラム：「生物から見た世界」
読書ガイド，課題

第5章　経験から学ぶ：学習　67
学習研究前史／行動生物学／反射の原理：レスポンデント条件づけ（情動条件づけ）／行為の原理：オペラント条件づけ（効果の法則，スキナーの強化理論，行動随伴性の種類，強化スケジュール，弁別と般化，条件性強化と行動の連鎖，プレマックの原理）
コラム：「味覚嫌悪学習」
読書ガイド，課題

第6章　複雑な学習：オペラント条件づけの展開　87
思考・言語・コミュニケーション（洞察，人工言語習得，刺激等価性，記号によるコミュニケーション）／選択行動（マッチング法則，行動経済学）／家庭と教育場面における学習（概念形成，観察学習，プログラム学習とティーチング・マシン）
コラム：「社員の遂行を改善するには：強化理論の応用」
読書ガイド，課題

第7章 適応する:動機づけと情動 — 103

動機づけと情動／動機づけと情動の生理学的基礎(ホメオスタシス,飢えと渇き,性行動,情動)／動機づけと情動の行動的基礎(生得的動機,学習性動機,情動の表出,内受容刺激,生得的情動と習得的情動)

コラム:「映画「羊たちの沈黙:内なるものは外にあり」

読書ガイド,課題

第8章 憶える・忘れる:記憶 — 119

記憶とは／エビングハウスの忘却曲線／記憶の情報処理モデル(記憶の貯蔵庫モデル,符号化,リハーサル,系列位置効果,ワーキングメモリ,長期記憶の種類)／プライミングと意味記憶のモデル／忘却とその規定因(目撃証言の信頼性)／動物の記憶(見本合わせ課題による短期記憶の測定,動物における系列位置効果,動物における逆向干渉,短期記憶:チンパンジーとヒトの比較)

コラム:「記憶喪失と記憶の手がかり」

読書ガイド,課題

第9章 選ぶ・決める:意思決定 — 137

規範理論と記述理論／期待効用理論／プロスペクト理論(価値関数,重みづけ関数)／衝動性と自己制御(自己拘束,フェイデング法)／報酬の価値割引(双曲線関数的割引過程,ヒトの遅延割引,遅延割引に影響を及ぼす要因,確率割引)

コラム:「ノーベル賞を受賞した心理学者」,「意思決定研究への新しいアプローチ:神経経済学」

読書ガイド,課題

第10章　考える・話す：思考と言語 ……………………………… 153

思考とは（試行錯誤と洞察, 問題解決と経験, アルゴリズムとヒューリスティック）／推論（演繹的推論, 4枚カード問題, 帰納的推論, ベイズ的推論）／言語とは（言語構造論, 言語機能論, ルール支配行動, 思考と言語の関係）

コラム：「創造的思考と行動変動性」

読書ガイド, 課題

第11章　生きる：発達 ……………………………………………… 169

発達の理論（ヴィゴツキーの発達理論, エリクソンの発達理論, ピアジェの発達理論）／認知の発達（知能の発達）／自己制御の発達（満足の遅延, 自己制御の発達の2段階説, 自己制御の発達研究の展開）／社会性の発達（社会性の芽生え, 愛着の発達, 心の理論）, 発達の研究法

コラム：「江戸時代の子育て」

読書ガイド, 課題

第12章　人となり：パーソナリティ ……………………………… 187

類型論（クレッチマーの類型論）／特性論（オールポートの特性論, アイゼンクの特性論, 5因子モデル, 類型論と特性論の比較）／精神分析理論とパーソナリティ（フロイトの心的構造論, ユングの理論）／学習理論とパーソナリティ（葛藤場面の接近・回避行動）／人か状況か論争（認知的・感情的システム理論）

コラム：「パーソナリティと教育：フロイトとスキナー」

読書ガイド, 課題

第13章　他者とのつながり：社会的行動 ………………………… 205

社会的認知（印象形成, 帰属, 態度と行動）／社会的影響（社会的

促進と社会的抑制，同調行動）／社会的相互作用（社会的交換理論，共有地の悲劇）／ゲーム理論と社会的ジレンマ（ゲーム理論による動物の社会的行動の研究，社会的相互作用とマッチング法則，社会的順位）／社会割引／理想自由分布理論（動物の研究，ヒトの研究）

コラム：「ミルグラムの服従実験」

読書ガイド，課題

第14章　治す：臨床　　225

精神分析学（精神分析療法，防衛機制）／クライエント中心療法（セラピストの基本的態度，自己概念と適応）／科学的根拠にもとづく治療法／行動療法（拮抗条件づけ，応用行動分析，他行動強化法，行動経済学的アプローチ，認知行動療法）

コラム：「スクールカウンセリングの実際：不登校への対応と予防」，「医療場面の応用行動分析」

読書ガイド，課題

文　献　　241

索　引　　255

心理学を学ぶ：
来し方・行く末

「（心理学の目的は）霊魂の本性と本体，ならびに二次的にそれに属するすべての現象を発見し確実に知ることである」

―――アリストテレス 『霊魂論』より

心理学という学問が扱う問題は，人類の誕生とともに生まれ，今日まで人類の普遍的な問題として人々の関心を引く，古くて新しいものである．ギリシアの哲学者アリストテレスの著した「霊魂論（デ・アニマ）」が，心理学の問題を初めて体系的に論じた著作とされるが，心理学という学問は，その後の長い暗黒の中世のなかではほとんど進展しなかった．やがて13世紀以降のルネサンス期になって，人の経験や知識についての関心が高まることによって，ようやく自由に学問論を展開できるようになったのである．心理学の問題を扱う分野は，長らく哲学であったが，心理学が哲学から独立した学問の一分野として認識されるようになるのは，19世紀も後半になってからであった．これが現代心理学のルーツである．この新しい心理学は，当時の生理学的研究を基礎にした実験的な生理心理学であり，ドイツのウィルヘルム・ヴント（Wundt, W.）によって代表されるものである．このようにして誕生したヴントの心理学体系の普及とそれに対する様々な批判が現代心理学の歴史を形作ることになる．

◎日常的出来事の中の心理学の問題

　私たちの日常生活の中には様々な心理学の問題が含まれている．ここでは，いくつかの日常場面の出来事（事例）を取り上げ，どのような心理学の問題が含まれるのかを見てみよう．

○崖っぷち犬

　何年か前に，ある市の住宅地裏の崖の擁壁に誤って落ちた野犬（崖っぷち犬）の救出劇に全国的な注目が集まったことがあった．救出後，この犬の妹も含めた捕獲された複数の野犬の飼い主を募集したところ，全国から多数の問い合わせがあったという．最終的に市の保護センターに11名の希望者が集まり，抽選の結果，この犬の飼い主は決まったのであるが，抽選に外れた人々は他の犬を引き取ることもなく帰ったのである．なぜ抽選に外れた人たちは他の犬を引き取らずに帰ってしまったのであろうか．ここに集まった人たち

は，どうやら動物愛護という観点で犬を引き取りに来たのではなく，全国的に注目を集めた「崖っぷち犬」の飼い主になりたかったのである（後日談として，この飼い主は，人慣れしていない犬を飼いきれず，この犬は再び保護センターに戻ってしまったという）．

図1-1　崖っぷち犬（毎日新聞社提供）．

○ブランド品の購買

現代社会はブランド社会であるといわれる．街中には，様々なブランド品があふれている．衣類，バッグ，靴などに付けられた特定のブランドであることがわかる独特の柄やロゴマークが目に入ってくる．これらには，王族・貴族など特別な階級の人々から長年愛用されてきたとか，有名な俳優が使用しているという宣伝が付随している．

図1-2　ブランド品．

また，これらは例外なく高価である．なぜ人々はこのような高価なブランド品を欲しがるのだろうか．ブランド品の購買は，経済学の「需要と供給」という枠組みからは十分に説明することが出来ない．

○路上の放置自転車

街中を歩いていると，放置自転車の多いことに気づく．路上に放置されている自転車が，歩行者の通行の邪魔になり，点字ブロック上にも止めてあることで，障害者にとっても障害物になっている．自転車は，化石燃料を使わないため，地球に優しい移動手段で

図1-3　大阪御堂筋の放置自転車．

第1章　心理学を学ぶ：来し方・行く末　3

あるといわれているが，現代社会の抱える問題，特に，都市の社会問題の一つとなっているのである．駐輪禁止の表示がされているにもかかわらず，人はなぜ路上に自転車を駐輪してしまうのであろうか．

○ニュータウンの中の踏み跡の道

大都市の郊外には人工的に作られた街がある．こうした人工的な街は，大都市への人口集中から生じた都市政策の一つとして作られたのである．この人工的な街中を歩いてみると，道のそばに人の踏み跡が重なってできた道があるのに気づく．また，朝の通勤・通学時には，横断歩道のない道を，大勢の人たちが自動車の合間を縫うように渡る危険な光景を見かけることもある．なぜ人は作られた道を通らないのであろうか．

図1-4　ニュータウンに出来た踏み跡の道．

○日常場面の出来事の心理学的説明

これらの事例は，いずれも心理学の問題と密接な関係がある．「崖っぷち犬」と「ブランド品」の事例では，動物愛護や鞄の機能（たとえば，物を収納して運ぶもの）とは別に，ここには，全国的な注目を集めた犬の飼い主になること，また，世界の王室・貴族が愛用しているものを自分も持つことという社会的効用が存在している．社会的効用とは，心理学的価値（主観的価値）のことである．心理学は，このような心理学的価値がどのように形成・維持されるのかを明らかにしようとする（第7章「適応する」参照）．また，「放置自転車」と「踏み跡の道」の事例では，目的地に最短時間（距離）で行こうとする「行動原理」が働いている．通勤・通学時には，だれでも駅まで最短距離を通ろうとする．そこに道が作られていなければ，踏み跡の道ができるし，横断歩道が設けられていなければ，危険な光景が現出することになる．放置自転車やニュータウンの道路計画の問題は，このような「行動原理」を十分に考慮していないことから生じたものといえる．したがって，このよう

な社会問題の解決には，ヒトの「行動原理」を十分に考慮した計画が不可欠なのである（第5章「経験から学ぶ」参照）．

◎**心理学の対象と方法**

現代心理学における代表的な心理学の教科書の一つであるアトキンソンとヒルガードの「心理学入門（*Atkinson & Hilgard's introduction to psychology: 16th ed.*）」では，「行動と心的過程の科学的研究」として心理学の研究対象と方法を定義している（Nolen-Hoeksema, Fredrickson, Loftus, & Lutz, 2014）．この定義はかなり広いので，心理学のあらゆる立場の違いも含んでしまうという利点もある一方で，立場の違いを隠してしまうという欠点もある．この定義のように，行動と心的過程とが並立していることは，2つの別の研究対象があることを表しているように見えるが，行動と心的過程は別のものなのであろうか．それとも同じものなのであろうか．一方，このような対象を扱う方法は，どのようなものであろうか．この場合の方法とは，物理学や生物学などの自然科学の方法と同じものなのであろうか，あるいは心理学独自の方法が必要なのであろうか．こうした疑問に答えるには，現代心理学の歴史を振り返って見ることが早道である．

どのような学問も，その学問が扱う**対象**と，その対象を扱うための**方法**がある．日常場面のさまざまな問題を心理学の研究対象として，どのように扱うことができるのか，あるいは，どう扱うことが適切なのかを問うことが，心理学の**方法論**なのである．心理学においては，対象と方法の問題は，心理学の重要な論争を引き起こしてきた問題であり，この論争が心理学の歴史を作ってきたといえる．ここでは，現代心理学の歴史を振り返りながら，心理学の対象と方法の問題を考えてみよう．

○近代心理学の成立

現代心理学の直接的なルーツは，19世紀後半に成立した新しい心理学の流れである．この心理学は，同時期の生理学者ウエーバー（Weber, E. H.）や，物理学者フェヒナー（Fechner, G. T.）あるいはヘルムホルツ（Helmholtz, H. L.

図1-5 ヴント (1832-1920)

F.) らが行った感覚に関する実験的研究に基礎をおいている．これらの研究の中から最初に心理学の体系化を試みたのがドイツの心理学者ヴントであった．

○ヴントの心理学体系

　近代心理学の出発点は，ヴントがライプチヒ大学教授に就任した1875年，または，同大学に「心理学実験室」を創設した（創設というよりは公的に認められた）1879年とするのが一般的である．ヴントの心理学体系は，感覚，知覚，感情など外的な刺激により直接的に変化する過程を扱う「生理学的心理学」と，思考や意志など高次な過程を扱う「民族心理学」に分けられる．前者の生理学的心理学は，今日とは異なる，狭い意味での**実験心理学**（experimental psychology）であり，その内容は，生理学研究で用いられた実験法と，心理学の研究，特に直接経験という意識を扱うのに必要な特別な方法として彼が考案した**内観法**（introspection）を結びつけたものであった．内観法とは，外的に呈示された刺激により生じた感覚を，特別に訓練された被験者（現在では実験参加者という）が単位となる感覚要素に分解して報告するものであるといわれているが，今日では，それが実際どのようなものであったかについて不明な点も多い．

　ヴントの心理学を狭い意味の実験心理学として見ると，ヴント心理学の対象は，外的刺激に対して変化する直接経験という意識であり，このためヴント心理学は，その研究対象から，**意識心理学**とよばれる．また，このような意識を扱うための方法として実験法とともに内観法を用いたことから，その方法論から，**内観心理学**ともよばれる．ヴント心理学の内容は，内観法の目的から明らかなように，意識を感覚の基本単位に分解し，それらから意識を再構成することを目指したものである．したがって，ヴント心理学は，その内容から**要素心理学**とよばれる．このヴント心理学の内容の特徴は，ヴント

の研究室で学んだ米国のホール（Hall, S.）がさらに発展させ，後に，**構成主義**（structuralism）とよばれるようになる．

○ヴント心理学への様々な批判

上述のようなヴントの心理学に対して，様々な観点から批判が起き，その後の心理学研究の流れを形作ることになった．たとえば，ヴント心理学の内容，すなわち要素心理学への批判からドイツでヴェルトハイマー（Wertheimer, M.）やケーラー（Köhler, W.）らに代表される**ゲシュタルト心理学**（gestalt psychology）が生まれることになる．フロイト（Freud, S.）は，無意識の世界を強調することによって，ヴント心理学の研究対象（意識心理学）に対する批判を行い，やがて**精神分析学**（psychoanalysis）を確立するに至る．ワトソン（Watson, J. B.）は，ヴント心理学の研究対象（意識心理学）と方法（内観法）の両面について批判し，科学としての心理学を目指して，**行動主義**（behaviorism）宣言を行ったのである（実際には，ワトソンが批判したのは，ホールが発展させたヴント派の心理学，すなわち構成主義心理学や，機能主義心理学である）．

さらに，もう一つの批判（とはいってもゲシュタルト心理学や行動主義ほどには強くはなかったが）は，ヴントの要素心理学という側面についてジェームズ（James, W.）によって行われた．ダーウィン（Darwin, C.）の進化論（1859年「種の起源」出版）の影響を受け，環境への適応，意識の働き（「意識の流れ」）を重視したジェームズの考え方には，方法論としての幼児や動物を用いた実験など，新しい方法への理解も認められるが，心理学の主たる対象は依然として意識であり，それを扱う方法の中心は内観法であった．しかし，ジェームズの考え方が，新しい研究分野としての動物心理学，比較心理学，発達心理学，さらに学習心理学など，心理学に新しい潮流を生むきっかけとなったこと，「真理とは役に立つことである」というパース（Pierce, C. S.）の**プラグマティズム**（pragmatism）を広めたことは重要である（James, 1907）．このような考え方は，やがて米国のシカゴ大学を中心に，デューイ（Dewey, J.）によって**機能主義**（functionalism）として実を結ぶことになった

(Schultz & Schultz, 1986).

○ワトソンの「科学としての心理学」

　ワトソンは，1913年心理学評論（*Psychological Review*）誌に行動主義宣言とされる論文（"Psychology as the behaviorist views it"）を発表した．この論文で，彼は，心理学が客観的，実験的な自然科学の一部門でなければならないとし，このため，**(1)心理学の目標を行動の予測と制御とし，(2)研究対象を直接観察できない意識から直接観察できる行動へ変えること，(3)研究方法も内観法ではなく，観察や実験という自然科学的方法を用いるべきである**と主張したのである．

　ワトソンの目指した「科学としての心理学」は，刺激とそれにより生じる反応という枠組みによる**関数分析**を中心としたものであった．このため，ワトソンの心理学を**刺激―反応**（stimulus-response: S-R）**心理学**とよぶことがある．

　ワトソンは，「科学としての心理学」の中心に学習の問題をおいたが，学習の過程として採用したのは，生理学者パヴロフ（Pavlov, I. P.）の**条件反射**（conditioned reflex）の研究であった．ワトソンがパヴロフの条件反射を学習の原理としたことは，やがてワトソンの行動主義の行き詰まりを生む遠因となるのである．1930年代になると，腺や筋などの末梢的かつ部分的な反射を基礎としたワトソンの行動主義の限界が認識されるようになり，生活体全体の行動を扱う新しい行動主義の流れが生まれてくる．これが米国の**新行動主義**（neobehaviorism）である．

○新行動主義における心理学体系の展開

　ガスリー（Guthrie, E. R.），トールマン（Tolman, E. C.），ハル（Hull, C. L.），スキナー（Skinner, B. F.）らを代表とする米国の新行動主義は，ワトソンの行動主義の限界を乗り越えるべく，ワトソンと同様に刺激と反応の関係を基礎としつつも，末梢的かつ部分的行動ではなく，個体の全体的行動を扱おうとした（佐藤，1976）．

　新行動主義の方法論としては，ワトソンが主張した実験や観察という自然

科学的方法を用いるという点ではワトソンの考え方と大きな相違はないが，さらに**科学的に洗練された体系**を目指したといえる．こうした体系化の試みとして，たとえば，ハルが心理学の理論体系を物理学の理論体系をお手本に，行動の定理や公理から出発して具体的な場面における行動の予測を可能にする**仮説演繹体系**として構築したこと（Hull, 1943），トールマンとハルが行動の理解には，刺激と反応の他に両者の間を介在する**仲介変数（媒介変数）**の役割が必要であるとし，それらを理論化したこと，スキナーが心理学における刺激の定義をその行動への効果，反応の定義を反応の結果から行うこと（機能的関係）の重要性を指摘し，同じような行動への効果を持つ刺激や同じような結果をもたらす反応をひとつの属としてまとめた**クラス概念**（generic nature）を提案したこと（Skinner, 1935），心理学の概念定義を物理学における**操作的定義**（operational definition）にならって，1組の操作から定義することで，明確化しようとする機運が広まったこと，さらに，学習理論という狭い範囲の体系化から，**行動理論**という**大理論**の構築を目指したことなどが挙げられる．また，新行動主義の目標のひとつに，フロイト理論の「科学化」という企ても含まれていたことも，こうした思潮の反映といえるであろう．

○心理学に影響を及ぼした他分野の新しい潮流

このように，新行動主義の時代に，実験を中心とした研究法や理論がより洗練された形で用いられるようになった背景には，心理学の周辺領域における新しい潮流がある．たとえば，哲学の分野における**論理実証主義**（logical positivism）や，その後の**科学哲学**（philosophy of science）の発展，物理学では，概念を言葉で定義する曖昧さを排除するために，概念を言葉ではなく，1組の操作（手続き）から定義しようとする**操作主義**（operationism）の提案（Bridgman, 1928），数学分野では，フェルマ（Fermat, P）とパスカル（Pascal. B.）に始まり，ラプラス（Laplace, P-S.）により確立した古典的確率論からコルモゴロフ（Kolmogorov, A.）による近代的確率論への発展や，統計学分野では，ピアソン（Pearson, k.）による近代統計学の確立，フィッシャー（Fisher, R. A.）により考案された**統計的仮説検定法**の誕生など，心理学以外

の他分野の新しい潮流が心理学の研究に大きな影響を与えたのである．

コラム

ダンゴムシに心はあるのか：心の哲学

　誰でも知っている小さな生き物，ダンゴムシの行動研究を扱った「ダンゴムシに心はあるのか：新しい心の科学」（森山，2011）という新書が出版され，いくつかの書評にも取り上げられた．本書では，ダンゴムシを小さな障害を設けた問題場面に置いてみる（初期の動物を用いた知的行動研究の考え方）と，そこには「心」とよぶような適応的な行動（筆者の表現では「予想外の行動」）が発現することが観察できるという．行動生物学では，ダンゴムシの行動は，生まれつき備わった**生得的解発機構**の働きにより発現する機械的・定型的なものとして説明される（伊藤，2005）．しかし，筆者の一連の実験では，こうした行動から逸脱した，しかし状況に適応的な行動が生じ，これを「心」の発現とみなせるというのである．

　心理学の立場から見ると，第5章「経験から学ぶ」で扱う「行為」とよぶべき行動がダンゴムシでも生起することを示したものといえ，大変興味深い．筆者は，本書の中で，心を「内なるそれ」と定義し，新たな「心の科学」の可能性を提示しているが，これは心理学の**方法論的行動主義**の立場そのものであり，新奇性はない．

　むしろ，ダンゴムシが示した「予想外の行動」こそ，「心」といえるものである．「心」とは，「内なるそれ」ではなく，筆者の実験で示されたように，個体と環境（物理的環境だけではなく，他個体の存在も含む）との相互作用の中にあると考えられる．この考え方は，スキナーの**徹底的行動主義**や，ウィトゲンスタインの後期哲学（言語分析論），状況依存的行為分析論（エスノメソドロジー）と軌を一にするものであり，新たな「心の哲学」といえる．

◎現代心理学の哲学的基礎

以上のような心理学の歴史を踏まえて，現代心理学はどのような哲学的立場にたっているのだろうか．現代心理学は，概括的に見れば，「行動主義」という立場から研究を行っているといえるが，もう少し細かく見ると，以下のような2つの「行動主義」が区別できる．また，現代心理学の哲学的基礎は，哲学における「心の哲学」と密接な関係がある．

○2つの行動主義

現代心理学は，大別すれば，新行動主義心理学の系譜から2つの方向に分かれたといえる．一つの方向は，ワトソンの行動主義の特徴である「意識の棚上げ」，言い換えると，意識を直接扱えない（扱わない）ことから，その代わりに行動を扱い，行動の変容過程から意識を再構成しようとする考え方である．これを**方法論的行動主義**（methodological behaviorism）とよぶ．現在の**認知心理学**（cognitive psychology）の哲学的基礎は，方法論的行動主義である（Neisser, 1967）．一方，もう一つの方向は，行動を意識の再構成のための手段とするのではなく，行動それ自体を扱うことを目的とする考え方である．これを**徹底的行動主義**（radical behaviorism）とよぶ（Skinner, 1974）．これはスキナーの創始になる**行動分析学**（behavior analysis）の哲学的基礎である（O'Donohue & Kitchener, 1999）．

○心の哲学

哲学の中で，心の問題は，デカルト（Descartes, R.）による**心身二元論**の提唱以降，中心的問題の一つになったといえる．デカルトが心と身体を別の実体としたことから，これらの間の相互関係が問われることになり，哲学に難問を持ち込んだといわれる．これに対し，20世紀前半には，唯心論や唯物論など一元論が唱えられ，20世紀後半に入ると，一元論は自然科学との接点を求めるようになり，ライル（Ryle, G.）の，心を「行動傾向」とした論理的行動主義，心を脳の状態と同一視する立場，心をコンピュータのハードとソフトのアナロジーから考える立場，心を仮説構成体として脳に対応物を求めない立場，さらに，この考え方を極限まで推し進めた消去主義唯物論は，

コラム

私とは何か：自分の中に自分はいない

　難解な言葉を操る芥川賞作家平野啓一郎氏の新書「私とは何か：個人から分人へ」(講談社現代新書，2012)では，私（個人）というものを他者との関わりのなかで捉えようという見方を提案している．このような見方を具現化した言葉として，「個人」の代わりに，「分人」というおもしろい表現を用いている．日常場面を振り返って見ると，「私」は，様々な場面で他者と接している．たとえば，大学の指導教授の前で発表することになった私は，少し緊張して，失敗しないようにと思いながら，準備してきたことを話すであろうし，友人たちに囲まれている私は，とてもリラックスして友人たちと冗談を言い合ったり，たわいもない話に興ずるであろう．また，親に対しては，ぶっきらぼうな返事しかしないのに，恋人には相手を気遣うような丁寧な返事をするであろう．これらのどれが本来の自分なのだろうか？

　答えは，いずれも自分なのである．私は，接する他者ごとに，様々な振る舞いを見せるであろう．私のこの多様な振る舞いこそ自分なのであり，個性といわれるものなのである．しばしば，「自分探し」あるいは「自分探しの旅」という表現を見かけるが，「自分探し」とは，自分の中（皮膚の内）にではなく，他者との関わり（第10章「考える・話す」，第13章「他者とのつながり」参照）の中に自分を探すのであり，もちろん，旅に出るまでもないのである．この新書の提案は，「心の哲学」の項で述べたように，社会的産物としての「心」と同様な反デカルト的な見方からの「心」の捉え方といえる．

仮説構成体としての心はやがて脳神経科学の発展により消去され，脳の状態に還元されると考えるのである．

現在，心の哲学の最も新しい考え方は，心を皮膚の内に閉じたものと見るのではなく，個体と環境という外に開かれたものとしてとらえる生態学的見方であろう．この見方は，スキナーの徹底的行動主義，ウィトゲンスタイン（Wittgenstein, L.）の後期哲学（言語分析），状況依存的行為分析論（エスノメソドロジー），社会構成主義などからの帰結である．これらに共通するデカルト的心への批判（Williams, 1999）は，その対案として「**社会的産物としての心**」あるいは「**心の社会的構成**」へとむかうのである．

　以上のことをふまえて，心理学の研究対象とそれを扱う方法を定義すると，現代心理学は，「**ヒトや動物のさまざまな振る舞い（行動）を観察や実験という科学的方法を用いて研究する分野である**」ということになろう．

読書ガイド

- Schultz, D. P., & Schultz, S. E. 2000 *A history of modern psychology* (7 th Ed.) Harcourt Brace.（村田孝次（訳）『現代心理学の歴史（第3版）』培風館　1992）
  *近代から現代までの心理学の歴史を簡潔にまとめてある．翻訳は第3版にもとづいている．
- 末永俊郎（編）『講座心理学Ⅰ：歴史と動向』 東京大学出版会　1971
  *近代以降の心理学の歴史をかなり詳しく紹介している．日本における心理学の歴史についても詳細な紹介があるので参考になる．

課題1-1：研究対象と方法の観点から心理学の諸学説を説明しなさい．

課題1-2：行動主義心理学が現代心理学に果たした役割について述べなさい．

研究の進め方：観察と実験

「科学は事実の概括的な記述だけを宗とすべきである．次第に広まりつつあるこの見解は，経験によって制御できないありとあらゆる余計な仮定—とりわけカントの意味での形而上学的仮定—の排除へと論理必然的に向かう」

———マッハ『感覚の分析』第4版への序文より

心理学が哲学から独立した学問の一分野として認識されるようになった19世紀の後半，心理学の研究を進めるには，科学の方法一般と，これとは別に心理学独自の方法が必要であるとされた．近代心理学の体系を築いたヴントは，彼が直接体験とよんだ「意識」を研究対象とし，これを扱う「内観法」という心理学独自の方法が必要であると考えたのである．このようなヴントの心理学に対して，その後，様々な批判が生まれ，心理学の対象と方法に関する論争が心理学の歴史を作ることになる．20世紀のはじめには，ワトソンの行動主義宣言（1913年）により，心理学は，「科学としての心理学」の体系化へと向うことになったが，研究対象も「意識」から「行動」に変わり，研究方法も「内観法」から自然科学的方法となり，今日に至っている．その中心的な方法は，観察的方法と実験的方法である．これらの方法は，あとで述べるように，要因間の**相関的関係**を同定する方法と，**因果的関係**を同定する方法にそれぞれ対応している．

◎科学的研究とは

　科学とは何かという問いに対する答えを与える学問分野は，**科学哲学**である．科学哲学は，1920年代から1930年代の哲学における一潮流である**論理実証主義**から誕生したものであり，現代の科学像の確立に大きな役割を果たしている．現在までの科学哲学の成果は，おおよそ以下のような点にまとめることができる．まず第1に，科学像は，始めからある確立した姿を持っていたわけではなく，ガリレオの時代の近代科学から現代科学まで**歴史的な変遷**があること，第2に，確率論とそれを基礎にした推測統計学の確立により，**決定論的世界観が非決定論的世界観へと変化**したこと，第3に，**科学理論は，真なる過程（真理）を記述するものとする実在論に対し，現象の記述のための道具にすぎないとする道具主義**の確立．後者の考え方を代表するのが，マッハ（Mach, E.）である．第4に，**科学理論の変遷は，過去の科学的営みの集積であり，連続性をもつとするベイズ主義に対し，**従来の研究枠組み（パラ

ダイム）が新たな研究枠組みに置き換えられる**非連続的なものであるとするパラダイム論**（Kuhn, 1962）の提案などである．現代の科学像（科学の目的やあるべき姿）をめぐって，こうした点について様々な議論が行われているが，特に，現代の科学像が，科学を**原因と結果との関数関係**として記述することや，科学の目的を**現象の予測と制御**とすることなどとしたマッハの考え方にもとづいていることを指摘しておこう．マッハは，科学哲学から，科学史，心理学（マッハの帯，マッハ効果），生理学，物理学（音速の単位として用いられているマッハ数は彼の名前からとられた）などに大きな足跡を残した人物である．

図 2-1　マッハ（1838-1916）

◎科学の方法

　現代心理学の方法は，**観察**（observation）と**実験**（experiment）という**自然科学的方法**である．科学とは，**(1)実験や観察という方法から得られるデータにもとづいて，ある命題について結論を導き出す一連の手続き**のことである．このようなデータは客観的な証拠となり，このような根拠にもとづいて以下に述べる帰納と演繹という2つの推論の仕方を適用して，ある結論に到達するのである．このような結論を**科学的事実**という．また，科学とは，**(2)科学的事実を専門用語により記述すること**でもある．これを**概念による事実の統括**という．たとえば，「強化」（第5章「経験から学ぶ」参照）という専門用語を用いて，オペラント条件づけ実験における様々な事実をまとめることができる．さらに，科学とは，**(3)現象の予測と制御を可能にするもの**である．たとえば，実験という方法を用いて，ある現象が起きる要因を明らかにすることができれば，実験者がこの要因を操作することで，現象が起きたり，起きなかったりすることを自在に決められることになる．これを**現象の制御**と

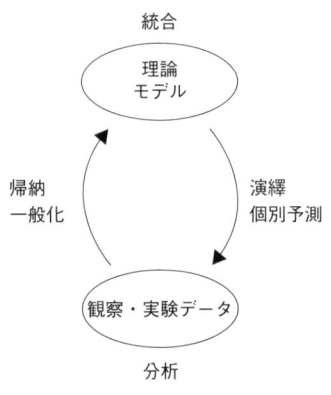

図2-2 科学における分析と統合の概念図.

いう．ある現象の生起を操作できることは，言い換えれば，その**現象を予測**できることでもある．

◎**研究における分析と統合**

研究には，**分析**（analysis）と**統合**（synthesis）という2つの側面がある．分析とは，研究対象となっている行動や現象にどのような要因が影響するかを実験により調べることである．一方，統合とは，要因間の関係や，各要因をより一般的な概念で統括すること，すなわち，観察や実験から得られたデータに含まれる共通性や規則性を理論やモデルを用いてまとめることである．この分析と統合をつなぐものが帰納と演繹という推論の過程である．図2-2に示したように，一般に，科学の営みは，この分析と統合の過程を，帰納と演繹という推論にもとづいて，新しい現象や要因の発見，理論やモデルの構築・再構築を探求する作業なのである．もし，実験の結果，得られたデータが理論やモデルの予測と異なる場合には，実験の手続きに不備や問題点があれば，これらの問題点を修正した上で実験を再び行うことになる．実験手続きに不備がなければ，実験データをうまく扱えるように理論やモデルを修正することになる．

◎**心理学の方法：相関分析と因果分析**

私たちは，日常場面で様々な出来事を見ている．たとえば，餌を食べていた猫が急にその場から逃げ出すのを目撃したとしよう．このような出来事の目撃は，**偶然的観察**（incidental observation）とよばれる．このような観察から，猫が逃げ出したことと，目撃者の接近，その場に現れた別の猫，餌がなくなったこととの間に関係がありそうだと推測できるであろう．また，猫が逃げ出したのは，きっと別の猫が近づいてきたことが原因だろうなどと，目

撃した出来事から原因・結果の関係（因果関係）を推測することもあるであろう．しかし，観察だけでは，相関関係を示す（**相関分析**）にとどまり，因果関係を同定すること（**因果分析**）はできない．因果関係を同定するためには，実験的方法が必要になる．観察から得られた要因とその中から原因となる要因を同定する作業が科学的研究の手順である．このように，観察と実験は密接な関係があり，相互に有機的な関係を持つことで，研究が進められるのである．

◎観察：相関関係の同定

　観察とは，ある対象をあるがままに注意して見ることである．観察という言葉には，観る，察するという2つの行為が含まれている．これは，見るといっても，ただ漠然と対象を見るのではなく，一定の見方や枠組みから見ることを指している．また，察するという言葉には，そこにある何らかの関係性を推測することも含まれている．このような観察を**組織的観察**（systematic observation）という．

　観察の場合，実験とは異なり，**観察対象には制約が課されていないが，観察者には一定の制約が課されている**．この制約の一つは，**観察者は現象が起きるのを決められない**ことである．いつ，どこで，どのように観察対象となる現象が起きるかは決められないので，観察者はひたすらその現象が起きるまで待ち続けなければならない．いま，保育園で子どもの「攻撃性」を研究する目的で，攻撃行動を観察することを考えてみよう．「攻撃性」の指標として，「相手を押す行動」を攻撃行動として数えあげるとしよう．この場合，子どもたちの遊び場のひとつである「砂場」を観察場所として，1時間の観察期間の間，この行動が起きるのを待つことになる．場合によっては，1時間の観察時間中に全く起きないこともあれば，5回も6回も起きる場合がある．この事例から明らかなように，現象の起こり方には制約はないが，観察者には観察できる場所や機会が限られるという制約があるのである．

　観察は，**このような制約から，ある事象と別の事象間の関連性については**

言及できても，ある事象が別の事象の原因である（あるいは結果である）という因果的関係を決定することはできない．

○サンプリング

　先に述べた幼児の「攻撃性」の観察事例には，組織的観察における重要な方法論的特徴が含まれている．それは，**標本抽出（サンプリング）** という特徴である．「攻撃性」をどのような行動を用いて測定するか，いつどこで観察するかというのは，すべてサンプリングの手続きを指している．これらは，前者の**観察単位のサンプリング**と，後者の**観察対象のサンプリング**という2つの側面に分けられる．

　観察単位のサンプリングとして，研究目的により適切な指標を選ばなければならない．ある指標を選んだとしたら，この指標が研究目的にとって妥当であるか否かを検討する必要がある(サンプリングの妥当性)．たとえば，「攻撃性」の指標として，「相手を押す」という行動を用いたとしたら，これが妥当であるか，またさらに別の，より妥当な指標があるか否かを検討するのである．

　観察対象のサンプリングも，研究目的に照らして妥当であるか否かを検討する必要がある．子どもの「攻撃性」という研究テーマで，保育園児の観察だけで十分であるか否かを考えてみる必要がある．「子ども」という範囲をどの程度にするかにより，観察する対象のサンプリングも異なる．保育園児とすれば，保育園児が，小学生とすれば，小学生が観察対象になる．このように，観察法には，何らかのサンプリングが含まれる．

○観察データの記録法

　観察にも測定の問題が含まれている．行動を記録するために用いられる方法は多岐にわたるが，行動の生起回数（計数）や持続時間（計量）という基本的な記録法以外にも，あらかじめ行動を分類して，いくつかのカテゴリーに分けて記録する**行動目録法**（behavior inventory method）や，ある特定の現象に関する評定尺度を作成しておき，観察対象の現象が起きたときに，たとえば，7段階評定のどの段階に相当するかを評定する**評定尺度法**（rating scale method）が用いられる．これらの記録法は，あらかじめ決められているので，記録が容易であるという利点があるが，一方，あらかじめ分類が決められているので，むりやりいずれかのカテゴリーに分類せざるを得ない場合も生じる可能性もあり，また，別の側面を知りたいと思っても，このデータからは，新たな情報は得られないという欠点もある．こうした欠点を補うには，すべての出来事を時系列的に自由記述（記録）していく**エピソード記録法**（episode recording method）が適しているが，これには，かなりの時間と労力が必要であるという難点もある．

○観察の信頼性

観察は，1人の観察者によって行われることが多い．この場合，その1人の観察結果に偏りがないことが前提になる．しかし，研究目的を知っている観察者は，どうしてもその研究目的に合うような偏った判断をする可能性も考えられる．このため，この前提を保証するには，観察に偏りがないことを定量的に示す必要がある．このための方法として用いられているのは，同一の対象の観察結果を複数の観察者間で比較する手続きである．この場合，観察結果が複数の観察者間で，どの程度一致しているかを定量的に示せばよい．

また，より厳密な手続きとして，観察者自身にも研究目的を知らせない方法も用いられる．これを**二重盲験法**（double blind test）という．二重盲験法は，薬物効果の判定の際に，偽薬の効果（「この薬は効きますよ」といわれると本当に効いたように感じられる暗示効果）のあることが知られているので，よく使われている．観察法においても，観察者の判断の偏りを防ぐためには，このような方法を用いることが望ましい．

○観察者の存在

観察という方法は，観察対象と観察者という対置関係を持っている．このことは，**観察者の存在が観察対象に影響する可能性**を示唆している．たとえば，保育園児の「遊び」の研究のために，ある保育園に初めて訪れたとしよう．保育園児にとって，初めて見知らぬ人物（観察者）が現れたことになるので，この人物に注意を向けたり，避けようとしたり，逆に近づいたりなど，

ふだんとは異なる振る舞いを見せるであろう．このような行動変化は，観察者の存在による影響と考えられるのである．このような影響をなくす方法として，主として，観察対象を観察者に**慣らす**という方法と観察対象から観察者を**隠す**という2つの手続きが用いられている．

○相関分析

観察的方法では，要因間の関係（関連性）を分析することになるが，要因間の関係を**相関**（correlation）という用語で表現する．要因間の関係を視覚的にわかりやすく表現する方法は，**散布図**（scatter plot）を作ることである．これは，2つの要因（変量），変量 X と変量 Y を2次元平面上に描くことで得られる．次に，散布図の中に現れている関係を，直線により要約する．この当てはめられた直線は，変量 X と変量 Y の関係を示してはいるが，その**関係の深さ**を表すには，別の方法が必要である．このような2変量間の関係の深さを表す指標を**相関係数**（correlation coefficients）という．図2-3に示したように，変量 X の増加とともに，変量 Y も増加する場合と減少する場合など，散布図の中に一定の関係が読み取れるが，相関係数は，これらの関係の深さを数量的に要約するものである．相関係数は，-1.0から+1.0の範囲の値を取り，±1.0に近い（図2-3中のAまたはC）ほど，関係が深いことを表す．こうした分析を**相関分析**という．

このような観察的研究と同様な相関分析は，事例研究法と質問紙調査法に

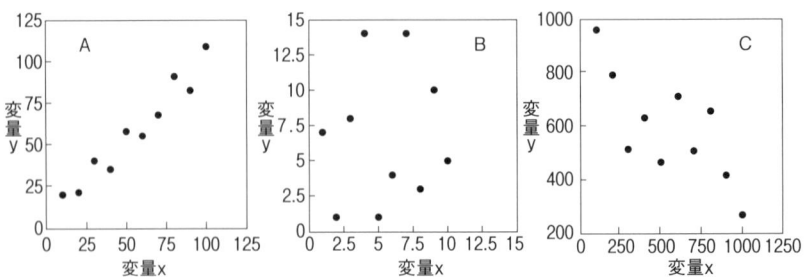

図2-3　様々な散布図の例．Aは変量 X の変化に伴って変量 Y も増加する場合，Bは変量 X の変化と変量 Y の変化は独立である場合，さらに，Cは変量 X の増加に伴い変量 Y は減少する場合を示す．

おいても行われる．

○事例研究法

　一例もしくは少数の対象について，ある行動の起こり方を調べ，その規則性や影響している要因を見出す研究法である．ケース・スタディーともよばれ，臨床心理学の分野における一人のクライエントを対象とした介入（第14章「治す」参照）や，発達心理学における一人の子どもの成長を記述していく縦断的研究（第11章「生きる」参照）などで用いられる．この方法では，一事例もしくは少数のデータから，どのようにして結果の一般性を保証するのかという問題がある．

○質問紙調査法

　ヒトを対象とした研究では，言葉（言語）を介したデータの収集が可能である．このため，質問紙という形式で，言語的に記述された内容を対象者が言語的に答える方法が用いられる．たとえば，性格検査に用いられているように，対象者自身が設問（「物事を慎重に考えるほうである」）に当てはまるかどうかを判断して，当てはまる場合には「はい」，当てはまらない場合には「いいえ」に○をつけるのである．この例では，判断は「はい」，「いいえ」の2段階評定（2件法ともいう）であるが，より詳細な分析を行う場合には，「どちらともいえない」を中心として，「きわめてあてはまる（全く当てはまらない）」から「やや当てはまる（あまり当てはまらない）」までの段階からなる5段階評定（5件法）などが用いられる．これらの方法は，あくまでも対象者自身の主観的な判断に基づいているものであり，第三者の判断とは異なる場合があることに注意が必要である．

◎実験：因果関係の同定

　心理学が扱う日常場面の様々な出来事は，様々な要因により影響を受けていると考えられる．しかし，このような様々な要因の影響を受けている対象を，そのまま扱うことができるのだろうか．科学は，この問いに対して，その対象を**単純化**して扱おうとするのである．この単純化するという考え方を

具現化したものが，科学における方法の一つである実験という操作である．
　実験とは，ある現象の生起にどのような要因が関与しているのかという問いに対する答えを求める操作である．ここで，「関与する」という言葉は，その要因を変化させると，その現象の生起も変化することを意味している．したがって，要因には，ある現象の生起に**関与する要因と関与しない要因**があることになる．実験は，このような要因をふるい分ける手段であるといえる．言い換えると，実験操作は，現象の生起に関与する要因の分析のための方法なのである．

○独立変数と従属変数

　実験において操作する各要因は，それぞれ相互に独立であると考えられる．このような要因を**独立変数**（independent variable）という．独立変数となる要因は，一定の測定という手続きにより定量化される．たとえば，刺激の呈示時間や強度などは，いずれも「時間」や「強さ」について何らかの測定を行ったものである．要因の具体的な値として，たとえば，刺激の呈示時間の場合，300ミリ秒，600ミリ秒，900ミリ秒の値を用いるとしたら，3つの水準があることになる．これを**要因の水準**という．実験の実施に当たって，このような要因の水準の操作（呈示）を行うことになるが，これを**処理**（treatment）**水準**の操作という．

　このような独立変数の効果を検出するためには，現象の生起を定量的に表す測度が必要である．独立変数の操作により変化するものを**従属変数**（dependent variable）という．従属変数も，独立変数と同様に，一定の測定という手続きにより定量化されたものである．たとえば，反応時間や，反応率，あるいは正答率などの行動の測度は，いずれも何らかの測定を行ったものである．

　このように，**実験とは，独立変数（要因）の効果を従属変数の変化から決定すること**である．ここから，実験では，従属変数の変化（結果）の原因が独立変数の操作にあることが明らかになる．つまり実験では，独立変数と従属変数の間の原因とその結果，すなわち**因果的関係**が同定できるのである．

○剰余変数と混交要因

　実験は，実験室という様々な要因が統制された環境で行われるが，それでも独立変数以外の要因が存在する場合がある．こうした要因のことを**剰余変数**（extraneous variable）という．剰余変数は，独立変数や従属変数の中に入り込んでくる場合があり，独立変数の効果を隠してしまう可能性があるので，何らかの方法により統制する必要がある．統制するという言葉には，「一定にする」という意味と，「取り除く」という2通りの意味がある．

　混交要因（confounding factors）**とは，あたかも独立変数の効果であるかのような変化を生じさせる要因**のことである．この要因としてよく知られたものは，**偽薬の効果**（placebo effect）である．医者から「この薬はよく効きますよ」といって処方された偽薬が，本当に効果があるように感じられてしまうのである．これは一種の暗示効果である．このような**混交要因を取り除くには，この要因の効果を差し引くことのできる統制群や統制条件を設けること**である（伊藤，2006）．

◎基本的な実験法

　実験の方法として，大別すれば，**群間比較法**（group comparison design）と**個体内比較法**（within-subjects comparison design）に分けられる．さらに，これらの方法を基礎とした**混合実験計画法**（mixed design）が区別できる．ここでは，各方法の特徴と問題点について見ていこう．

○群間比較法

　群間比較法の第1歩は，被験者の**無作為な割付**（ランダムな割付）である．たとえば，テレビの視聴内容の違いによる2つのグループを設けるとしよう．最初に，実験参加者を2群に割り付ける．次に，2群の内，1群は，実験群として独立変数を呈示し，もう1群は，統制群として独立変数を呈示しないという**独立変数の操作**（統制群の操作）を行う．続いて，各群について，これらの**操作の効果**を測定（従属変数の測定）し，違いがあるかどうかを検討するのである．

群間比較法では，設定された複数の群における**実験参加者の等質性**が前提になる．等質というのは，実験参加者の特性（個体差）に関すること，たとえば，男性・女性という性や年齢，あるいは職業などがおおむね2つの群間で等しいことである．

　このような等質性を実現する一つの方法は，多数の実験参加者を用いることである．こうすることで，多様な実験参加者特性が一つの群の中に存在することになり，それぞれの特性の効果が打ち消し合って，一定の状態になると考えるのである．この考え方を**相殺化**（counterbalancing）という．群間の実験参加者特性を等しくするもう一つの方法は，実験参加者の特性をいくつかの水準にわけて，群間で水準毎に等質になるように実験参加者を割り付けることである．これを**均等化**（balancing）という．

○個体内比較法

　個体内比較法は，同じ実験参加者（被験体）に様々な実験操作を時系列で与え，独立変数（要因）の効果を，同じ実験参加者の独立変数が呈示されないときの行動との比較から検出しようとする方法である．この方法は，実験参加者自身との比較になるので，群間比較法では問題となる個体差を問題にしなくてもよいという利点がある．このため，多数の実験参加者を用いる必要もなく，少数の実験参加者で要因の効果を明らかにすることができる．また，さらに個体差の原因を実験参加者ごとに検討することもできる．

　しかし，この方法では，実験操作を時系列で与えることから，それらの操作の**順序効果**（order effects）が問題になる．この順序効果を統制しないと，要因の効果と順序効果が混じり合って，要因の効果だけを取り出すことが困難になる．

　仮想の薬物効果の実験を例にあげ，こうした問題をどのように解決できるのかを見ていこう．まず，すべての実験参加者に偽薬を投与し，視覚探索課題（ディスプレイ上に短時間呈示された複数の刺激の中から目標刺激を検出する手続き）により目標刺激の検出を実験参加者に行わせるとしよう．従属変数は，正しく検出できた割合（正検出率）や反応時間である．次に，同じ

実験参加者にある薬物（鎮静剤）を投与し，同じ視覚探索課題を行わせる．ここで最初の課題成績と2度目の課題成績を比較することで，薬物の効果を明らかにするのである．しかし，この実験計画では，**順序効果が混交している**といえる．鎮静剤の効果の中には，2度目の課題という**経験効果**も含まれていると考えられるからである．こうした問題に対する対処法として，群間比較法と個体内比較法を取り入れた**混合実験計画**が用いられる．具体的には，逆順序のB→A→Bという実施順序で行う別の群を用意する．このような実施順序の異なる2群を設けることで，群間比較法と個体内比較法の利点を生かすことができる．

コラム

ピアソンの統計学けんか物語

　カール・ピアソン（1857—1936）は，近代統計学の基礎を築いた応用数学者で，50年にも及ぶロンドン大学教授職（教授となったのは27歳のときである）を勤め，**相関係数，標準偏差**（データのばらつきを表す統計量），**変異係数**（標準偏差を平均値で割った統計量で平均値の異なる標準偏差を比較するときに用いられる）など記述統計学で使われる統計量を考案したことでよく知られている．ピアソンは，ヒトの形質の遺伝の影響を測定したことで知られるゴールトン（**相関と回帰**の概念を提案）の影響を受け，進化が連続的・漸進的に起こるものだとする立場から研究を進め，**大標本にもとづく統計学**（記述統計学）の発展に尽力した（この記述統計学の基礎となるピアソンの科学哲学は，マッハの科学観との類似性が認められる）．

　このような統計学は，その時代の進化と遺伝に関する生物学と数学の分野を横断する論争の中から生まれたのであるが，ピアソンの伝記をまとめた『統計学けんか物語』（安藤，1989）によると，ピアソンを巡る統計学論争は，端からみれば，あたかも感情的な「けんか」の様相を呈

していたという．従来の大標本にもとづく統計学に代わる**小標本にもとづく統計学**（推測統計学）を考案したフィッシャー（**分散**という統計量を提案）とのけんかを始め，弟子のユールとのけんかなど，その生涯は，まさにけんかづけのようであったという．しかもピアソンが引退した後も，弟子ネイマンや息子ピアソンとフィッシャーとの間で因縁のけんかが続いたのである．しかし，こうした「けんか」が近代統計学を発展させたことも事実であり，科学研究が実はかなり生臭いものであることを示した事例といえるであろう．

◎研究倫理

　心理学の研究を行うにあたり，留意すべき倫理的な問題を取り上げよう．研究を実施すれば，様々なデータが得られるが，これらは基本的に個人データである．このため，様々な方法により収集されたデータの取り扱いは，研究倫理にもとづくものでなくてはならない．現在，心理学関係の様々な学会で倫理基準や倫理綱領が作られているが，これらの中心となるのは，(1) 人権と動物愛護，(2) 説明と同意，(3) 情報の管理，(4) 研究成果の公表という4つの側面である．

○人権・福祉・動物愛護

　ヒトを実験の参加者とする場合には，個人データを扱うことになるので，個人のプライバシーの保護に留意する必要がある．具体的には，データから個人が特定されないように，参加者名を記号や番号を用いて個人を区別すること，データから個人の日常生活や行動に言及することや，介入することがないようにすることである．また，研究の実施にあたり，参加者に心理的・肉体的苦痛がないように配慮することも必要である．動物の場合には，動物愛護管理法（昭和48年制定，平成17年改正）に規定されているように，動物愛護と福祉の観点からの取り扱い方に留意が必要である．特に，動物実験を行う場合には，実験動物の飼育環境の整備とともに，実験動物の使用数をで

きるだけ少なくすることや，動物実験に代替できる方法の推奨，実験動物の苦痛の軽減がうたわれている．

○説明と同意

　実験や，観察，調査を行うときには，参加者に実験や調査の目的・内容を説明し，実験や調査へ参加することの同意を得る必要がある．実験や調査の実施に先立って目的を説明できない場合には，事後に説明する．同意は文書の形で求めることが望ましい．また，参加者の意志により実験や調査の途中で中断することや，取り止めにすることも認めなければならない．

○情報の管理

　実験や調査を行えば，個人データが集まることになるので，これらのデータを適切に管理することが必要になる．データ解析の過程で，個人名は数字や記号に置き換えられるのが普通であるが，元のデータ記録や質問紙に記入された個人名など個人情報が残っている場合には，研究終了後には，シュレッダーなどにより裁断して，個人情報がわからないようにしておく．また，情報管理中に研究以外の目的で個人情報を使用することがないようにしなければならない．

○研究成果の公表

　研究の成果は，学会の年次大会や，学会が発行する学術雑誌で公表する．あるいは，研究者の所属機関などが発行している学術雑誌（大学の研究紀要，年報など）において公刊する場合もある．最近では，研究者自身がネット上で独自のホームページを開設し，研究成果を公開することも多くなっている．このような形で研究成果を公表することで，だれでも研究成果を知ることができるのである．このように，だれでも見ることのできる研究成果公表は，科学活動の重要な一つの要件である．

読書ガイド

- Bernard, C. 1865 *Introduction a l'etude de la medicine experimentale*（三浦岱栄（訳）『実験医学序説』岩波文庫　1970）
  - *フランスの生理学者ベルナールの科学方法論についての古典的名著である．観察と実験とが有機的に関連していること，両者には本質的な相違があることを教えてくれる．

- 伊藤正人　『心理学研究法入門：行動研究のための研究計画とデータ解析』昭和堂　2006
  - *心理学の研究方法，特に観察的方法と実験的方法の詳細な解説とそのような方法から集められたデータの解析法まで記述されている．

課題2-1：相関分析と因果分析について述べなさい．

課題2-2：研究における分析と統合について述べなさい．

第3章 感じる：感覚

「色，音，熱，圧，空間，時間等々は，多岐多様な仕方で結合しあっており，さまざまな気分や感情や意志がそれに結びついている．この綾織物から，相対的に固定的・恒常的なものが立現れてきて，記憶に刻まれ，言語で表現される」

———— マッハ『感覚の分析』より

私たちは，眼や耳という器官（受容器）を通して，外界の刺激を受け取る．これらの刺激に対して生じる何らかの反応のことを**感覚**(sensation)という．感覚とは，刺激により生じた受容器の興奮が求心性神経を通して大脳皮質の感覚領野に伝わることで生じる現象である．各受容器は，受け取れる刺激の性質が決まっている．これらを**適刺激**という．つまり，眼には光（波）が適刺激であり，耳には音（波）が適刺激となる．感覚には，受容器ごとに異なる，視覚（眼），聴覚（耳），味覚（舌），嗅覚（鼻）などがある．

　私たちヒトの受容器を通して感受できる刺激の範囲は限られている．光の場合には，可視光線の範囲は，おおよそ380nm（ナノメータ）から780nmの範囲であり，ハトやミツバチが感受できる380nm以下の紫外線や，ヘビが感受できる780nm以上の赤外線，あるいはラジオ，テレビ，携帯電話の波長は感受できない．音の場合には，ヒトが感受できる音の周波数は，20Hz（ヘルツ）から20kHzの範囲であり，コウモリが感受できる20kHz以上の超音波は感受できない．感覚の研究は，ヒトや動物が外界をどのように感じ，またそれらに対してどのように働きかけるのかという問題を扱っている．

◎視覚

　眼という受容器は，光刺激（波長）を受容し，**水晶体**を通して**網膜**に投射する働きをしている．眼はカメラにたとえられるように，水晶体は，カメラのレンズの役割をしており，**毛様筋**を調節することで，水晶体の厚みを変化させ，対象に焦点を合わせるのである（図3-1）．網膜には，**桿体**と**錐体**とよばれる2種類の視細胞がある．これらの視細胞では，光刺激は，電気的信号に変換され，さらに**双極細胞**と**神経節細胞**を経て，**視神経**となる．視神経は，眼から大脳へ情報を送る経路である．視神経は，途中に，**視交叉**を経て，**外側膝状体**へ入り，さらにそこから後頭葉の**視覚野**に至る．ヒトの場合には，

視交叉は半交叉なので，視野の右半分の情報は大脳の左半球へ伝わり，視野の左半分の情報は大脳の右半球に伝わる．視交叉が完全交叉しているハトでは，右眼からの情報は左半球に送られ，左眼からの情報は右半球に送られる．このような解剖学的な特徴から，ハトを脳の半球間転移の実験に用いることがある．

　中心窩は，錐体という視細胞が集まっている場所で，対象の焦点をここに合わせることで対象が明瞭に見える．

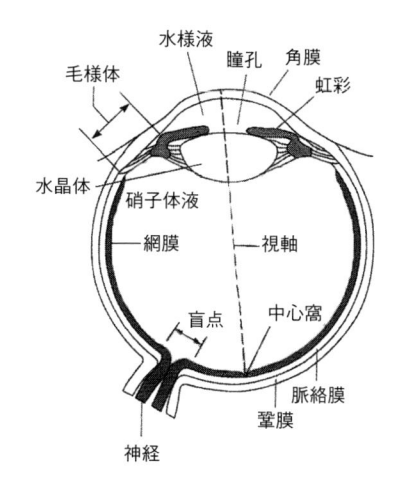

図3-1　ヒトの右眼の構造の模式図．Atkinson et al.（2000）を改変．

ここには，錐体が多く集まり，中心窩を離れるにつれて桿体が多くなる．桿体と錐体は異なる働きを担っており，桿体には**視紅**（ロドプシン）という物質が含まれているため，光刺激に対する感度は非常に（錐体の約500倍）高い．このため，暗い状態で対象を見る場合には，桿体が働き，明るい状態で対象を見る場合には，錐体が働く．前者を**暗所視**，後者を**明所視**という．

　光刺激の強さは，輝度（ルミナンス）あるいは照度（ルクス）という物理的単位で表すが，これらは測光という光刺激の測定法の相違による．輝度は，前方から照明された反射面や背後から照明された透過面のある方向から見た場合の明るさである．照度は，ある表面を照らす光の強度を表している．

○色覚

　私たちは，色のある世界を見ているが，これは網膜内にある錐体が赤，緑，青に相当する光の波長に反応する**視物質**（オプシンタンパク質）を持っていることによる（図3-2）．これを3色型色覚という．色の知覚は，外界に色があるのではなく，光の波長の差異を脳が再構成することにより生じた主観的経験である．この経験に「赤」や「緑」という名前を付けたものが色名である．さらに，これらの原色を組み合わせることで，知覚可能な色を合成す

ることができるが，これを**混色**という．赤色と緑色を混色することで，黄色が生まれる．また，黄色と青色の混色から白色を作ることができるが，このような元の色を打ち消し合う性質を**反対色**という．赤と緑，黄と青は反対色の関係にある．

　ほ乳類の多くは2色型色覚を持つ（一部は色覚を持たない）が，ヒトを含む類人猿（ゴリラ，チンパンジー，オランウータン）や，アジア・アフリカに住む旧世界ザル（ヒヒやニホンザルなど）は，3色型色覚を持っている．一方，南米に住む新世界ザル（オマキザル，リスザルなど）では，多くは2色型（一部は3色型）であり，原猿も2色型である．ペットとして身近なイヌやネコも，ヒトと同じような色覚ではなく，近年の研究から2色型色覚を持つことが明らかになったが，その感度が弱いため，ほとんど利用されていないと考えられている．ウシやウマも2色型色覚を持つが，2色型のため，赤から緑にかけての色を識別するのは困難であると考えられている（闘牛場で闘牛士がウシの眼前で赤い布を振るのは，ウシよりも観客であるヒトを興奮させるためである）．ほ乳類以外では，鳥類は4色型色覚を持っているため，紫外線の領域まで見ることができる．魚類は，ほぼ3色型色覚であるが，は虫類は，3色型や2色型，あるいは色覚を持たないものなど，変化に富んで

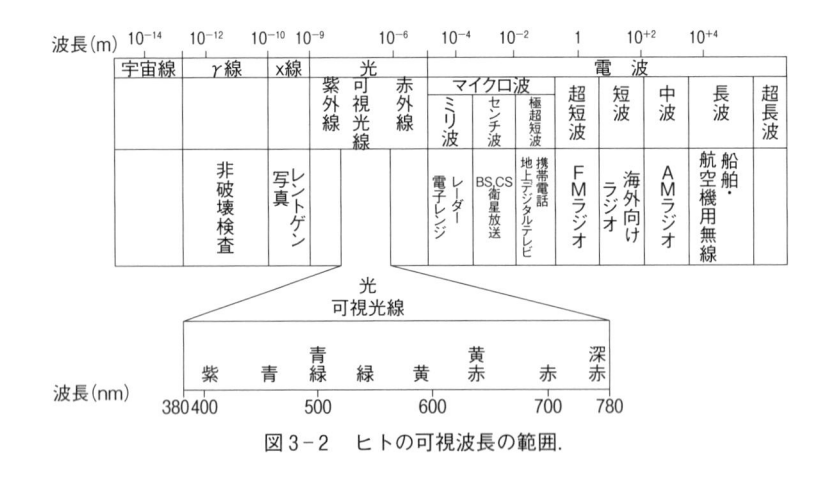

図3-2　ヒトの可視波長の範囲．

いる．こうした色覚の特徴は，進化の過程，すなわち生物が置かれた環境に適応する過程で獲得してきたものと考えられている．

○色の3属性

　色には，赤や緑など色味の違いを表す**色相**，濃淡（鮮やかさ）を表す**彩度**，明暗を表す**明度**という3つの属性がある．色の経験を，これらの3つの属性から体系的に記述することができる．マンセル（Munsell, A.）は，色相の一つとその彩度と明度を示す数値を割り当てることで，一つの色を表現する枠組みを提案した．これを**マンセルの表色系**という．ヒトが知覚できる380nmから780nmまでの範囲では，150の色相を区別できるので，これらのそれぞれに彩度と明度の異なるものの組み合わせの総数は，およそ700万以上にのぼると考えられる．

○色覚の理論

　色覚についての理論は，19世紀の初め頃に提唱されたヤング（Young, T.）の説を出発点とし，それから約50年後にヘルムホルツ（von Helmholtz, H.）により発展されたヤング・ヘルムホルツの説と1878年に発表されたヘリング（Hering, E.）の説がある．前者を**三色説**，後者を**反対色説**という．三色説は，現在の生理学的知見（視細胞の錐体に3種類の視物質があるという事実）に符合する．これらの三色から混色によりあらゆる色を作り出せること，さらに色覚の欠如（色弱と色盲）をも説明できるのである．一方，ヘリングは，赤と緑，黄と青の反対色を基本として，これらの一つないし二つを組み合わせることで，様々な色を記述できると考えた．先に述べたように，赤と緑の混色や黄色と青の混色では，反対色の色は見えないという事実や**色残像**（たとえば，赤色を見た後，無色の面を見ると，そこに反対色である緑色が見える）の現象は，反対色説を支持する．こうした2つの説は，1980年代になって，眼から大脳へ至る視覚経路の視床において反対色細胞が発見されたことから，網膜レベルでは，三色説により説明され，視覚経路のより上位の水準である視床においては反対色説によって説明できることが明らかとなった．

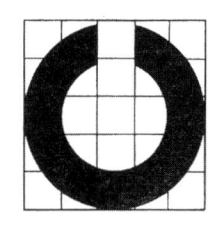

図3-3　ランドルト環.

○視力

　ある対象を知覚できるためには，対象を他の部分から区別できなければならない．このような能力を**視力**という．一般に，視野中にある点や線を検出できる最小の大きさを表す**最小視認閾**や，2つ以上の点や線が分離して見える最小の距離を表す**最小分離閾**などを用いて視力を測定する．視力の測定には，様々な図形が用いられ，測定法も様々なものがあるが，その方法の一つは，ランドルト環を用いた手続きである．ランドルト環とは，図3-3に示したように，一部が欠損した黒い輪（外径7.5mm，外径の5分の1に相当する太さ）である．これを用いて，欠損部がどの方向かを対象者に判断させるのである．この切れ目を5mの距離から判別できた場合の視力を1.0とする．

◎聴覚

　音刺激とは，音源の振動が空気を伝わるときに生じる音波である．音波は，鼓膜を振動させ，中耳の耳小骨から内耳の**蝸牛**内の**基底膜**に伝えられる（図3-4）．基底膜の振動が基底膜上部にある**コルチ器（螺旋器）**で電気的な信号に変換され，**台形体，下丘，内側膝状体**を経由して，大脳両半球の**聴覚野**に伝えられる．右耳の入力は左半球，左耳の入力は，右半球の聴覚野に送られる．ヒトの言語の認識については，左右両半球のうち，優位な半球（右利きの大多数は左半球，左利きの半数が左半球）の言語野とよばれる部分で行われている．優位半球における言語野は，言語を話すときに働くブローカの領野（運動性言語野）と，言語を理解するときに働くウエルニッケの領野（感覚性言語野）に分かれると考えられている．

○聴覚の物理的特性と心理的特性

　音の周波数（ヘルツ）と強さ（デシベル）は物理的単位であるが，音の高さ（ピッチ），音の大きさ（ホーン），音色（ティンバー）は感覚上の単位である．音色とは，たとえば，同じ高さの音でも，バイオリンの音とクラリネッ

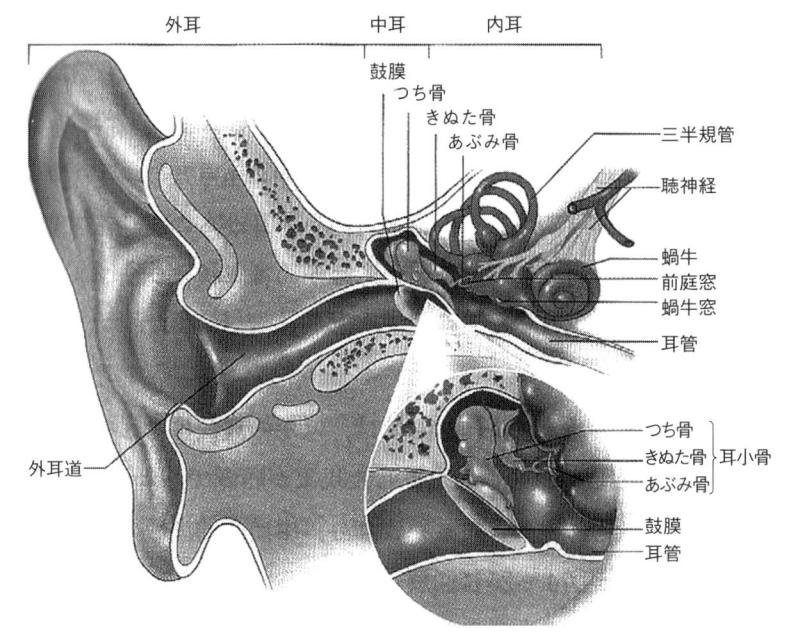

図3-4　ヒトの耳の構造．Atkinson et al.（2000）を改変．

トの音を区別できる特性である．音響学の立場から定義すると，音は，時間的・空間的な性質を持った波動であり，波動の波形の相違，つまり音の聞こえ方の相違が音色である．音色は，日常生活において，取り巻く環境の中に存在する様々な音から，電話の呼び出し音や背後から来る自動車の音を聞き分けることを可能にしている．このことにより，電話の受話器をとることや，自動車を避けることができるのである．

　音の周波数（物理量）は，音の高さ（感覚）に対応する．音の強さ（物理量）は，音の大きさ（感覚量）に対応しているが，周波数が異なると，等しい大きさと感じる音の強さは変化する．これを音の大きさの**等感度曲線**（equal loudness contour）という（図3-5）．

　3,400Hz付近の音の有無を表わす境界値（刺激閾）が最も小さいので，よく聞こえることを表している．1,000Hzの音の音圧レベル40dB（図中のA点）

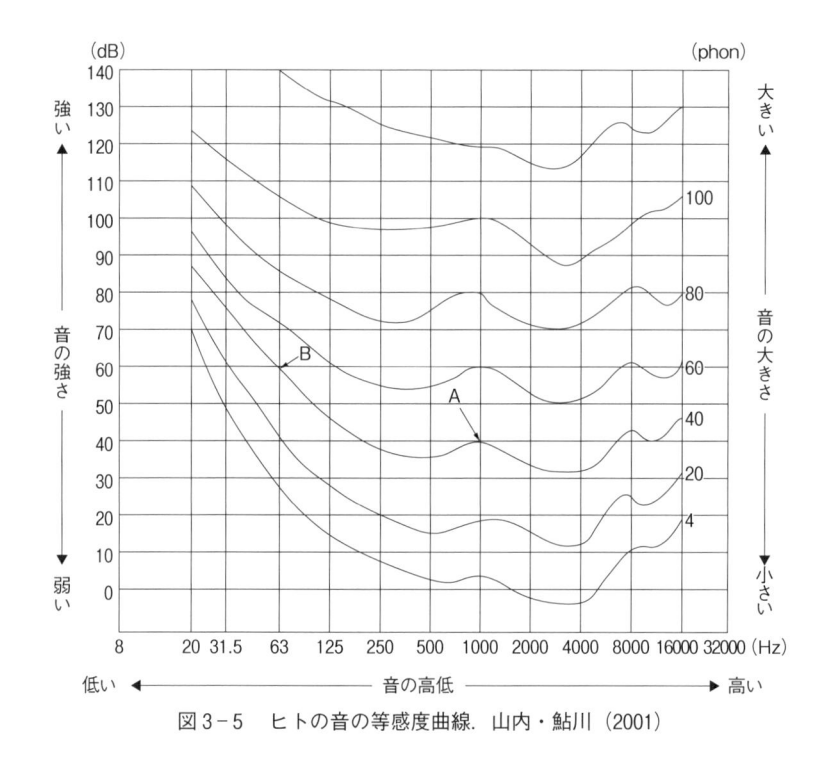

図3-5 ヒトの音の等感度曲線. 山内・鮎川 (2001)

に相当する大きさに感じられる63Hzにおける音圧レベル（図中のB点）は60dB付近であることがわかる．このことは，周波数が低くなるにつれて，音圧レベルは高くなる，言い換えれば，同じ音の大きさに聞こえるためには，音を大きくしなければならないことを表している．

　このような等感度曲線は，ヒト以外の動物でも得られている．ヒト以外の動物を対象とする場合には，言語的教示を用いることができないので，第5章「経験から学ぶ」で述べる条件づけの手続きを用いるが，こうした具体的研究として，絶滅危惧種に指定されている日本の猛禽類の音の等感度曲線を測定した研究を見てみよう（Yamazaki, Yamada, Murofushi, Momose, & Okanoya, 2004）．山崎らは，音呈示に伴う様々な反応（定位反射を含む）をビデオに収録し，ビデオ画像を人が音の有無を基準に分類することで，心理物理学的判

断を行うという新しい方法を考案した．この方法では，動物園で飼育されている猛禽類4種類（クマタカ，オオタカ，ノスリ，サシバ）に対して，0.25kHzから11.3kHzの範囲で9種類の純音と白色ノイズを2種類の音圧で呈示した．音刺激呈示時の被験体の定位反射，その他の動きをビデオで収録した．収録されたビデオ画像を3人の判断者に視覚的に音の有無を分類させた．

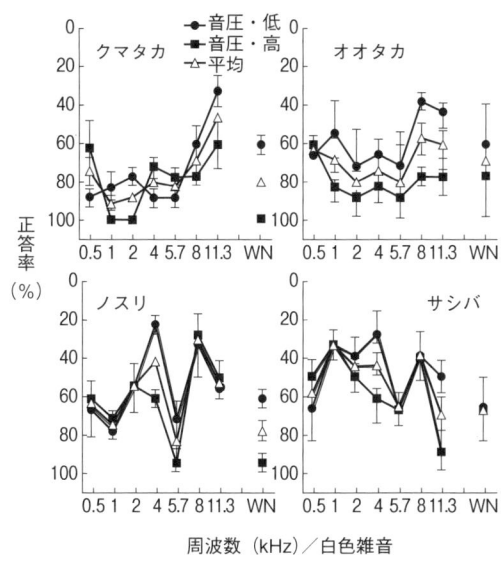

図3-6　4種類の猛禽類の等感度曲線．Yamazaki et al.（2004）を改変．

この結果，縦軸に正答率，横軸に周波数をとってデータをプロットすると，クマタカとオオタカでは，すでにデータのある猛禽類の聴感度曲線（オーディオグラム）と類似した曲線が得られた．ここからクマタカとオオタカは，1kHzから5.7kHzの範囲の音が最もよく聞こえていることがわかった．しかし，ノスリとサシバでは，このような曲線は得られなかった（図3-6）．

◎心理物理学

心理物理学（psychophysics）は，物理的世界と心理的世界の間の関係を明らかにすることを目的としている．また，先に述べたように，生物種により感覚受容器が感受できる刺激の範囲は異なっており，こうした受容器の性質を明らかにすることも目的の一つである．特に，ヒト以外の動物を対象とした研究を**動物心理物理学**（animal psychophysics）という．上で述べたように，動物心理物理学は，様々な動物種の感覚・知覚特性を探求することを通して，ヒトの感覚・知覚特性の特徴やヒト以外の動物との共通性を明らかにしてく

れる.この心理物理学は,第1章で述べたように,近代心理学の成立前後(19世紀中葉)の時代に,フェヒナー,ウエーバー,ヘルムホルツなどの物理学者や生理学者によって確立したのである.

　刺激に対する感覚と知覚過程の性質は,**閾値**(刺激閾・弁別閾)や**主観的等価点**などの,刺激(物理量)と反応(感覚量)の間の局所的な対応を示す定数として,あるいは**尺度構成**(scaling)のように,刺激次元と反応次元の全体的な対応を示す**心理物理関数**として表現される.このような刺激と感覚・知覚過程との対応を明らかにするために,これまで様々な測定法が考案されてきた.これらは,**心理物理学的測定法**とよばれ,実験心理学の方法論的基礎となっている.

○刺激閾と弁別閾

　刺激が,たとえば,視覚刺激の場合,見えたかどうかの境界のことを**刺激閾**(stimulus threshold)という.厳密に定義すると,**刺激閾とは,視覚刺激を実験参加者に呈示して,「見えた」・「見えない」という言語反応を求める場合,「見えた」反応と「見えない」反応が半分ずつ起こるとき(確率0.5)の刺激の物理的強さ(強度)である**.一方,**弁別閾**(difference threshold)**とは,ある物理的強度の刺激に対して,その刺激と区別できる最小の刺激強度の増分である**.このような閾値は,個体ごとに求められるものなので,基本的に少数の実験参加者を用いて測定されることが多い.また,測定には1回限りの刺激呈示ではなく,同じ刺激強度を繰り返し呈示する手続が用いられる(刺激呈示の仕方としては,ランダムな呈示法である**恒常法**が用いられる).

　具体例で説明すると,たとえば,明るさの刺激閾を測定するために,複数の明るさ(刺激強度)の異なる視覚刺激を用いる.これらの視覚刺激を短い時間(たとえば,100ミリ秒)ランダムな順番(恒常法)で実験参加者に呈示し,「見えた」,「見えない」という言語反応で答えてもらう.各刺激の呈示回数は,たとえば,10回として,刺激が5種類あるとすると,実験は実験参加者ごとに50試行(刺激呈示)行うことになる.

　その結果,横軸に刺激の物理的強度をとり,縦軸に「見えた」反応の割合

をとって，データを描き，各データ点を結ぶと，S字型の変化を示す心理物理関数となる．このとき，縦軸の「見えた」反応の割合が0.5となるときの横軸の値（点線の矢印），すなわち刺激の物理的強度が刺激閾の値となるのである（図3-7）．

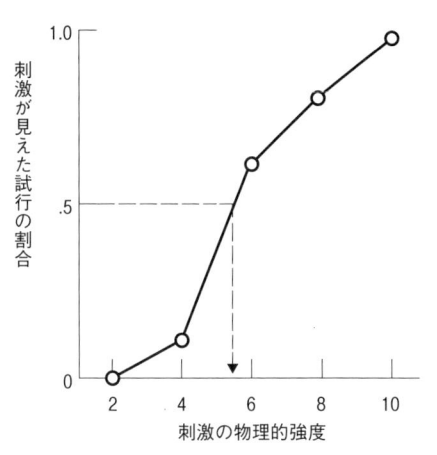

図3-7 横軸に刺激の物理的強度，縦軸に反応の割合をとってデータを描いた心理物理関数の例．

◎**感覚の時間的側面**

上映中の映画館に入ると，最初は暗くてどこに空席があるかがよくわからないが，時間経過とともに，見えるようになってくる（最近では，上映途中から入場することはできないが）．これは**暗順応**とよばれる．逆に，いきなり明るいところへ出ると周りのものがよく見えないことがあるが，これも時間経過とともに，見えるようになってくる．これを**明順応**という．これらの現象は，視細胞における桿体と錐体の役割から説明される．図3-8に示したように，最初の10分間は錐体の働き，10分以降は桿体の働きという2段階の過程である．ハトの暗順応の過程も，ヒトと同様な2段階の過程であることが明らかにされている．

ブラウ（Blough, D. S.）は，ハトの暗順応を研究するために，オペラント条件づけの手続き（第5章「経験から学ぶ」参照）を極めて巧妙に設定し，初めてハトの暗順応の過程を目に見え

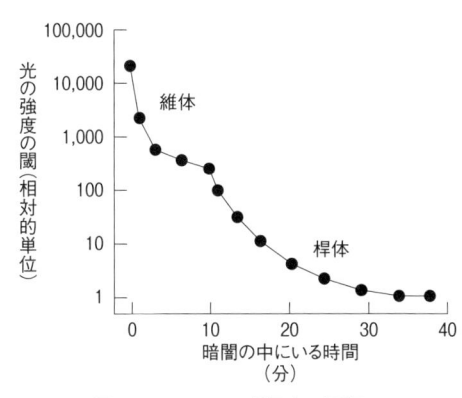

図3-8 ヒトの暗順応の過程．

る形で検出することに成功した（Blough, 1958）．図3-9の左側は，この方法を模式図で示しているが，この方法は，ハトの反応に依存して，光刺激の物理的強度を上げたり，下げたりする**トラッキング法**とよばれる手続きを用いていた．2種類の反応検出用装置（キー）があり，刺激が呈示されているときは，キーA（三角形）へ反応し，刺激が呈示されていないときは，キーB（円形）へ反応するように訓練する．キーAへ反応するとフィルターを下げることで，刺激の明るさを1単位減少させ，キーBへ反応すると，逆にフィルターを上げることで，刺激の明るさを1単位増加させた．このようなフィルターの上下の動きを記録すると刺激の強度の変化が視覚的に示される．図3-9の右側は，その記録例であるが，特に，560nmから380nmで時間経過とともに2段階に変化していることが読み取れる．

呈示された光刺激が消失してからも，しばらくその感覚が残る現象を**残像**という．たとえば，明るい対象物を見た後，白い壁をみるとその対象物の影のようなものが見える．また，緑色の刺激を見た後，白色の面を見ると，そこには赤い色が見える．

緑・黒の横縞と赤・黒の縦縞を交互に数秒ずつ凝視することを数分間続けた後，残像が消えてから，白・黒の縦縞・横縞を見ると，縦縞の部分は緑，横縞の部分は赤に色づいて見える．この現象を**マッカロー**（McCollough）**効**

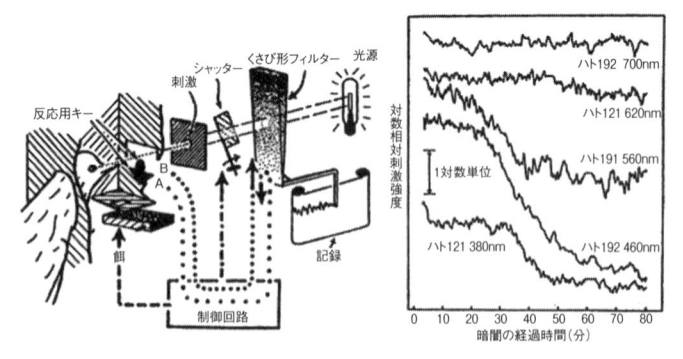

図3-9　ブラウが用いた実験装置とハトの暗順応の過程．Blough（1958）を改変．

果という．これは，通常の色残像とは異なり，縞刺激の方向（縦・横）に関係した**色残効**である．

◎感覚の相互影響

　視覚や聴覚などの異なる感覚間の相互の影響は，感覚間の**促進と抑制**として知られている．ある感覚の強さや感度は，他の感覚器官への刺激により変化する．たとえば，聴覚検査が明るい照明下で行われる場合は，聴力は増加する．また，大きな音は，視覚の感受性を低め，閾値を増加させる．

　同じ感覚においても，いくつかの異なる刺激があるときは，これらの刺激同士が影響し合う相互影響が起こる．こうした相互影響のうち，一方が他方を妨害するような影響を与える場合を**遮蔽（マスキング）**という．たとえば，騒音で，会話が聞き取れないことや，自動車のヘッドライトに照らされると，一時的に周りが見えなくなることなどは，一方が他方を妨げるという意味で，遮蔽の例である．

　一方，刺激として等しい明るさであっても，その背景や近接刺激の明るさにより，等しい明るさには見えないことがある．たとえば，図3-10に示すように，灰色は，白い背景の部分では，黒い背景の部分よりも暗く感じられる．これを**明るさの対比**とよぶが，同じ明るさの灰色が背景の刺激の影響を受けて異なった明るさに感じられるのである．このような対比現象は，色相や味覚など他の感覚でも生じる．

◎尺度構成

　ある物理的次元に対する心理的次元の関係は，刺激次元（物理量）と反応次元（感覚量）の全体的な

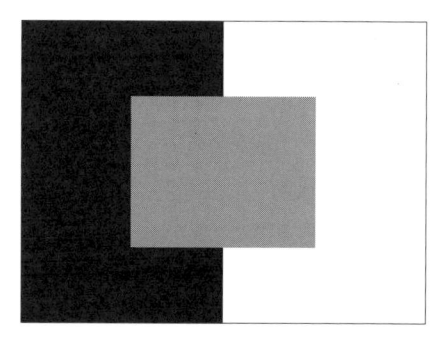

図3-10　明るさの対比現象．中心部に鉛筆を置いて見ると，灰色は，背景が白い部分では暗く，背景が黒い部分では明るく見える．

対応を示す心理物理関数として表現される．このような心理物理関数の一例は，以下のような**フェヒナーの対数法則**である．

フェヒナーは，ウエーバーの見出した法則を元に，物理量と心理量との関係は，(3-1) 式のような負の加速度曲線（対数関数）となることを明らかにした．

$$R = \log S \qquad (3\text{-}1)$$

ただし，R は反応（心理量），S は刺激（物理量）をそれぞれ表す．フェヒナーの対数法則は，反応（心理量）が刺激（物理量）の対数として表現されることを表している．

コラム

経済学におけるフェヒナーの法則

　この法則は，経済学において貨幣の主観的価値の変化を表すものとして用いられている．図 3-11 に，横軸に金額，縦軸に主観的価値（効用）をとって描いた対数関数を示したが，お金を持っていない人に10円を与えたときに感じられる主観的価値（縦軸）の大きさと比較すると，100万円持っている人に与えた10円の主観的価値の増分はごくわずかである．

　対数関数は，負の加速度曲線ともいわれるもので，金額の増加とともに，金額の増分に対応する主観的価値の増分（これを限界効用という）が徐々に減少していくことを表している．これを**限界効用の逓減**という．経済学（特に，ミクロ経済学）では，個人の持つある財に対する効用（主観的価値）が

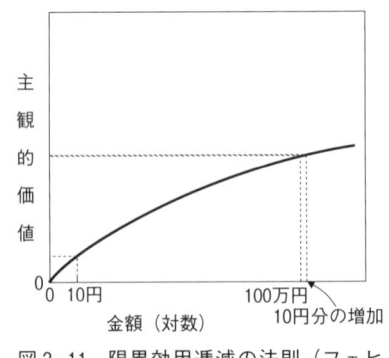

図 3-11　限界効用逓減の法則（フェヒナーの対数法則）．

フェヒナーの対数法則に従って変化することを前提に個人の選択行動を扱っている．この点で，心理学の選択行動研究（第6章「複雑な学習」参照）と共通性があり，**「経済学は経済的財の配分に特化した心理学である」**といわれるが，経済学では，合理的意思決定者としての個人を仮定しているという点で，心理学の考え方とは異なっている．

尺度構成（尺度化）とは，対象のある状態に対し一定の規則に従って数値を付与することである（印東，1969）．このための方法には，**間接法と直接法**の2つが区別できるが，間接法は何らかの尺度化の理論にもとづいてデータの処理が行われるので，用いられる反応測度も単純であることが多い．一方，直接法では，尺度化の理論にもとづかないかわり，反応に多くの内容を求めることになり，反応測度も複雑になる．尺度構成により，刺激次元と反応次元の全体的な対応が一つの関数関係として表現される．

スティーブンス（Stevens, S. S.）は，刺激次元と反応次元の全体的な対応を表す心理物理関数として，以下のような**ベキ関数**（power function）を提案した（Stevens, 1979）．

$$R = kS^n \qquad (3\text{-}2)$$

$$\log R = n \log S + \log k \qquad (3\text{-}3)$$

ただし，R は反応（心理量），S は刺激（物理量）を表す．k は比例定数，n はベキ関数の指数であり，ある刺激連続体に固有の値をとる．通常，k と n はデータから推定する．このため，(3-2) 式の両辺を対数変換して，(3-3) 式の1次関数の形にしておくと，n は直線の傾き，$\log k$ が切片の値となるので，これらの推定に便利である．

図3-12は，3つの刺激次元（明るさ，電撃，長さ）の感度（指数の値）による式の変化を示している．左側の図は，(3-2) 式を示し，右側の図は，

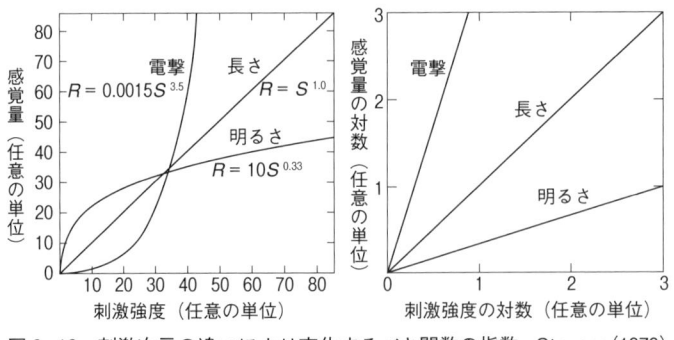

図3-12 刺激次元の違いにより変化するべき関数の指数. Stevens (1979) を改変.

両軸とも対数軸なので，(3-3) 式を表していることになる．図を比べれば，直線になっている方がわかりやすい．式の指数の値（直線の傾き）は，刺激次元により一定の値を取ることが示されている．電撃への感度が特に高く，このことは，わずかな電撃強度の増加が大きな反応を引き起こすことを示している．一方，明るさへの感度はかなり低く，前より明るくなったと感じられるためには，光の強度をかなり大きくする必要があることを示している．

○マグニチュード推定法による音の大きさの尺度化

スティーブンスが考案した尺度構成の具体的な手続きの一例を説明しよう．最初に，実験参加者自身が，標準刺激として，ある音の強さ S_0 を呈示し，その反応 R_0 を答える．次に，複数の刺激（S_x）を自ら調整・呈示（操作）し，実験参加者がそれらの感覚量（R_x）の，R_0 に対する比（R_x/R_0）を数値で回答する．R_x の R_0 に対する比を求める方法を，**マグニチュード推定法**という．この方法により得られる数値（尺度値）は，**比例尺度**になる．通常，実験参加者は，R_0 に対して適当な数値を割り当てるが，このとき，実験者が R_0 に特定の数値を指定する場合（たとえば，R_0 を100とする）があり，これを**モジュラス（基準値）指定法**という．

実験参加者ごとに，(3-3) 式を，得られたデータに当てはめると，各実験参加者のデータ点を貫く直線（1次関数）が得られる．この1次関数の傾き

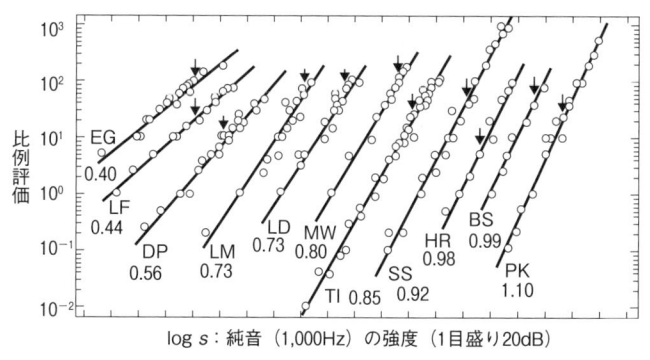

図3-13 マグニチュード推定法による音の大きさの尺度構成.
矢印は標準刺激,アルファベット2文字は被験者を表す.
Stevens & Guirao (1964) を改変.

が実験参加者ごとの n の値である.図3-13から明らかなように,いずれの被験者のデータも直線になっていることがわかる.各実験参加者は,アルファベット2文字で表現されている.また,直線の傾きは,0.4から1.10の範囲である.このように,n の値(直線の傾き)は,個人特性を表わすものでもある.

◎その他の感覚
　ここまで,視覚と聴覚について述べてきたが,これ以外の味覚,嗅覚,痛覚を取り上げよう.
○味覚
　私たちは,毎日食事を通して,様々な味を経験している.「甘すぎる」とか「辛すぎる」といういい方で,味覚体験を表現する.このような味覚体験は,食物としての対象の物質によって決まるだけではなく,過去の味覚経験や遺伝的な要因によっても影響を受けている.また,風邪を引いたときには,「味がしない」というように,個人の体調により味覚が鈍ることもある.
　味の刺激は,舌の上や,のどと上あごにある受容器に働きかける.この受容器は,脳の特定部分との神経連絡を持っている.舌の上には,**味蕾**とよば

れる受容器がある．これらは，舌の部位により異なり，舌先は「甘さ」，その付近ではさらに「しょっぱさ」，舌の奥は「苦み」，側面部は「酸っぱさ」によく反応するのである．これらの4つの味覚には，特定の神経繊維の存在が想定されている．

○嗅覚

臭いは，私たちの生活と密接な関係を持っている．食物が腐っているかどうか，ガスが漏れているかどうかの判断は，生命維持と関係している．また，動物は，**フェロモン**とよばれる「同じ種のメンバーによってかぎ分けられる化学物質」により個体間のコミュニケーションを行っていると考えられている．特に，蝶や蛾などの昆虫では，雄と雌の求愛行動において重要な役割を果たしているが，ヒトの場合には，むしろ社会的要因や経験要因の影響の方が重要であると考えられている（第7章「適応する」参照）．

臭いの刺激は，揮発性の化学物質である．この物質が，鼻腔の受容器の繊毛に働きかけ，電気的パルスを発生させるのである．これが神経繊維を通して，大脳半球の前頭葉の下にある嗅球と呼ばれる部位へ伝わり，最終的には側頭葉の内側にある嗅皮質へ至る．臭いに関係する部位が大脳に占める割合は，イヌでは約3分の1を占め，ヒトでは約20分の1程度である．このことは，イヌがヒトより嗅覚に優れていることを示しており，イヌは，実際に，通関手続きの際に貨物や手荷物の中に隠された覚醒剤や大麻などの違法薬物の検出作業に用いられている．

○痛覚

痛みの感覚は，不快な感情を引き起こすが，これは危険なものを避けるという重要な働きをしている．痛みは，身体組織の何らかの損傷により生じる．この痛みの刺激は，皮膚の中で化学物質を生じさせ，これをニューロンの中の特殊化したもの（受容器）が受容するのである．痛みには，切り傷のような「一過的な痛み」と捻挫したときのような「持続する痛み」という質の異なる側面が区別される．これらは，別々の神経繊維連絡を通して，大脳皮質の部位に至る．

読書ガイド

- Gescheider, G. A. *Psychophysics: The fundamentals*（3rd Ed.）LEA 1997（宮岡 徹（監訳）『心理物理学：方法・理論・応用』北大路書房 2002）
  * 心理物理学の古典的研究から現代的研究までをわかりやすくまとめてあるが，初歩的知識を持った読者を対象とした中級編という位置づけになる．

- 木下富雄（編）『教材心理学：心の世界を実験する（第4版）』ナカニシヤ出版 2001
  * 心理学実験実習用の簡便な道具が付属しているので，感覚・知覚に関する実験を通して，初学者が心理物理学的測定法を具体的に学ぶことができる．

- 相場 覚（編）『現代基礎心理学2 知覚1：基礎過程』東京大学出版会 1982
  * 1980年代初め頃までの感覚分野の研究成果を知ることができる．上級編という位置づけになる．

課題3-1：感覚の特徴は何により表すことができるかを説明しなさい．

課題3-2：心理物理学について説明しなさい．

第4章 知る：知覚

「じゃ秘密を言うよ．簡単なことなんだ．ものは心で見る．肝心なことは眼では見えない」

―――― サン・テェグジュペリ
『星の王子様』より

私たちは，眼や耳という器官（受容器）を通して，外界の刺激を受け取る．**知覚**（perception）とは，目の前にある環境の事物や変化を知ることである．「花瓶がある」とか「雷が鳴り出した」という認知は，環境の全体的な有り様（**刺激布置**）を知ることである．このような認知により，ヒトや動物は環境に適切に働きかけることができるのである．このように，第３章で述べた感覚がより狭い局所的な刺激の感覚器官への受容による認知であるのに対し，知覚は，目の前の環境の全体的な刺激布置の認知であり，個体が環境に働きかける能動的な行為である．知覚の研究は，ヒトや動物が外界をどのように受け取るのか，そして，受け取った知覚内容をどのように利用して行動するのかという問題を扱っている．

◎物理的世界と心理的世界の対応

　私たちが見たり聞いたりする心理的世界は，物理的世界と同一ではない．このことを端的に示す知覚現象は，多義図形や曖昧図形の知覚から錯視現象，恒常現象，対比現象などに見られる．こうした心理的世界と物理的世界との対応関係は，第３章で述べた心理物理学的方法を用いて数量的に表現される．

○多義図形と曖昧図形

　図4-1は，**ルビンの杯**とよばれる多義図形の一つである．黒い部分に着目すると，杯の形が見えるが，一方，白い部分に着目すると，向かい合ったヒトの横顔が見える．

　通常，私たちは，刺激対象を見るとき，刺激対象のある部分を「図」，他の部分を「地」として見ている．どちらが図になるかにより，見えるものが異なるのである．これを，**図と地の分化**という．図になるのは，一般に，何らかの形を持った部分であるが，どちらが図になるかは，刺激条件（形になりやすさ，刺激の布置など）だけではなく，観察者の経験や知識などによっても影響を受ける．

図4-1　ルビンの杯．

図になりやすさが，ルビンの杯のように，黒と白の領域で拮抗しているような場合には，図と地の反転が繰り返し起こる．

図4-2の写真は，コイの頭部に出た模様が眼と鼻となったヒトの顔（人面）に見えることから人面魚とよばれて話題になったものである．これは，模様がランダムに出た結果であるが，ヒトは，そこにまとまりのある（意味のある）形を知覚する傾向があることを示している．江戸時代の川柳にある「幽霊の正体見たり，枯れ尾花」という句も，暗闇で，すすき（枯れ尾花とはススキのこと）の穂のたれ具合が幽霊（人の姿）に見えてしまう，ヒトの持つ知覚の傾向を取り上げたものといえる．

図4-3は，江戸時代の浮世絵師「歌川国芳」のだまし絵（木版画）の一つであるが，全体に着目すると人の顔に見え，部分に着目すると裸の人物の集合として知覚される．これも，より複雑な図と地の反転により説明される．

図4-2　人面魚（毎日新聞社提供）．

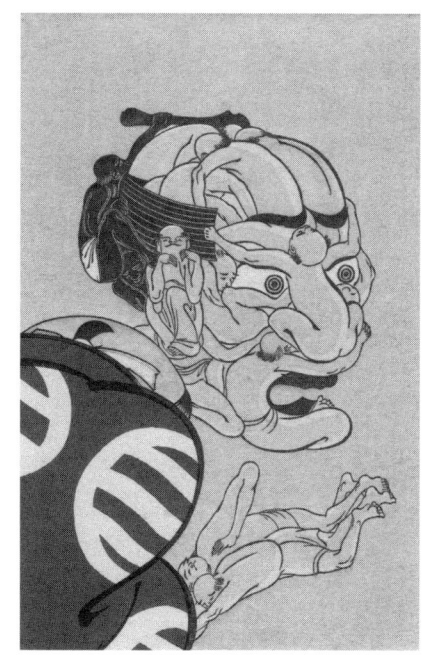

図4-3　だまし絵（江戸後期の浮世絵師「歌川国芳」の木版画）．

このように，対象をまとまりのある形でみる知覚傾向をゲシュタルト心理学者のヴェルトハイマーは，「まとまりの要因」とよび，多義図形や曖昧図

第4章　知る：知覚　53

(a) 近接の要因　　　　　　　　(b) 類同の要因

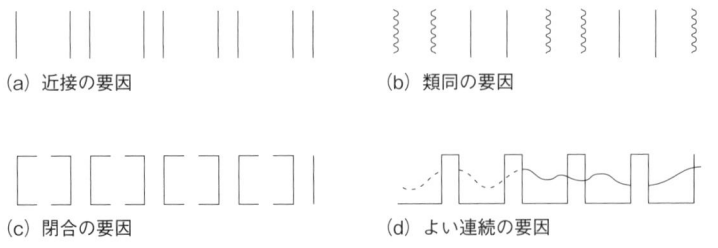

(c) 閉合の要因　　　　　　　　(d) よい連続の要因

図4-4　群化の法則の例．中村（2003）を改変．

形における「まとまりの要因」の役割を指摘している．まとまりの要因として，図4-4に示したような要因が挙げられるが，これらを**群化の法則**という．ある対象を何らかの形として知覚する場合には，このような図と地の分化や群化の過程が含まれていると考えられる．

視覚に見られる図と地の分化や群化の法則は，視覚の現象に限られるのではなく，聴覚においても見られる．たとえば，パーティー会場の喧噪の中でも自分に関係する会話はよく聞こえるという，**カクテルパーティー効果（現象）**はよく知られている．また，様々な楽器の音が重なって響くオーケストラの音から，ある特定の楽器の音を聞き取ることができるのも，このような要因による．

○知覚的補完

図4-5を見ると，あたかも2つの三角形が重なっているかのように知覚される．つまり，知覚される下向きの三角形は，輪郭線があるかのように知覚されるのである．このように，物理的には存在しない輪郭線を補う形で知覚が成立する現象を**主観的輪郭**という．一般に，物理的に欠損した情報を周辺の刺激布置から補う現象を**知覚的補完**という．

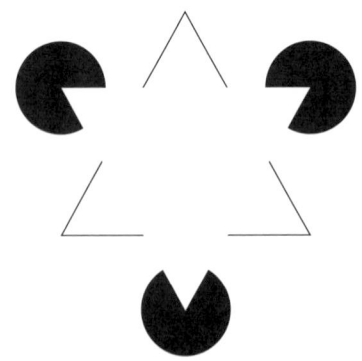

図4-5　主観的輪郭．kanizsa（1979）

○錯視

　視覚における心理的世界(見えの世界)と，物理的世界のズレを端的に示す知覚の現象の一つに，**錯視現象**がある．ここでは，錯視現象の観察と錯視現象をどのような方法により定量的にとらえるかを具体的手続きから見てみよう．矢羽根の長さの知覚に見られる錯視を**ミュラー・リヤーの錯視**という．これは，図4-6のような矢羽根図形の場合，物理的には同じ長さであるが，両端の矢羽根が内側に閉じた形の直線部分の長さを見ると，矢羽根が外側に開いた場合の直線の長さに比べて，短く見える現象である．このような幾何学図形を用いた錯視を**幾何学的錯視**という．

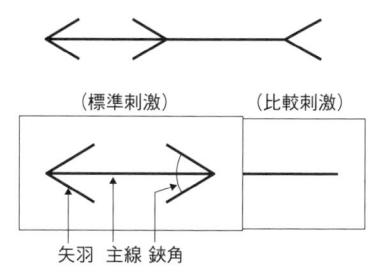

図4-6　ミュラー・リヤーの錯視図と測定器具の例．(木下，2001)

　直線の長さを測定するための方法として，左側直線の長さを固定，右側直線の長さを可動式にした測定器具（図4-6）を用いる．実験参加者は，可動部分を調節して，標準刺激の直線の長さと等しい長さに見える，比較刺激の直線の長さ（主観的等価点）を求める．これを**被験者（実験参加者）調整法**という．錯視の程度（錯視量）は，主観的等価点と標準刺激の客観的長さの差である．比較刺激の直線が，明らかに短く見える点から調整を始める**上昇系列**と，逆に，明らかに長く見える点から調整を始める**下降系列**を行い，それぞれの主観的等価点を平均することで，上昇系列と下降系列という測定手続きのもつゆがみを相殺することができる．錯視量に影響する要因の一つは，**矢羽根の角度**である．様々な矢羽根の角度条件のもとで主観的等価点を測定することにより，矢羽根の角度の変化と錯視量の変化の法則性（**関数関係**）を明らかにすることができる．ミュラー・リヤーの錯視は，誰にでも観察できる**頑健な現象**である．図4-7は，様々な幾何学的錯視の例をあげたものである．

　幾何学図形以外の絵画的刺激を用いた錯視の例として，サッチャー錯視(元英国の女性首相の顔を用いた錯視現象）が知られているが，ここでは有名な

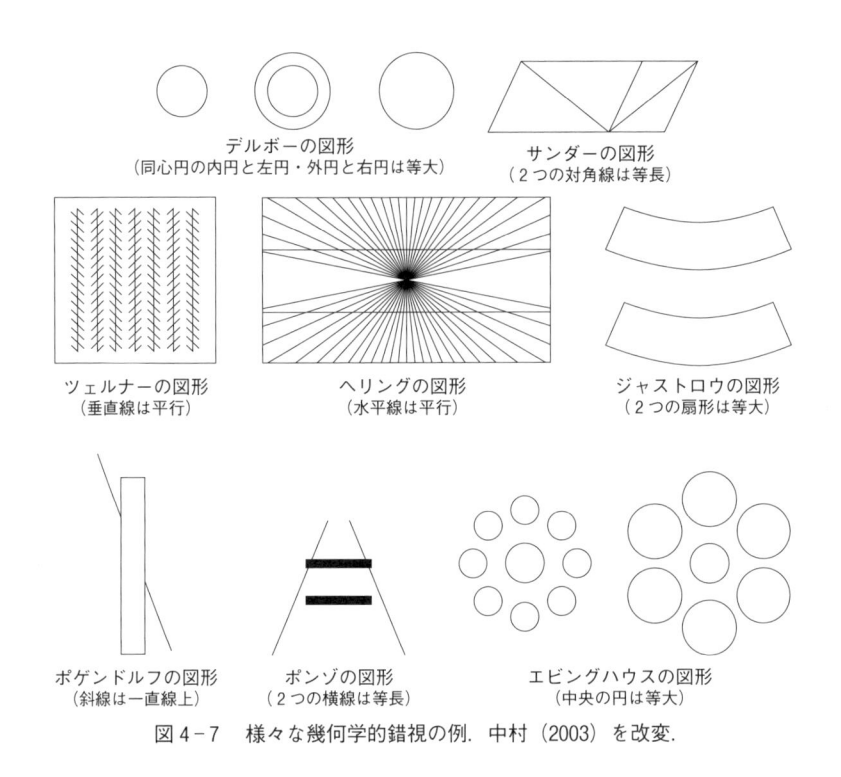

デルボーの図形
(同心円の内円と左円・外円と右円は等大)

サンダーの図形
(2つの対角線は等長)

ツェルナーの図形
(垂直線は平行)

ヘリングの図形
(水平線は平行)

ジャストロウの図形
(2つの扇形は等大)

ポゲンドルフの図形
(斜線は一直線上)

ポンゾの図形
(2つの横線は等長)

エビングハウスの図形
(中央の円は等大)

図4-7　様々な幾何学的錯視の例．中村（2003）を改変．

「モナ・リザ」の絵を用いて例示してみよう．図4-8のように，倒立した状

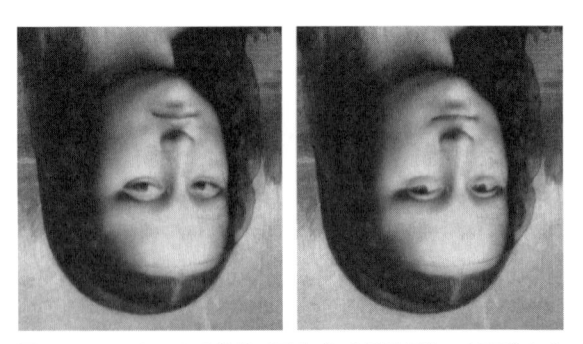

図4-8　モナ・リザ錯視（図作成　森川和則）．上下逆さまなこの絵を見ても違和感はないが，本を逆さまにして正立にして見ると違和感が生じる．森川(2010)

態で左右のモナ・リザ像を見ると,違和感はないが,本を逆さまにして,正立した状態で見ると違和感が生じる.

○不可能図形

　不可能図形とは,奥行きのある3次元物体と知覚される2次元図形のことであり,実際には,実在不可能なため,錯視の一つである.図4-9に示した三角形は,ペンローズ（Penrose, R. & Penrose, M. S.）の三角形とよばれるもので,心理学において最初に報告された不可能図形である.このような不可能図形は,一見すると矛盾を感じないが,よく見るとそこには立体としての矛盾があることがわかる.しかし,いったん立体としての矛盾があることがわかっても,最初の印象は,持続するのが通例である.不可能図形は,美術の領域でも多くの人々の興味を引いてきた.たとえば,オランダの画家エッシャー（Escher, M. C.）は,錯視をうまく取り入れた作品を多数残しているし,また,日本の安野光雅も,様々な不可能図形を取り入れた「だまし絵」と題する絵本を刊行している.

図4-9　ペンローズの三角形.

○恒常性

　刺激対象を知覚するとき,対象の見え方が一定になるようなメカニズムが働いている.たとえば,視覚の場合,刺激対象は,眼の網膜上に像を結ぶことになるが,網膜像の大きさは,刺激対象までの観察距離に反比例する（距離が2倍になると,網膜像は半分になる）.具体例で説明すると,2mの距離で見たときの友人の大きさは,1mの距離で見たときに比べて,網膜上では半分となるが,実際には,それほど大きな変化を知覚することはない.この事実を**恒常性**という.この場合は,大きさが変わらないので,**大きさの恒常性**という（図4-10）.

　恒常性という用語を最初に用いたのは,ゲシュタルト心理学者のケーラー

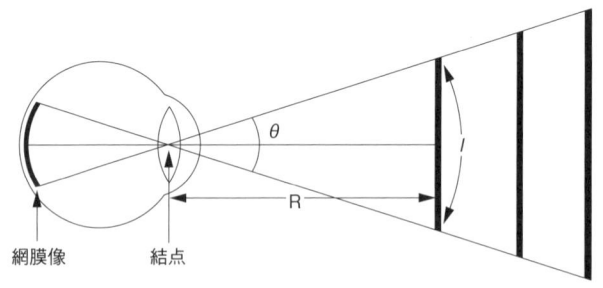

図 4-10 対象物とその網膜像の関係.
網膜像の大きさ（視角 θ）は，対象の置かれた距離 R に反比例する．網膜像を一定にするには，対象からの距離が離れるほど，対象を大きくしなければならない．

であるが，彼は，チンパンジーとニワトリの視知覚の研究のなかで，知覚の恒常性に関する実験を行い，ヒトと同じような恒常現象があることを明らかにしている（Boakes, 1984）．

コラム

生物から見た世界

　ユクスキュル（von Uexküll, J.）は，ドイツの生物学者で，1930年代に「動物とヒトの環境世界への散歩」（1934年）を発表し，当時，支配的であった生物学の機械論的見方を批判する「生物の自立性（能動性）」の考え方を強調した．彼の考え方は，動物の置かれた環境世界を，動物個体の生存にとって必要な刺激を知覚（知覚標識）し，それをもとにその動物特有の行為（作用標識）を行う機能環としてとらえるものである．
　行動分析的視点で解釈すれば，機能環とは，ある対象がもつ弁別刺激とその対象に対する行為の結果という随伴関係であり，行動の連鎖である（第5章参照）．こうした機能環の集まりが環境世界を形作っていると考えられるので，すべての動物には，独自の環境世界があり，同じ対象が全く違った形で知覚されることになる．この環境世界という視点は，

知覚研究にとっても重要な意味を持っている．図4-11は，ヒトの見る環境世界とイエバエが見る環境世界の相違を表している．

図4-11　ヒトの見る環境世界（左）とイエバエの見る環境世界（右）．

◎奥行き知覚

　私たちが見る空間は，立体的（奥行きのあるもの）であるが，眼の網膜に投影される対象となる空間は，2次元平面となっている．これがどのようにして奥行きのあるものと見えるのであろうか．奥行き知覚は，眼という器官の生理学的（構造的）要因と経験を通して獲得される心理的（機能的）要因から説明することができる．

○生理的（構造的）要因

　眼の構造的要因として，眼球が左右2つあることと，眼球の中でレンズの役割を担っている水晶体を挙げることができる．まず，対象の遠近に対して，

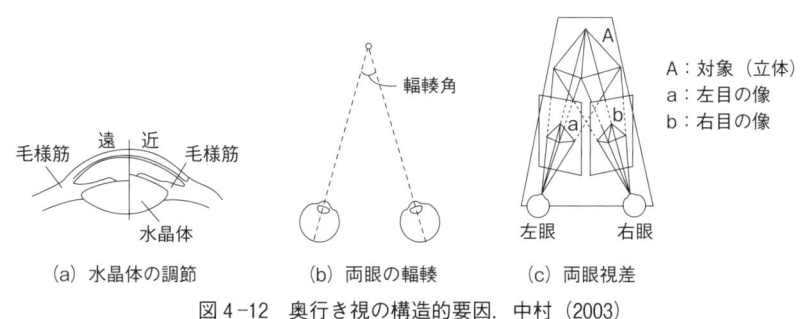

(a) 水晶体の調節　　(b) 両眼の輻輳　　(c) 両眼視差

A：対象（立体）
a：左目の像
b：右目の像

図4-12　奥行き視の構造的要因．中村（2003）

毛様筋の調節により水晶体の厚みを変えることで，焦点距離を変化させるので，毛様筋の調節が奥行き感の要因としてあげられる．この働きは，焦点距離が2m以上の対象には働かないので，より遠方の対象については，左右の眼の視線がなす角度，すなわち**輻輳角**が要因としてあげられる．さらに，両眼の網膜像は左右で若干ずれているため，左右の網膜像を融合すると立体的な像として知覚される．これを**両眼視差**という．これらの生理学的（構造的）要因により，対象は奥行きのあるものとして知覚されるのである（図4-12）．

○心理的（機能的）要因

絵画の制作や鑑賞は，高度な知的活動の所産であるが，2次元平面上に描かれた絵画から奥行きを感じるのは不思議なことである．絵画には，奥行き感を与える様々な要因が用いられている．たとえば，大気遠近法，線遠近法，相対的大きさ，重なり，肌理の勾配，陰影などの要因は，**絵画的手がかり**とよばれている．これらの要因は，様々な経験を通して獲得される機能的なものである（図4-13）．

大気遠近法は，ルネサンス期の画家，レオナルド・ダ・ビンチにより発見されたもので，この手法は，「モナ・リザ（ジョコンド夫

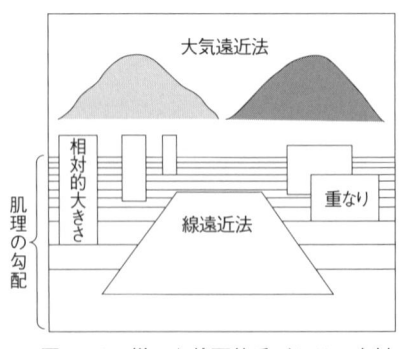

図4-13 様々な絵画的手がかり．中村(2003)を改変．

図4-14 円山応挙「富士三保松原図(掛け軸)」．手前の樹木から左回りに松原へと奥に導かれる．奥には大気遠近法により描かれた富士が望見される．

人像)」の背景に用いられている．このため，奥行きが感じられ，モナ・リザ像を浮かび上がらせる効果をもたらしている．大気遠近法は，東洋の水墨画でも用いられてきた技法であり，空間の画家と称される江戸中期の円山応挙の絵にも受け継がれている（図4-14）．この絵には，大気遠近法以外にも様々な絵画的手がかりが用いられ，明瞭な奥行き感が生まれている．

◎運動知覚

　対象が物理的に動いている場合に知覚される運動を**実際運動**というが，実際運動以外にも，物理的には動いていないが，知覚される運動として，**誘導運動**や**仮現運動**，**自動運動**などがある．

　小さな黒点を囲む長方形の枠を左右に動かすと，小さな黒点が動いたように見える．図4-15に示したように，小さな黒点の知覚された運動は，長方形の枠の実際運動により誘導されたものといえる．この現象は，ゲシュタルト心理学者のドゥンカー（Duncker, K.）により報告されたものであるが，日常場面でも，止まっている電車に乗っているとき，隣の線路を別の電車が動くと，その電車の動きとは反対方向に動いているように見えることがある．また，雲が流れているとき，雲間の月は，雲の流れる方向とは逆に動くように見える．このように，静止している対象が周囲の動きに誘発されて生じる運動の知覚を**誘導運動**という（Duncker, 1938）．

　暗室内で光点を凝視していると，光点自体は動いていないにもかかわらず，不規則に動いて見える．この現象を**自動運動**という．

　暗室内で光点を短時間呈示し，最初の光点の近くに再び光点を呈示すると，別々の光点として知覚されるのではなく，一つの光点が移動したように知覚

図4-15　誘導運動の例．長方形の枠を左に動かすと，中の黒点が左から右へ動いたように知覚される．Duncker（1938）

される．この知覚された運動は，実際の運動ではないので，**仮現運動**とよばれる．この仮現運動は，ゲシュタルト心理学者のヴェルトハイマーにより体系的に研究されたものである．これは，静止した刺激が単に呈示されたり，消失したりするだけで，知覚される運動である．呈示間隔が30ミリ秒以下の場合には，2つの光点が同時に点滅するように知覚される．一方，呈示間隔が60ミリ秒程度の場合には，2点間のなめらかな運動が知覚される．さらに，200ミリ秒以上の場合には，2つの光点の継時的な点滅として知覚される（運動として知覚されない）ことになる．映画は，この仮現運動の原理を用いたものであり，1コマ毎の静止画を1秒間に約30回呈示することで，なめらかな運動が知覚されるのである．

◎**時間知覚**

あることに熱中していると時間のたつのが早く感じられる．一方，退屈な作業の場合には時間のたつのが遅く感じられる．このように，個人が体験する時間の知覚は，動機づけや作業内容などの様々な要因により影響を受ける．時間の知覚には，視覚における眼のような明瞭な受容器はないが，時計のような時を刻む，何らかの生理学的な対応物（バイオリズム）があると想定されている．

時間の体験には，時間の経験が直接的に把握されるものと，直接的には把握されず，間接的に記憶として認識されるものとが区別される．これらの区別は，また，時間を扱う方法の違いを表しており，知覚される時間を扱うのが**時間知覚**であり，見積もられる持続を扱うのが**時間評価**である．

時間は，時計などの装置により計測される客観的時間と私たちが知覚・判断する主観的時間とが区別され，これらの間の対応を研究するのが心理学における時間研究である．時間研究では，実験者が呈示した時間を言語的に表出する**言語的評価法**や，何らかの手段により再現する**再生法**，実験者が言語的に呈示した時間を何らかの手段で表示する**産出法**などが用いられるが，動物の場合には，言語が使用できないので，言語教示に代わるオペラント条件

づけの手続き（第5章「経験から学ぶ」参照）が用いられる．

このような客観的時間と主観的時間との対応関係の尺度構成は，再生法に類似した手続きにより，ニホンザルやアカゲザル，カラスについて試みられており，(3-2) 式のベキ法則を適用して指数の値（感度）を求めると，いずれもほぼ1.0に近い値となった（伊藤，1976, Ito & Asano, 1977）．これは，再生法または産出法を用いて得られたヒトの時間知覚の指数の値（おおよそ1.0）とも一致している（Treisman, 1963）．また，ハトでは，指数の値は0.8となり，種により時間知覚が異なることが示されている（Catania, 1970）．

◎知覚の能動性

ある事物を知ること（知覚）は，生まれつき（生得的）の性質なのか経験を通して獲得した（習得的）性質なのかという疑問は，氏か育ちかという論争を生むことになったが，現在では，どちらか一方の立場より，どの部分が生まれつきで，どの部分が経験により獲得されたのかを明らかにしようとしている．

たとえば，奥行き知覚は，ヒトの場合，生後6ヶ月頃までは十分に確立されていないが，はいはいができるようになると，確立してくる．このような奥行き知覚の研究には，**視覚的断崖**というテスト装置が用いられる（Gibson & Walk, 1960）．これは，格子縞模

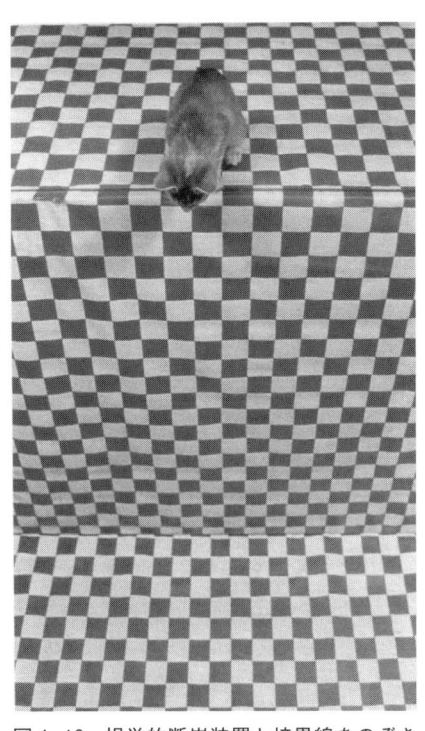

図 4-16 視覚的断崖装置と境界線をのぞき込む子ネコ．Gibson & Walk (1963)

様の床にガラス板が置かれ，2分割された片方は，50cmほど床が下がっており，ガラス板を通して格子縞模様の床を見る仕掛けになっている（図4-16）．もう一方の下がっていない床に置かれた乳児や動物が2分割された床の境界線（視覚的断崖）のところで，どのような行動を示すかを観察するのである．はいはいができる乳児を母親が下がった床の方からよぶと，乳児は，境界線のところで止まってしまう．このことから，はいはいができるようになることで，それまでよりも格段に様々な空間的経験が豊かになり，そうした経験が奥行き知覚を確立することになると考えられる．

空間の知覚が行動と密接に関係していることは，子ネコを対象とした**自己産出運動**の古典的実験からも明らかにされている．この実験では，暗闇で育てられた子ネコの片方を能動的に歩かせ(A)，もう片方の子ネコは，それに連動して受動的に動かされた(P)．この結果，これらのネコが受ける空間的刺激は全く同じであるにもかかわらず，能動的に歩いた子ネコは，空間に適応することができたのである（Held & Hein, 1963）．

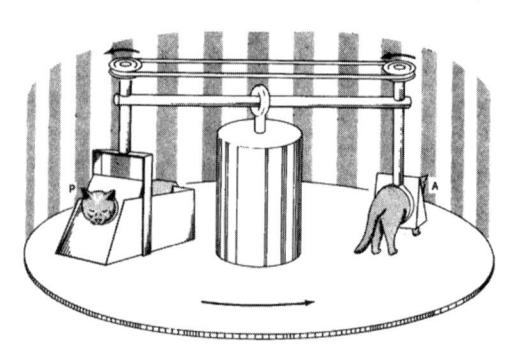

図4-17 子ネコを用いた自己産出運動の実験装置．
Held & Hein（1963）

読書ガイド

- 鳥居修晃（編）『現代基礎心理学3　知覚2：認知過程』東京大学出版会　1982
   ＊1980年代初め頃までの知覚分野の研究成果を知ることができる．上級編という位置づけになる．

- von Uexküll, J. & Kriszat, G. *Streifzuge durch die Umweltten von Tieren und Menschen.* Fischer verlag 1934（日高敏隆・羽田節子（訳）『生物から見た世界』岩波文庫　2005）
  * すべての動物は，独自の知覚と行為のつながりである機能環を持ち，いくつかの機能環の集まりが環境世界を形作るというユクスキュルの生物観を明らかにしたもの．知覚研究にとってもヒントを与えてくれる．
- 和田陽平・大山　正・今井省吾（編）『感覚知覚ハンドブック』　誠信書房　1969
  * 1960年代までの感覚・知覚領域の研究成果を網羅している．新版も出版されているが，この旧版は資料的価値が高い．

課題4-1：知覚の特徴は何により表すことができるかを説明しなさい．

課題4-2：対象が立体的に見える要因について説明しなさい．

第5章 経験から学ぶ：学習

「行動することは，生き物の本質をなす特性である」

————スキナー『科学と人間行動』より

「授業で新しい知識を学ぶ」、「アルバイト先の仕事が、最初の頃に比べてスムーズに進められるようになる」など、私たちは、毎日、多くのことを学んでいる。心理学における**学習**（learning）とは、「経験によって生じる比較的永続的な行動の変化」である。勉強によって新しい知識を獲得するのも学習であるし、最初は餌を取るのがへただった野生の動物が、効率良く餌を取るようになることも学習である。ただし、病気やケガ、薬物摂取による行動変化は、学習とはよばない。

学習には、生得的な刺激—反応の組み合わせに対して、新しい刺激が反応を引き起こすようになるレスポンデント条件づけ、反応後の環境変化によりその反応の生起頻度が変化するオペラント条件づけがある。ここでいう**行動**（behavior）とは、ヒトや動物がなしうることのすべてのことを指し、一方、**反応**（response）とは、測定のために定義された行動の一部（行動の単位）を意味する。

ヒトを含めた動物の行動は、その動物種が生まれつき持っている生得的行動と、生後の経験によって獲得される習得的行動に大別できる。本章では、これらの生得的行動と習得的行動（反射の原理と行為の原理）について理解を深める。

◎学習研究前史

ヒトの学習に関する研究の始まりは、ギリシア時代のアリストテレスにまでさかのぼるが、ここでは学習研究と関わりの深い、動物行動研究の歴史を概観する。現代の動物行動研究の起源は、19世紀の博物学者ダーウィンにある。彼は、現存する多様な動物種が、偶然の変異と自然選択によって生み出されると主張したが、身体の構造だけでなく、（心的）機能も同様の過程で進化すると考えていた。

イギリスの生物学者ロマネス（Romanes, G. J.）は、「飼いネコが複雑な構造をしたドアを開けることができた」など、動物行動に関する珍しいエピソー

ドを集める**逸話蒐集法**（anecdotal method）により，動物の知能の水準は，私たちが思っているよりも高いことを示そうとした．彼の動物行動の解釈法は，ヒトの行動を解釈する方法と同様であったので，**擬人主義的解釈**（introspection by analogy）とよばれた．一方，イギリスの生物学者モーガン（Morgan, C. L.）は，「観察された事実」と「観察者の推測」を区別する必要があるとし，ロマネスの擬人主義を批判した．彼は，後の動物の学習研究の指導原理となる**モーガンの公準**（Morgan's canon）を提唱した．これは，「**心的発達において低次の心的過程で説明できるときは，より高次の心的過程の所産として動物の行動を解釈すべきではない**」とするものである．すなわち，動物が高い知能を発揮しているように見える場合であっても，反射などの単純な原理で解釈ができる場合には，より低次の解釈（この場合，反射による解釈）をとるべきであるとするのである．

◎行動生物学

　生物学では，各々の動物種が進化の過程を経てどのような行動をとるようになったのかが研究されてきた．これは，同じ動物種であればどの個体も起こす行動なので，生得的行動の一種であるが，その中でも，特に，定型的な一連の行動からなる複雑な行動パターンのことを，**本能行動**（instinctive behavior）とよぶ．本能行動を研究する生物学の一分野を，**行動生物学**といい，代表的研究者として，ローレンツ（Lorenz, K.），ティンバー

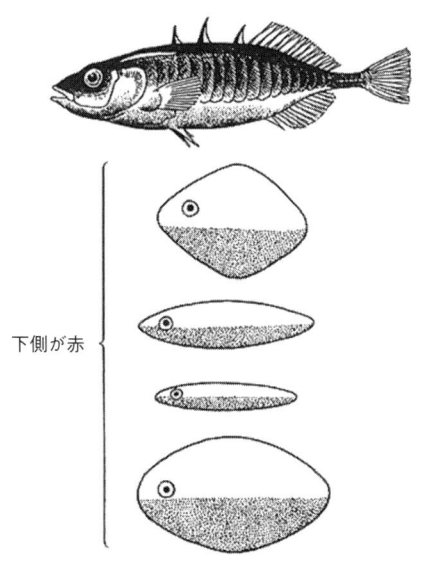

図5-1　トゲウオの攻撃行動を誘発する刺激．Tinbergen（1950）

第5章　経験から学ぶ：学習　69

ゲン (Tinbergen, N.), フォン・フリッシュ (von Frisch, K.) がいる.

　ティンバーゲンは，繁殖期のオスのトゲウオによる他のオスへの攻撃行動について研究している．オスのトゲウオは繁殖期になると身体の下側が赤くなるが，図5-1のような刺激をオスのトゲウオに示し，攻撃行動が起こるかどうかを調べた．その結果，下側が赤い物体であれば，形がトゲウオに似ていなくても攻撃行動が誘発されることが明らかになった．このように，本能行動を誘発する刺激のことを，**解発子**（releaser）または**鍵刺激**といい，鍵刺激によって一連の本能行動が機械的に引き起こされるしくみを**生得的解発機構**という．

　本能行動には，経験が関与するものもある．**刻印づけ（刷り込み）**がその代表例である．孵化したばかりのカモのヒナは，最初に見た動くものの後を追うようになるが，これを刻印づけという．ヒナが最初に見る動くものは，通常母ガモなので，母ガモの後をついて歩くようになるが，他のものを見てしまうと，その後をついて歩くようになる．また，生後24時間以内に動くものを見なければ，その後に動くものを見ても，後追い行動は起こらない．この刻印づけが成立する期間を**臨界期**（critical period）という．

　行動生物学によって明らかにされた本能行動の存在は，経験によって変えることのできない行動の側面があることを示している点で，学習研究に影響を与えた．

◎反射の原理：レスポンデント条件づけ

　レスポンデント条件づけ（respondent conditioning）は，ロシアの生理学者パヴロフが，消化液の分泌に関する研究を行っていて発見したものである．彼は，イヌの胃に手術を施し，胃液が分泌されるとそれを収集できるようにしていた．イヌは，餌を食べるときに胃液を分泌するが，パヴロフは，餌を与える人物が見えただけでも，胃液が分泌されることを見出した．このことをきっかけに，パヴロフは，生得的な刺激—反応の関係に対して，新たな刺激—反応関係を形成する実験を行った．パヴロフが行った実験の様子を図5

−2に示す.

　彼はイヌの口に手術を施し，唾液が分泌されるとその量が測定できるようにした．実験前に，2つのことが確認された．まず，イヌに餌を与えると唾液を分泌する．これ

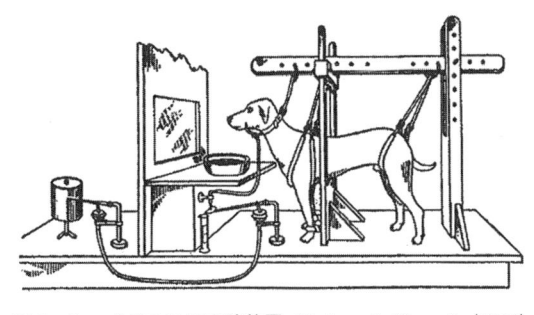

図5-2　パヴロフの実験装置. Yerkes & Morgulis(1909)

は，イヌが生得的に持っている刺激—反応の関係であり，この刺激を**無条件刺激**（unconditioned stimulus: US），反応を**無条件反射**（unconditioned reflex: UR）という．次に，メトロノーム音をイヌに呈示し反応を観察した．するとイヌは，最初，聞きなれない音の方に頭を向ける（**定位反射**）が，しばらくするとそのような反応はなくなった．このように，同じ刺激を何度も経験することにより，その刺激に対して反応が弱まることを**馴化**という．逆に，同じ刺激を何度も経験することにより，その刺激に対して反応が強まることを**鋭敏化**という．

　実験では，イヌに餌を与えるときにメトロノーム音を呈示し，そのときの唾液分泌量が測定された．これを1試行（trial）とし，このような試行が何回も繰り返された．その結果，メトロノーム音を呈示するだけで唾液分泌が生じるようになったのである．この場合のメトロノーム音を**条件刺激**（conditioned stimulus: CS），メトロノーム音によって引き起こされる唾液分泌反応を**条件反射**（conditioned reflex: CR）という．このように，生得的なUS—URの関係に基づいて，新たな刺激が反応を**誘発**（elicit）するようになることを，レスポンデント

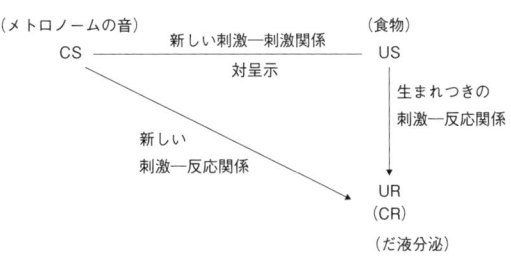

図5-3　条件反射形成の模式図.

条件づけという（図5-3）．私たちが，「うめぼし」という言葉を見聞きすることでよだれが出るのは，条件反射である．レスポンデント条件づけでは，生得的な US—UR として，パヴロフが用いた唾液反射以外に，膝蓋腱反射や眼瞼反射も用いられる．

　前述のように，レスポンデント条件づけでは，条件刺激と無条件刺激を同時に呈示することにより学習が進行するが，この手続きのことを**対呈示**あるいは**強化**という．通常，強化試行を実施すると，条件反射の量や条件反射の生じる確率が増加する（図5-4）．しかし，永久に増加し続けるわけではなく，さらに試行を実施してもそれ以上増加しなくなる．また，パヴロフの実験では，学習後，条件刺激のみを呈示することにより，条件反射の量が測定されているが，この条件刺激のみを呈示する手続きを**消去**（extinction）という．通常，消去試行を繰り返すと，条件反射の量は減少する．しかし，その後，消去試行を停止し，しばらく時間が経過した後に消去試行を再開すると，条件反射の水準が休憩前に比べて増加する．この現象を**自発的回復**（spontaneous recovery）という．一般に，図5-4のように，横軸に試行回数などの経験量，縦軸に学習された行動量を示したものを**学習曲線**（learning curve）という．なお，強化と消去は，オペラント条件づけにも用いられるが，意味が異なるので注意が必要である．

　条件反射は，CS 以外の刺激に対しても生じる．たとえば，ある高さの音

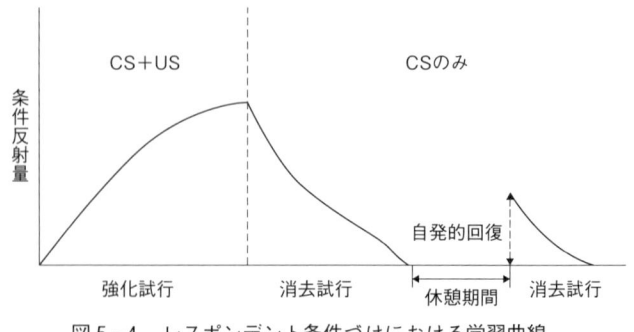

図5-4　レスポンデント条件づけにおける学習曲線．

をCSとして条件づけを行った後，別の高さの音を呈示してもCRが生じることがある．このように，CSとは別の刺激に対してもCRが生じることを**般化**（generalization）とよぶ．

○情動条件づけ

ワトソンは，レスポンデント条件づけの手法を用いて，生後11か月のアルバート坊やに恐怖反応を条件づけた（Watson & Rayner, 1920）．彼らは，まず，アルバート坊やがネズミを怖がらないことを確認した．次に，アルバート坊やがネズミに触ろうと手を伸ばしたときに，彼の後ろで大きな音を立てた．すると，アルバート坊やは驚いて飛び上がった．このような，ネズミと大きな音の対呈示（強化）を計7試行実施した．その結果，アルバート坊やは，ネズミを見ただけで泣き，逃げ出すようになった．この実験では，ネズミがCS，大きな音がUS，音による恐怖反応がURとなっている．7回の強化試行の後，アルバート坊やは，ネズミを見ただけで恐怖反応を示したが，この恐怖反応はCRである．その後，アルバート坊やは，ネズミだけではなく，ウサギ，イヌ，毛皮の上着に対しても恐怖反応を示すようになった．このことから，恐怖反応は，毛のある物体に対して般化を示したものと考えられる．

ワトソンが行ったこの情動条件づけの研究は，倫理的に大きな問題があるが，**恐怖症**（phobia）の治療に対して一つの方向性を示した点で意義がある．すなわち，もし恐怖症が情動条件づけの経験によって学習されたものであるならば，新たな学習経験により，これを解消できる可能性があることである（第14章「治す」参照）．

コラム

味覚嫌悪学習

カゼを引いて気分が悪いときに食べたものを，その後苦手になった経験はないだろうか．それは，**味覚嫌悪学習**（taste aversion learning）の結果かもしれない．ガルシア（Garcia, J.）は，ラットに，それまで味わっ

たことのないサッカリン味の水を飲ませた後，吐き気を催す薬物を投与した．その後，ラットが薬物による体調不良から回復した後に，普通の水とサッカリン味の水を選ばせたところ，普通の水が好まれたのである．この結果は，サッカリン味を CS，吐き気を催す薬物を US，薬物による不快を UR としたレスポンデント条件づけによって引き起こされたと考えられる（Garcia, Ervin, & Koelling, 1966）．

　味覚嫌悪学習は，通常のレスポンデント条件づけとは異なる特徴を持っている．第1に，通常，レスポンデント条件づけが成立するには，CS—US 間隔が数秒以内でなければならないが，味覚嫌悪学習では，数時間以上経過していても成立する（Smith & Roll, 1967）．第2に，通常のレスポンデント条件づけでは，学習の成立には，数十回〜数百回の強化試行が必要であるのに対し，味覚嫌悪学習は，1試行で成立する．第3に，味覚嫌悪学習は，通常のレスポンデント条件づけよりも消去が起こりにくい．味覚嫌悪学習のこのような特徴は，適応的観点から説明できる．毒性のあるものを食べた時，胃腸で吸収されてから不快感が生じることがあるので，CS—US 間隔が長くても学習できることは適応的といえる．さらに，学習が1回で成立し，消去されにくいならば，同じものを再び食べることは起こりにくくなるので，適応的といえる．

◎行為の原理：オペラント条件づけ

　パヴロフが発見したレスポンデント条件づけは，US によって UR が誘発されるという，生得的な US—UR の関係が前提となっている．しかし，私たちのとる行動の多くは，刺激によって引き起こされるのではなく，周囲の環境に対して積極的に働きかけるものである．スキナーは，このような行動に関する条件づけを**オペラント条件づけ**（operant conditioning）と名づけ，この現象に関する一研究領域を築き上げた．ここでは，スキナーがオペラント条件づけを研究し始めた1930年代より少し前に戻り，同様の現象に着目し

たソーンダイク（Thorndike, E. L.）の研究から見て行くことにする．

○効果の法則

　米国の心理学者ソーンダイクは，1898年にネコを被験体とした実験について報告している．彼は，空腹のネコを「問題箱」とよばれる箱（図5-5）に入れて，ネコが箱から外に出てくるまでの時間を計測した．問題箱にはいくつかの仕掛けが施されており，ネコが決まった順序で，ヒモを引いたりドアを押したりしないと外に出られなかった．問題箱の前には餌が置いてあり，ネコは外へ出ようと最初はデタラメに動きまわるが，うまくいかない．しかしそうしているうちに，偶然正しい順序で反応することにより，外に出て，餌を食べることができた．このように，失敗を繰り返すうちに問題解決に至ることを**試行錯誤**（trial and error）という．ネコが外に出ると，ソーンダイクは再度ネコを問題箱に入れ，ネコが箱に閉じ込められてから，外に出るまでの時間を計測した．

　その結果，最初は外に出るまでに時間のかかっていたネコが，このようなことを何度も繰り返しているうちに，短い時間で外に出られるようになっていった．この結果から，ソーンダイクは，**効果の法則**（law of effect）を提唱した．効果の法則とは，「**他の条件が一定に保たれるならば，動物に対して満足をもたらす反応は，同一の状況において生じやすくなり，逆に不快をもたらす反応は，同一の状況において生じにくくなる**」というものである．この法則は，ある反応がそれ以後増加するか否かが，その反応の結果によって

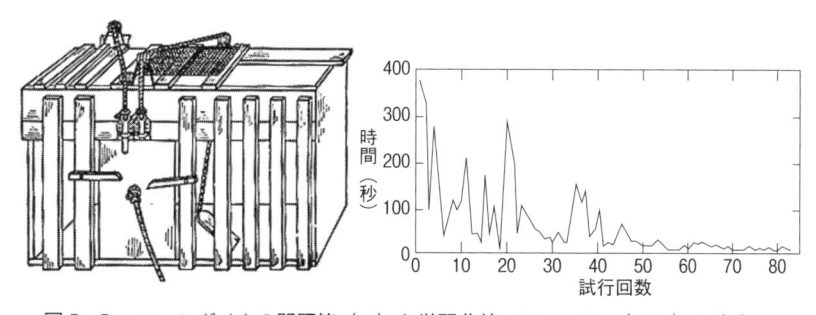

図5-5　ソーンダイクの問題箱（K）と学習曲線．Thorndike（1911）を改変．

影響されることを示している.

○スキナーの強化理論

スキナーは,ソーンダイクと同様に,ある反応の生起頻度がどう変化するかは,その反応の結果によって決定されると考えた.反応後に生じる環境変化によって以後その反応が増加した場合,その反応が**強化**(reinforcement)され,反応後に生じる環境変化によって以後その反応が減少した場合,その反応が**罰**(punishment)された(**弱化された**)と考えた.スキナーは,このように,個体が**自発**(emit)し,その結果によって生起頻度が影響されるような反応は,レスポンデント条件づけの対象となる反応とは異なることを指摘し,**オペラント**(operant)と名づけた.オペラント反応が生起した直後に環境変化を生じさせることにより,そのオペラント反応の生起頻度を変化させることを,オペラント条件づけという.オペラントは,英語のoperateから作られた用語であり,「**環境に対して積極的に働きかける反応**」という意味を持っている.オペラント反応の後に生じる刺激のうち,その反応の生起頻度に影響するものを**強化子**(reinforcer)という.このように,ある反応に対して強化子の出現などの環境変化が生じる場合,その生じ方のことを**行動随伴性**(behavioral contingency)という.

オペラント行動が生じる前には,反応すれば強化される,または強化されないことを示す手がかり刺激が存在することが多い.この手がかり刺激のことを,**弁別刺激**(discriminative stimulus)という.弁別刺激には,反応すれば強化されることを示す正刺激(S^+, S^D)と,反応しても強化されないことを示す負刺激(S^-, $S^\triangle$)がある.弁別刺激,オペラント反応,強化子から

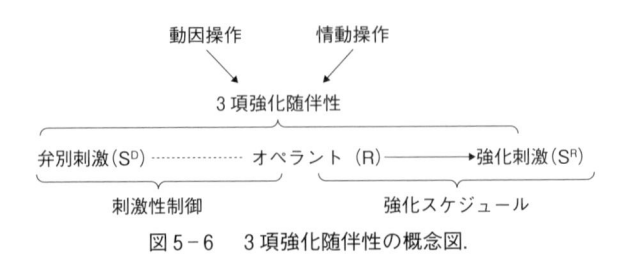

図5-6 3項強化随伴性の概念図.

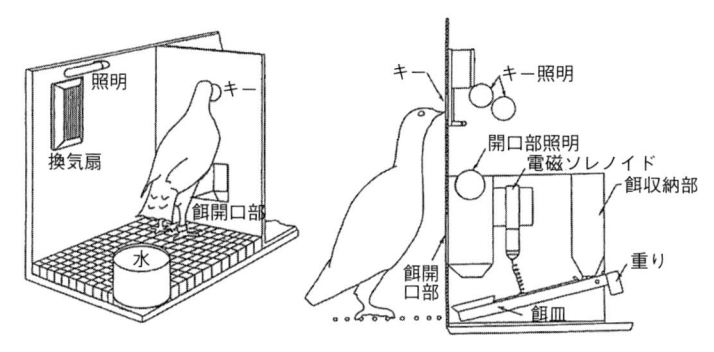

図5-7 ハト用のオペラント条件づけのための実験箱. Ferster & Skinner (1957) を改変.

なる行動随伴性を，**3項強化随伴性**という（図5-6）．

このように，スキナーが提唱した強化理論は，ソーンダイクの効果の法則をより体系的に示したものといえるが，実験手続きの点でも，ソーンダイクの時代より洗練されている．図5-7に，ハトのキーつつき反応を対象にオペラント条件づけを行うための実験箱の様子を示す．実験箱は，ハトが前面壁の円形の反応キー（半透明のガラスでできている）をつつくと，前面壁の下側にある開口部から3秒程度の間，餌を食べることができるようになっている．

この実験箱を用いてオペラント条件づけを行う際には，いくつかの工夫が必要になる．まず，実験箱にハトを入れる前にハトの体重を制限し，餌が強化子として働くようにしておく必要がある．この操作を**遮断化**（deprivation）という．逆に，強化子として働かないようにする操作を**飽和化**という．遮断化と飽和化を動因操作とよぶ．遮断化がなされていない（飽和化されている）と，キーつつきを学習したハトであっても，キーをつつかなくなる．手続きとしての強化と現象としての強化を区別することは重要である．手続きとしての強化とは，たとえば，「ハトがキーをつついたら餌を3秒間呈示する」というように，ある個体のあるオペラント反応を増加させるために，反応後に強化子と考えられる刺激を呈示することである．一方，そのような強化の

手続きの結果,実際にそのオペラント反応の生起頻度が増えた場合,その反応は「強化された」(現象としての強化)ということができる.

実験経験のないハトが偶然キーをつついて餌を食べる,ということはめったに生じないので,実験の現場では,**反応形成**(shaping)という手法を用いることが多い.反応形成とは,何らかの手法を用いて新たに反応を形成することを指す.動物がとる反応のうち,目標反応(その動物にとらせたい反応)とは遠い反応から始め,より目標反応に近い反応へと順番に強化していくことで,最終的には目標反応を形成する方法を,**逐次接近法**(successive approximation)という.反応形成の手法には,逐次接近法の他に,レスポンデント条件づけの対呈示を用いた**自動反応形成**がある.

○行動随伴性の種類

ハトのキーつつきの例では,餌のように,反応に随伴させることでその反応の生起頻度が増加する刺激について紹介したが,逆に,反応に随伴させることでその反応の生起頻度が減少する刺激も存在する.一般に,嫌悪刺激はそのような働きを持つ.これらの刺激の働きと,刺激が反応に随伴して出現するのかあるいは消失するのかについて分類を行うと,表5-1のように,4種類の行動随伴性が存在することになる.

正の強化(positive reinforcement)とは,反応後に刺激が出現することにより,以後,その反応が増加するような行動随伴性である.ハトのキーつつきが餌によって強化されるのは,正の強化の例である.次に,**負の強化**(negative reinforcement)とは,反応後に刺激が消失することにより,以後その反応が増加するような行動随伴性である.たとえば,ハトがキーをつつくとそれまで呈示されていた騒音が一定期間停止するようにしたときに,キーつつき反応が増加したならば,この反応は負の強化によって維持されていることになる.正の強化も負の強化も,反応が増加する点で共通している.

これに対し,罰とよばれる行動随

表5-1 行動随伴性の分類

		反応	
		増加	減少
刺激	反応後に呈示	正の強化	正の罰
	反応後に除去	負の強化	負の罰

伴性は，オペラント条件づけの結果，行動が減少する場合を指す．**正の罰**（positive punishment）とは，反応後に刺激が出現することにより，以後その反応が減少するような行動随伴性のことである．たとえば，ハトがキーをつつくと騒音が呈示されるようにしたときに，キーつつき反応が減少したならば，この反応は，正の罰によって減少したことになる．また，**負の罰**（negative punishment）とは，反応後に刺激が消失することにより，以後その反応が減少するような行動随伴性である．たとえば，ハトがキーをつつくと，それまで自由に食べることができた餌が消失するようにしたときに，キーつつき反応が減少したならば，この反応は，負の罰によって減少したことになる．なお，最近では，オペラント条件づけの経験により反応が減少することを，罰の代わりに**弱化**とよぶこともある．

　これら4種類の行動随伴性には，反応に随伴して呈示することでその反応を増加させる刺激（たとえば餌）と，逆に反応を減少させる刺激（たとえば騒音）が存在する．前者を**正の強化子**，後者を**負の強化子**という．正の強化子には，餌などの食物以外では，金銭，ほめ言葉，ポイント（得点）などがある．一方，負の強化子には，騒音，電気ショック，叱責などがある．

　この他，行動随伴性には，オペラント反応の後に環境変化が生じない**消去**（extinction）がある．通常，強化から消去に変更すると，それまで強化されていたオペラント反応は減少するが，反応が減少しなかったり，減少しても完全には消失しない場合もある．

〇強化スケジュール

　オペラント反応を強化するには，強化子がすべての反応に随伴する必要はない．たとえば，数回の反応後に1回強化するだけでも，反応は十分維持される．オペラント反応が生じたときに，毎回強化することを**連続強化**とよぶのに対し，ときどき強化することを**間欠強化**という．強化対象であるオペラント反応について，どの反応を強化するかについて決めたものを**強化スケジュール**（schedule of reinforcement）という．ここでは，先の強化からの反応数または時間間隔によって定められた，4種類の基本的な強化スケジュー

ルについて紹介する．

　強化が反応数によって定められている強化スケジュールを**比率スケジュール**（ratio schedule）といい，このうち，先の強化からの反応数が固定しているものを，**固定比率**（fixed ratio: FR）スケジュールという．ここでいう比率とは，1回の強化あたりに要する反応数という意味である．たとえば，常に5回目の反応が強化されるものを，「FR 5スケジュール」という．FRスケジュールの日常例として，決められた量の仕事を行うごとに一定額の給料が与えられる「歩合給の仕事」が挙げられる．一方，強化が得られるまでに必要な反応数が毎回異なるものを，**変動比率**（variable ratio: VR）スケジュールという．たとえば，平均すると10回後の反応が強化されるものを「VR 10スケジュール」という．VRスケジュールの日常例として，ギャンブルが挙げられる．同じ強化回数であっても，VRスケジュール下では，FRスケジュール下よりもたくさんの反応が生じる．したがって，VRスケジュールは，「中毒性のある強化スケジュール」とよばれる．

　一方，最後に反応が強化されてからの経過時間によって定められている強化スケジュールを**間隔スケジュール**（interval schedule）という．このうち，先の強化からの間隔が固定しているものを**固定間隔**（fixed interval: FI）スケジュールという．たとえば，先の強化から20秒経過しないと反応が強化されないものを，「FI 20秒スケジュール」という．FIスケジュールの日常例として，毎日決まった時間に新聞配達される場合，郵便受けに新聞が届いているか否かを見にいく状況が挙げられる．これに対し，先の強化からの間隔が毎回異なるものを，**変動間隔**（variable interval: VI）スケジュールという．たとえば，平均すると10秒後の反応が強化されるものを「VI 10秒スケジュール」という．VIスケジュールの日常例として，話し中の相手に対して電話を何度もかける状況が挙げられる．

　これらの強化スケジュールを実施すると，動物はどのように反応するだろうか．図5-8には，スキナーが開発した**累積記録**の仕組みを示す．累積記録とは，時間の経過に伴って，反応がどのような頻度で起こったかを累積的

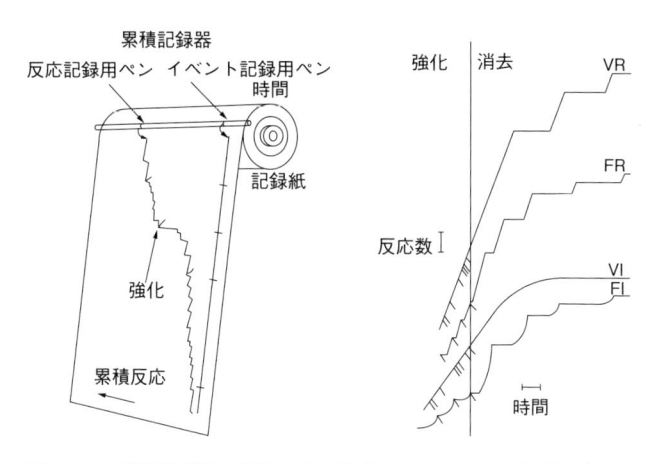

図 5-8　累積記録器の仕組みと各強化スケジュールの累積記録．
Reynolds (1975) を改変．

に示したものである．累積記録器が作動すると，一定の速度で記録紙が送られるので，紙の上のペンは直線を描いていく．動物が反応するとペンが少し横へ移動するので，記録紙には階段状の矩形が描かれる．もしこのとき強化がなされたならば，斜め下の方向に少しペンが移動し，強化子が呈示されたことを示す．このような累積記録器を用いて反応を記録したとき，素早い反応が生じた場合には，急な階段状の矩形が記録され，ゆっくりとした反応が生じた場合には，なだらかな階段状の矩形が記録される．図5-8には，前述の4つの強化スケジュールを実施した場合の累積記録が示されている．VRスケジュール下の反応は，最も高率で生じることがわかる．FRスケジュール下の反応は，FR値が大きいと，強化の後に反応休止が生じる．これは，強化直後は次の強化までの間隔が最も遠いからである．

　VIスケジュール下でも，VRスケジュールほどではないが，比較的高率な反応が生じる．一方，FIスケジュール下の反応は特徴的である．強化の時点が近づくにつれて，反応が急増する．このような累積記録は，FIスキャラップとよばれ，ハト，ネズミ，サルなど多くの動物で確認されているが，ヒトでは見られないことが多い（Lowe, Beasty, & Bentall, 1983; 杉山, 2005）．そ

の理由として，言語を使うことのできるヒト（特に成人）では，強化に関する規則（ルール）を生成し，それに従って反応するためと考えられる．

○弁別と般化

果物を食べる鳥にとって，果実の色は，赤ければ熟していて食べ頃であることを示しており，青ければまだ熟していないことを示している．つまり，果実の色は，弁別刺激としての役割を果たしている．たとえば，ハトを対象に，反応キーが赤色の場合にはつつけば強化し，緑色の場合にはつつけば消去したとする．このような，行動随伴性を，**分化強化**（differential reinforcement）という．その結果，ハトが，キーが赤色のときにはキーをつつき，緑色のときにはキーをつつかなくなったとすると，このハトは，赤と緑**弁別**（discrimination）できたといえる．このように，弁別刺激の変化に応じて反応の出現頻度が変わることを，弁別刺激が反応を制御しているという意味合いから，**刺激性制御**（stimulus control）という．

ジェンキンス（Jenkins, H. M.）とハリソン（Harrison, R. H.）は，音刺激を用いて，ハトにおける弁別と般化を調べている（Jenkins & Harrison, 1960）．彼らは，8個体のハトを非分化強化群（3個体）と分化強化群（5個体）に分けた．非分化強化群のハトは，実験セッション中，常に1,000Hzの音が呈示され，キーへの反応はVIスケジュールによって強化された．一方，分化強化群のハトは，非分化強化群のハトが経験した試行と同

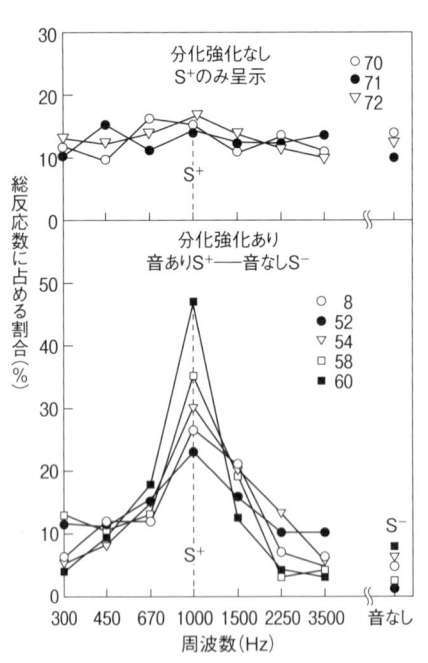

図5-9　般化勾配．Jenkins & Harrison (1960) を改変．

様の試行の間に，音が呈示されない試行を経験した．その試行ではキーへの反応は消去された．

訓練の後，様々な周波数の音が呈示され，どの程度反応が生じるかがテストされた．その結果，非分化強化群のハトは，どの音に対しても同様に反応したのに対し，分化強化群のハトは，訓練で呈示された1,000Hzの音に対して最も多く反応し，周波数が1,000Hzから離れるに従って，反応は減少した（図5-9）．このように，刺激の次元に沿って般化の様子を表した図を**般化勾配**（generalization gradient）という．分化強化群に見られたような山型の般化勾配は，訓練において正刺激が学習されていたことを示していると同時に，他の刺激に対する般化が生じていることを示している．

○条件性強化と行動の連鎖

日常生活では，いくつかの行動が一連となって現れた後に結果が生じることがある．たとえば，「りんごを食べる」という目的を達成するためには，果物屋に行き，りんごを買う必要がある．このような一連の動作は，どのように学習されるのであろうか．オペラント条件づけの用語で説明するならば，**条件性強化**（conditioned reinforcement）の概念が有用である．もともとは強化機能を持たないが，経験により行動を強化する働きを持つようになった刺激を**条件性強化子**または**二次性強化子**とよぶ．条件性強化とは，条件性強化子を反応に随伴させることをいう．上記の例では，「果物屋に行く」という行動は，「店先にりんごが見える」ことにより強化されるが，このことは，生得的に強化効果を持っているわけではないため，条件性強化子である．一方，食物や電撃などの生得的に強化効果を持つ強化子を**無条件性強化子**（または**一次性強化子**）とよぶ．

さらに，「店先にりんごが見える」ことは，次の「りんごを買う」という行動の弁別刺激となる．このように，条件性強化子は，次の行動の弁別刺激となっており，最終的には，一次性強化子（りんごの味）によって強化される．このように，条件性強化子を用いて形成された一連の行動を，**行動連鎖**という（図5-10）．

第5章 経験から学ぶ：学習 83

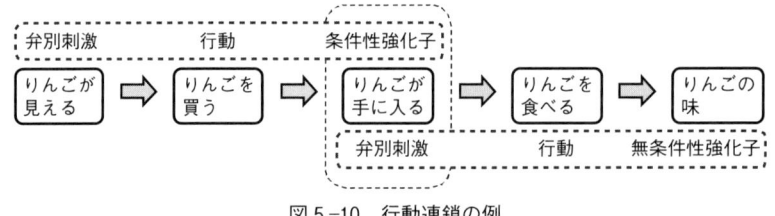

図 5-10 行動連鎖の例.

条件性強化子の日常例として，金銭やポイントカードのポイントが挙げられる．これらは，それ自体では強化効果がなく，食物などの一次性強化子と交換できることで強化効果を持つようになるのである．

○プレマックの原理

オペラント条件づけでは，行動の後に強化子が出現することで，その行動が強化されるが，行動と強化子の関係は常に一定なのであろうか．この問題に対して，プレマック（Premack, D.）は，「オペラント反応―強化子」という随伴性を，「強化される反応―強化する反応」ととらえなおし，**生起確率の高い行動は，より生起確率の低い行動を強化する**という**プレマックの原理**を提案した．行動の生起確率は，動物が自由に行動できる状況で，各行動がどのくらいの頻度で生起するか，またはその行動に従事する時間がどのくらいであるかによって示される（ベースライン）．

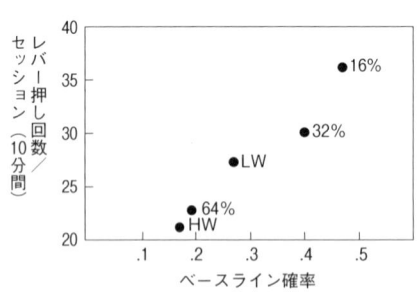

図 5-11 種々の反応を随伴させた場合のレバー押し回数．16%，32%，64%はショ糖溶液の濃度を表し，LW と HW は，軽い輪回しと重い輪回しを表す．Premack（1963）

プレマック（Premack, 1963）は，ラットに，ショ糖溶液（16%，32%，64%の濃度）を飲む反応，輪回し（重い輪回し，軽い輪回し）反応，レバー押し反応について，それぞれ生起時間を測定し，各反応の生起確率を算出した．このように各反応のベースラインを測定した結果，最も生起確率の低いレバー押し反応以外については，図

5-11の横軸のようになった．次に，レバーを押せば各反応に従事できるようにしたところ，レバー押しの回数は，図5-11の縦軸に示したように，各反応のベースラインの値が高いほど多くなることが明らかになった．この事実は，プレマックの原理を支持する．

各反応の起こしやすさを変えることで，「強化される反応—強化する反応」の関係を逆転させることもできる．通常は，水を飲む行動は輪回し反応を強化するが，水を飲めば輪回し反応ができる状況におくと，ラットの水飲み反応は，輪回し反応によって強化され，水飲み反応への従事時間は，ベースラインよりも3～5倍に増加したのである（Premack, 1962）．

このように，強化される行動と強化する行動の関係は，絶対的なものではなく相対的なものである．このことから，プレマックの原理は，強化の相対性の原理ともよばれる．日常場面で，お母さんが学校から帰ってきた子どもに対して，「遊びに行くのは，宿題を済ませてからにしなさい」というのは，プレマックの原理を踏まえると理解できる．子どもに勉強と遊びを自由に選択させた場合，勉強行動よりも遊び行動の方が生起確率は高いであろう．そのため，勉強行動に遊び行動を随伴させないと（これとは逆の順序の随伴関係では），勉強行動が維持されないのである．

読書ガイド

- 伊藤正人『行動と学習の心理学：日常生活を理解する』 昭和堂 2005
  - ＊オペラント条件づけ研究を中心に，ヒトを含めた動物の行動と学習に関する研究が紹介されている．また，日常場面にみられる学習の問題についての解説もある．オペラント条件づけに関する内容には，上級者向けの専門的なものが多い．

- 実森正子・中島定彦『学習の心理：行動のメカニズムを探る』 サイエンス社 2000
  - ＊学習心理学における重要なトピックが，わかりやすくコンパクトにまとめられている．

- Mazur, J. E. *Learning and Behavior*. NJ: Pearson Prentice-Hall. 2006 (磯 博行・坂上貴之・川合伸幸（訳）『メイザーの学習と行動（日本語版 第3版）』 二瓶社 2008)
  ＊行動と学習に関する理論とデータが広範囲かつ詳細に示されている．わかりやすい日本語に翻訳されているが，内容の質と量は中級者以上向け．

- 小野浩一『行動の基礎：豊かな人間理解のために』 培風館 2005
  ＊スキナーの行動分析学の立場から，学習の現象をわかりやすく解説している．

- 佐藤方哉『行動理論への招待』 大修館書店 1976
  ＊スキナーの行動分析学の入門書として広く知られた書物．入門書だが内容が深く，極めてユニーク．

課題5-1：レスポンデント条件づけとオペラント条件づけにおける強化の違いを説明しなさい．

課題5-2：正の強化，負の強化，正の罰，負の罰について，日常例を挙げなさい．

第6章 複雑な学習：オペラント条件づけの展開

「経験は決して誤らない」

―レオナルド・ダ・ヴィンチ『手記』より

ルネサンス期の偉大な芸術家，レオナルド・ダ・ヴィンチは，すぐれた芸術作品を生み出しただけではなく，飛行機の設計や人体の仕組みに関する考察など，様々な分野で活動したまさに「天才」である．天才には「生まれつきのすぐれた才能」という意味があるが，レオナルド・ダ・ヴィンチのすぐれた業績は，生得的能力によるものだったのであろうか．彼の言葉は，むしろ，すばらしい作品を生み出すためには，経験が重要であることを示しているように思える．前章では，学習の原理としてレスポンデント条件づけとオペラント条件づけをとり上げ，これらに関する基本的な概念や現象について解説した．本章では，さらに，言語習得，概念形成，記号によるコミュニケーションなどの，より複雑な行動の学習が，オペラント条件づけの経験によりどのようにして実現できるのかを見てみよう．

◎思考・言語・コミュニケーション
　思考は，心理学的過程の中でも最も高次なものと考えられており，ヒトと動物を分ける精神機能とする見方がある．また，言語を使う能力は，ヒトに特有の能力と考えられてきた．思考や言語については，第10章「考える・話す」で詳しく述べるが，ここでは，このような高次精神機能が，オペラント条件づけの経験によっていかに学習可能であるかを，動物を対象に検討した研究を通して見ていこう．
○洞察
　問題解決場面において，何度も失敗を繰り返すうちに問題解決に至る**試行錯誤**（第5章「経験から学ぶ」参照）に対し，問題解決が突然生じることを**洞察**という（第10章「考える・話す」参照）．エプスタイン（Epstein, R.）は，ケーラーがチンパンジーに呈示した問題場面と類似した状況を用いてハトを訓練し，洞察的な問題解決が可能であることを示している（Epstein, 1981）．ケーラーは，チンパンジーに，高い所に吊るされたバナナを取る問題を与えたが，この問題は，箱をいくつか積み重ねてその上に乗ることにより解決可

能であった．この問題が与えられたとき，チンパンジーは試行錯誤的に問題を解いたのではなく，しばらく何もしない期間が経過した後に，突然，箱を積み上げてその上に乗り，バナナを取ったのである．エプスタインは，ハトに，箱を押して動かす行動と，固定した箱の上に乗り，真上にあるおもちゃのバナナをつつく行動を個別に訓練した．その後，訓練では経験していない新奇なテスト場面として，高い所にあるバナナと箱の両方が与えられた．するとハトは，バナナと箱をかえすがえすながめた後（図6-1のAとB），箱を移動させてバナナの下まで運び（図6-1のC），その上に乗ってバナナ

図6-1　ハトの「洞察的」問題解決．Epstein (1981)

をつついたのである（図6-1のD）．被験体の中には，このような問題解決を1分以内でなしとげたものがいた．この事実は，「洞察」が，問題解決に必要な個々の行動の学習によって可能となることを示している．ケーラーは，ニワトリは試行錯誤的に，イヌは洞察的に問題解決を行うと述べているが，エプスタインの研究は，必ずしも動物種によって問題解決のタイプが異なるわけではないことを示している．

○人工言語習得

　家で飼っているイヌやネコたちを観察していると，ヒトのように言語を

使っているようには見えない．言語の使用は，ヒトに特有の能力なのであろうか．ヒトが用いる言語の重要な特徴は，単語とそれが指し示す対象との間に類似性がないこと，すなわち，これら2つの間の関係が恣意的であることである．たとえば，「ミカン」という言葉（音声，書かれた文字）と実物のミカンの間には，もともと何の関係もない．日本人が前者によって後者を表すと決めただけのことである．このような，あるものを別のもので表す**象徴機能**を動物は持っているのであろうか．

　動物に言語訓練を施すことにより，言語を理解・使用できるようになるかどうかを検討した研究では，特に，進化過程においてヒトに近いとされているチンパンジーやゴリラなどの類人猿を対象としたものが多い．

　まず，1900年代の初頭から半ばにかけて，チンパンジーに音声言語の訓練を試みた研究があったがうまくいかなかった．その理由は，チンパンジーの発声器官がヒトのように音声を発することのできる構造をしていないためであった．その後，チンパンジーやゴリラに手話を教える試みがなされ，大きな成果をあげた．たとえば，ガードナー夫妻が訓練したワショーという名前のチンパンジーは，ASL（American Sign Language）という手話を教わり，130前後の単語を習得することができた．手話以外では，プレマックがプラスティック片を用いて，サラという名前のチンパンジーに単語を教えた．その結果，プラスティック片の組み合わせで文が示されたときに，サラは文で示された行動をとることができるようになった．

　日本では，京都大学霊長類研究所のアイというチンパンジーの研究が有名である．アイは，キーボード上に示された図形文字（図6-2）とそれが指し示す対象との対応関係を学習した．たとえば，キーボードの近くの窓に，ボウルが呈示されたとき，キーボードの中からボウルを表す図形文字を選ぶことができれば正解とされた．アイはこの課題を解くことができた．

　このように，見本刺激（この場合，実物のボウル）と対応する刺激（この場合，ボウルを表す図形文字）を複数の比較刺激の中から選ぶことが求められる課題を**見本合わせ**課題という．見本合わせ課題は，見本刺激という弁別

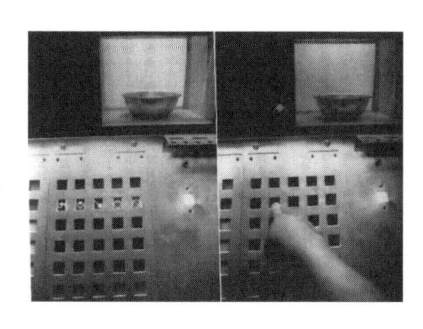

図6-2　アイが学習した図形文字と学習場面．松沢（1991）

刺激に応じて反応すべき刺激（比較刺激）が異なるため，**条件性弁別**課題の一種である．見本合わせ課題には，見本刺激と同じ刺激を比較刺激の中から選ぶことを求められる**同一見本合わせ**や，見本刺激が呈示後に消失し，一定の遅延後に比較刺激が呈示される**遅延見本合わせ**などがあるが，アイに与えられた課題は，見本刺激と正解となる比較刺激の関係が恣意的であるために，**象徴見本合わせ**とよばれる．

　アイが象徴見本合わせ課題を解くことができたことは，チンパンジーが，もともと関係のない2種類の刺激を結びつけることができることを示している．この他，アイは，呈示されたものがなんであるかを色や数を含めて答える際に，常に数を最後に答えることや，ある人が別の人に近づく内容の動画を見た時に，「近づく人」「近づく」「近づかれた人」の順番に報告できることが明らかになっている．このことは，チンパンジーが文法規則を作り出したり習得したりできることを示唆している．

　動物の人工言語訓練の研究例として，類人猿以外では，イルカ，アシカ，オウムを対象とした言語訓練の試みがなされており，一定の成果をあげている．

第6章　複雑な学習：オペラント条件づけの展開　91

○刺激等価性

　上述のように，ヒトが用いる言語の特徴として，単語とそれが指し示す対象との関係が恣意的であることが挙げられる．したがって，言語を用いるには，元々何の関係もない複数の刺激に対して同じように反応することが必要になる．子どもがみかんを見たときに「あれはミカンだよ」と教わった後，「ミカン」という音声が聞こえたときに実物のみかんを選ぶことができたならば，その子どもは，これら2つの刺激が同じものを表すことを理解したといえる．シドマン（Sidman, M.）は，このことを**刺激等価性**（stimulus equivalence）とよび，以下のように体系化している．

　A，B，Cという3種類の刺激がある場合に，A→B，B→Cという2つの関係を学習しただけで，A→A（**反射性**），B→AとC→B（**対称性**），A→C（**推移性**），C→A（**等価性**）の関係が成立した場合に，刺激等価性が成立するという．これは，たとえば，実物のみかん（A）に対して，「ミカン！」という音声（B）を選ぶことを学習し，さらに「ミカン！」という音声に対して，文字として書かれた「みかん」（C）を選ぶことを学習した人が，実物のみかんを見たときに実物のみかんを選べること（反射性），「ミカン！」という音声を聞いたときに実物のみかんを選べること（対称性），実物のみかんを見たときに文字として書かれた「みかん」を選べること（推移性），文字として書かれた「みかん」を見たときに実物のみかんを選べること（等価性）を指す．図6-3では，直接訓練された関係を黒い矢印で，刺激等価性が成立したときに示される関係を破線の矢印で示している．このような刺激等価性は，ヒトでは成立することが明らかにされているが，ヒト以外の動物ではほとんど報告されていない．特に，対称性の成立については，

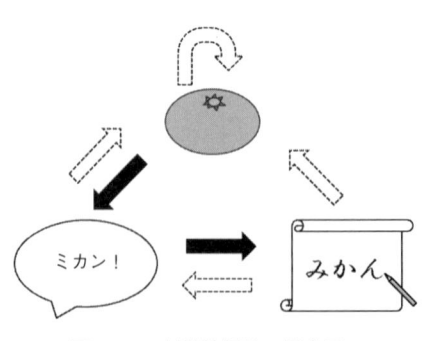

図6-3　刺激等価性の概念図．

言語訓練を受けたチンパンジーとアシカにおいてしか報告されていない．このことから，刺激等価性の成立は，言語習得の基礎として考えられている．

○記号によるコミュニケーション

ヒトや動物が，他個体に情報を伝達することを**コミュニケーション**（communication）という．ヒトのコミュニケーションの大部分は言語を用いて行われる言語的コミュニケーションであるが，言語の使用はヒトに特有のものと考えられてきた．言語の重要な特徴として，表すものと表されるもの（これらをそれぞれ，能記と所記という）が恣意的な関係にあることが挙げられるが，その場合の能記を**記号**（sign）という．野生動物における記号の使用についてはほとんど報告がないが，エプスタインは，ハトにオペラント条件づけにもとづく訓練を施すことによって，記号によるコミュニケーションを学習させた（Epstein, Lanza, & Skinner, 1979）．

彼は，透明な壁で隔てられた2つの実験箱のそれぞれにハトを入れて情報伝達を訓練した．図6-4は実験箱の模式図と実験の様子を示す．右側のハトが情報の送り手，左側のハトが情報の受け手である．まず，左側のハトが「何色？」と書かれたキイをつつくことで，右側のハトにカーテンの奥で呈示されている色を尋ねた（A）．右側のハトは，カーテン（図6-4の右上の縦じまで示された部分）の奥に頭を入れて，呈示されている光の色を見て

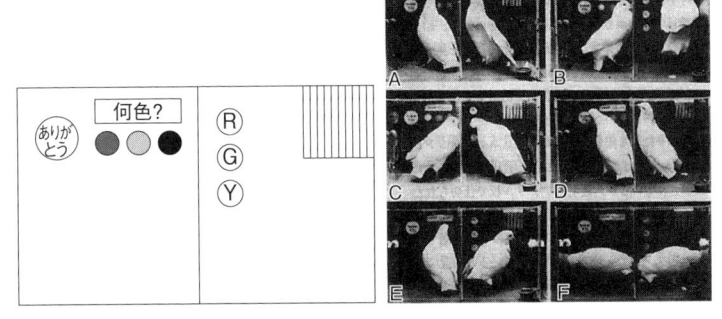

図6-4　エプスタインの実験に用いられた実験箱の模式図と実験の様子．
　　　　Epstein et al.（1979）

(B),その色に対応するキーを,「R」(赤色),「G」(緑色),「Y」(黄色)の中から選んで反応することで,左のハトに色を伝えた(C).左側のハトは色を教えてもらったので,「ありがとう」キーをつついた(これにより,右側の実験箱の給餌装置が作動した)(D).左側のハトは,右側のハトに教わった色名に対応する色のキーをつつき(E),情報伝達が正確になされたので左側の実験箱の給餌装置が作動した(F).

この研究の重要な点は,右側のハトが,カーテンの奥で呈示されている色を,「R」「G」「Y」という記号に変換して左のハトに伝え,左のハトはその記号を受け取った後,元の色に変換している点である.エプスタインの実験結果は,ヒト以外の動物であっても,環境条件を整えて適切な訓練を施すことにより,このような記号によるコミュニケーションが形成できることを示している.

◎選択行動

複数の選択肢から一つを選ぶことを選択行動という.私たちは毎日,たくさんの選択場面(弁別刺激)に遭遇し,選択を行い(オペラント行動),その結果(強化子)を経験する.ここでは,種々の選択場面で選択がどのようになされるのかについて,動物を対象に調べた研究を紹介する.

○マッチング法則

ハーンスタイン(Herrnstein, R. J.)は,ハトを対象に,2つの反応キー(キーAとキーB)が設置された実験箱を用いて,選択行動を測定した(Herrnstein, 1961).各キーでは,VIスケジュールが作動し,ハトがキーをつついたときに強化可能になっていれば餌が

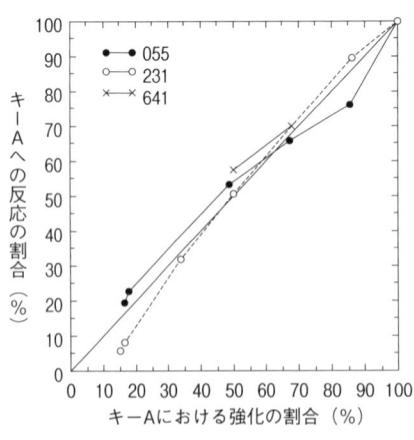

図6-5 反応割合と強化割合の対応関係.
Herrnstein(1961)

呈示された．各キーに割り当てられた VI スケジュールの値を条件間で操作することで，各キーにおける**強化率**（単位時間あたりの強化数）を変化させた．その結果，各キーへの反応数から算出された選択割合（キー A への反応数÷総反応数）は，各キーでの強化割合（キー A での強化数÷総強化数）とほぼ一致した（図 6-5）．彼は，この，反応割合と強化割合の一致を**マッチング法則**（matching law）とよび，以下の（6-1）式で表した．

$$\frac{R_1}{R_1+R_2}=\frac{r_1}{r_1+r_2} \qquad (6\text{-}1)$$

ただし，R は反応数，r は強化率，数字は選択肢を表す．（6-1）式は，割合の形式で表現されているが，（6-2）式のように比の形式で表すこともできる．

$$\frac{R_1}{R_2}=\frac{r_1}{r_2} \qquad (6\text{-}2)$$

（6-1）式や（6-2）式は，各選択肢における強化率が決まれば，どの個体も同じ反応割合を示すことを予測する．しかし，実際には個体差が生じる．バウム（Baum, W. M.）は，選択肢間における強化率の違いに対する感度や，一方の選択肢への偏向についての個体差を測定できるように，（6-2）式の対応法則を，以下の（6-3）式のように拡張した**一般マッチング法則**（generalized matching law）を提案した（Baum, 1974, 1979）．

$$\frac{R_1}{R_2}=b\left(\frac{r_1}{r_2}\right)^s \qquad (6\text{-}3)$$

ただし，s は強化率比に対する感度を表す経験定数，b は一方の選択肢への偏向（バイアス）を表す経験定数である．経験定数とは，得られた選択データに対して数理モデルが最もよく当てはまるように，事後的に推定される定数のことである．したがって，個体ごとに，s や b の値は異なる．推定され

たsの値が $0 < s < 1.0$ の場合を**過小マッチング**（undermatching）とよび，反応比は強化率比よりも小さいことを示す．一方，$s = 1.0$ の場合を**完全マッチング**（perfect matching）とよび，反応比は強化率比と一致する．さらに，$s > 1.0$ の場合を**過大マッチング**（overmatching）とよび，反応比が強化率比よりも大きいことを示す．一般マッチング法則の妥当性は，多くの研究によって示されている．

　一般マッチング法則をデータに適用する際には，両辺の対数を取ることにより，一次関数の形式に変形する．すると，感度は直線の傾きとして，偏向の対数変換値は y 切片として表される．(6-3) 式は，反応比が強化率比によって決まることを示しているが，後の研究では，選択反応から強化までの遅延時間や強化量の次元においても，一般マッチング法則の成立することが報告されている（伊藤，1983）．

○行動経済学

　ミクロ経済学の概念を用いてオペラント行動を理解しようとする**行動経済学**（behavioral economics）が，1970年代後半から発展してきた．経済学では，ある財（goods）の価格が上昇するに伴い，その財の消費量が減少するという規則性を，**需要の法則**（law of demand）という．価格の上昇に伴う消費量の変化は，**需要の価格弾力性**により示すことができ，価格の変化率に比べて消費量の変化率が大きいことを弾力的需要，小さいことを非弾力的需要という（恒松，2009）．

　また，財 A と B が存在する状況において，財 A の価格が上昇するに伴って財 A の消費量は減少するが，このとき，財 B の消費量が増加したならば，これら 2 つの財の間には**代替関係**があるといい，財 B を財 A の**代替財**という．代替財の例として，バターに対するマーガリンが挙げられる．逆に，財 A の価格が上昇するに伴って財 A と財 B の消費量が減少したならば，これら 2 つの財の間には**補完関係**があるといい，財 B を財 A の**補完財**という．補完財の例として，コーヒーに対するコーヒーフィルタが挙げられる．

　行動経済学では，強化子を財とみなし，1 単位の強化子を得るのに必要な

反応数を**行動価格**と定義し，行動価格と強化子の消費量の関係を調べている．その結果，動物のオペラント行動においても需要の法則が成立することや，価格弾力性に影響する様々な要因が見出されている．とりわけ，強化子を得ることのできる状況が実験室のみであるような**封鎖経済環境**下の方が，複数の状況（実験室と飼育室）で強化子を得ることができる**開放経済環境**下よりも価格弾力性は低いことや，強化子間に代替関係がなければマッチング法則は成立しないこと（Hursh, 1980; 伊藤，2009）は，オペラント条件づけの研究に経済学の概念を導入することによって初めて明らかにされた重要な事実である．このような行動経済学の概念は，臨床場面にも応用されている（第14章「治す」参照）．

◎**家庭と教育場面における学習**

ここでは，家庭や教育場面などの日常生活の中で経験する様々な行動について見ていくことにする．

○**概念形成**

子どもは発達の過程で，「ミカン」という言葉が実物のみかんを表すものであることを学習するが，さらに，みかん，りんご，バナナが「果物」に属することや，「果物」が「植物」に属することを学習していく．心理学では，個々の事物や事象に共通する性質を抜き出し（これを抽象という），まとめあげることによって作られるものを**概念**（concept）という（第10章「考える・話す」）．通常，概念は，言葉によって表現されるので，概念を学習するには言葉の習得が前提であるように思える．しかし，オペラント条件づけの観点から見た場合，「同じ概念に属する刺激に対しては般化，異なる概念に属す

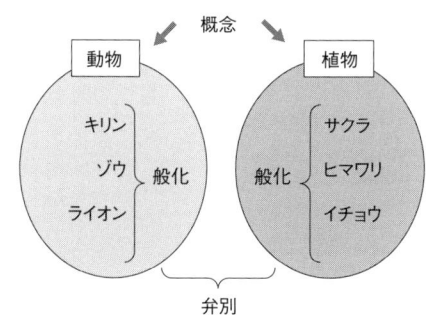

図6-6 オペラント条件づけによる概念形成の説明．

る刺激に対しては弁別」が見られたならば，概念形成がなされたといえる．すなわち，「動物」という概念が形成された場合，キリン，ゾウ，ライオンに対しては般化が生じ，この概念に属さない刺激（たとえば，サクラ，ヒマワリ，イチョウ）との間には弁別が生じることになる（図6-6）．

○観察学習

　前章で紹介したレスポンデント条件づけとオペラント条件づけでは，どちらも条件づけを経験した個体の学習である．しかし，私たちの日常場面では，他者の学習を見るだけで自己の学習ができる場合がある．これを**観察学習**という．たとえば，複数の子どもが外で遊んでいるときに，1人の子どもが路上に落ちているゴミを片づけ，そばで見ていた大人がその子どもをほめたとする．すると，それを見ていた他の子どももゴミを拾いだしたとすると，観察学習が生じたことになる．このとき，最初にゴミ拾いをしてほめられた子どものことを**モデル**，この子どもに対してなされた強化を**代理性強化**（vicarious reinforcement）という．観察学習は，学習者が随伴性を経験していなくても，他者の行動を観察するだけで学習が成立するので，前章で説明した条件づけの原理だけでは説明ができない．観察学習が成立するには，モデルと自分の身体や行動の対応関係の把握，モデルの行動の強化された側面への注意，モデルの行動の記憶など，高次の心理学的過程が必要とされている．ヒト以外の動物における観察学習の報告例はほとんどないが，最近，チンパンジーで道具の使い方を観察を通して習得できることが示された．

○プログラム学習とティーチング・マシン

　小学校から大学まで，多くの教育場面では，1人の教師が教室で大人数の生徒を教える一斉授業の形式が採用されている．スキナーは，娘の授業参観に行き，一斉授業の形式は望ましい教育方法ではないと考えた．その理由は，本来，授業の理解度には個人差があるにもかかわらず，一人一人のペースを考慮した進め方になっていないことにあった．また，教師が問題を出して，生徒がそれを解いても，一斉授業の形式だと，それが正しいのか間違っているのかのフィードバックがすぐになされない．さらに，生徒の回答が誤りで

あっても授業が先に進んでしまう．このような理由から，スキナーは，一斉授業に変わる**プログラム学習**（programmed instruction）という個別学習法を提案した．

プログラム学習では，オペラント条件づけの考え方から導き出された以下の原理に基づいて，教材が構成され，学習が進む．(1)**スモール・ステップの原理**：難しい問題をいきなり学習者に呈示して解かせるのではなく，彼らが正しい回答を自発

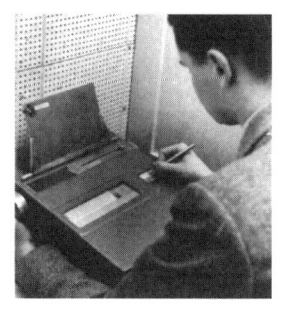

図 6-7 ティーチング・マシン．Skinner (1968)

できるように，教材が細かく区分けされ，わかりやすいものから順番に呈示される．この原理は，逐次接近法による反応形成の考え方にもとづいている．(2)**積極的反応の原理**：プログラム学習は，一斉授業のように受動的な学習ではなく，学習者が積極的に問題を解くことによって進行する．(3)**即時フィードバックの原理**：学習者が問題を解いた後，正誤のフィードバックがすぐになされる．(4)**自己ペースの原理**：学習者に合った速度で学習が進行する．(5)**学習者検証の原理**：学習プログラムの良し悪しは，学習者によって検証される．

このような原理にもとづいて授業を行うには個別指導が必要となるが，1人の教員が大人数の生徒を指導しなければならない状況ではそれは難しい．そのため，スキナーは，**ティーチング・マシン**（teaching machines）を考案した．これは，問題を呈示し，学習者が回答を行った後に正解を呈示するための機械である．図 6-7 のタイプのティーチング・マシンでは，左側の窓に問題が呈示されたら，学習者は右側の小さな窓に回答を記入する．その後，ダイヤルを回し補助的教材を見て再度回答を記入し，ダイヤルを回すと正解が表示される．ティーチング・マシンと同様の機能を果たすツールとして，問題と回答が印刷され，本としてまとめられた教材もある（Holland & Skinner, 1961）．その場合，ページの左側に問題が，右側に正解が印刷されている．まず正解を見ずに問題を解き，その後，回答が合っているかどうかを正解を見ることでチェックするのである．単語帳による学習は，プログラ

ム学習に近い方式といえる.

　プログラム学習による「教えることの自動化」には批判があるが,スキナーは,生徒に問題を与えることや,「正解」「不正解」をフィードバックすることをティーチング・マシンに肩代わりさせることで,教師は,もっと重要な役割をより効果的に果たすことができると主張する.現在,プログラム学習は,教育工学の分野で,CAI (Computer Assisted Instruction) に応用されている.

コラム

社員の遂行を改善するには:強化理論の応用

　あなたがある会社に勤める管理職だとした場合,仕事の成果が上がらない部下に対して,どう接するだろうか.「もっと責任感を持って仕事に取り組みなさい」と注意したり,「がんばれ!」と励ましたりするかもしれない.これらの言葉は,うまく機能する場合もあるが,もっと具体的な指導が必要である.ヒトや組織の行動の改善を目指す**パフォーマンス・マネジメント**では,適切な行動が出ない場合,弁別刺激,行動,行動の結果(強化子)のいずれかに問題があるという観点で分析する.たとえば,その部下が職務内容を理解できていない場合には,弁別刺激を改善する.また,職務内容は理解できているが行動に問題がある(技能が低い,効率が良くないなど)場合には,反応形成の技法を用いて適切な行動を形成する.さらに,適切に行動してもそれを維持するほどの強化子が伴っていないことがある.労働に対する強化子は給料であるが,給料は1ヵ月に1回しか支払われず,個々の行動に対するフィードバックとしては機能していないので,給料とは別の結果を用意する.たとえば,望ましい行動が出たら上司がすぐに「ほめる」のである.大人であっても,上司からのほめ言葉は強化子として十分機能する.また,米国には,社員が良い仕事をしているのを見つけたらすぐに,コーヒー1杯が飲める程度の「社内通貨」を与えることを実践している会社もある(石

田, 2007). パフォーマンス・マネジメントでは, 良い行動はできるだけ早く強化することが重要である.

この他, 改善したい行動が一連の行動からなる場合には, 個々の行動に分けて問題を分析する課題分析や, 改善対象となる行動の質や量や期限などを取り決め, 達成されない場合の随伴性を設定する**行動契約**（第7章「適応する」読書ガイド参照）などの技法が考案されている（舞田・杉山, 2008）.

読書ガイド

- 松沢哲郎『チンパンジー・マインド：心と認識の世界』 岩波書店 1991
  * 京都大学霊長類研究所で行われた「アイ・プロジェクト」の研究成果がわかりやすく解説されている.

- 藤田和生『比較認知科学への招待：「こころ」の進化学』 ナカニシヤ出版 1998
  * 知覚, 記憶, 思考, 言語など, 動物の認知に関する知見が幅広く解説されている. 紹介されている研究には, 専門的なものが多い.

- 伊藤正人 選択行動 佐藤方哉（編）『現代基礎心理学6 学習Ⅱ その展開』 東京大学出版会 1983
  * マッチング法則を中心に, オペラント条件づけを用いた選択行動研究について, 1980年代初頭までの成果が解説されている. 難易度は高い.

- 渡辺 茂（編）『心の比較認知科学』 ミネルヴァ書房 2000
  * 比較認知科学の重要なトピックがわかりやすく解説されている.

- 島宗 理『パフォーマンス・マネジメント―問題解決のための行動分析学―』 米田出版 2000
  * パフォーマンス・マネジメントについて日常例を豊富に取り入れてわかりやすく解説している.

課題6-1：エプスタインが行った「記号によるコミュニケーション」の実験で観察されたハトのコミュニケーションと，ヒトのコミュニケーションの間の共通点と相違点を挙げなさい．

課題6-2：あなたが普段とる複雑な行動をオペラント条件づけの用語を用いて分析しなさい．

第7章 適応する：動機づけと情動

「犯人は，なぜ人を殺す？それは強い渇望だ．その渇望はどうして生まれる？」レクター博士の問いかけに，「性的抑圧，フラストレーション？」と答えるクラリス．レクター博士は「違うね！人は，毎日見ているものをほしがることから始めるのだ」とさとすように話し始める．

―――― トーマス・ハリス「羊たちの沈黙」より

ゴールのテープを切るマラソン・ランナー，研究や趣味に没頭する人，歓楽街を行き交う人びと，抱擁し合う恋人たち，このような人びとの行動の原因は，いったい何なのであろうか．これらの行動の原因とは，**動機づけ**（motivation）のことである．

何年も会っていなかった古い友人に偶然出会ったとき，どのように感じるであろうか．恐らく，驚きと喜びあるいは懐かしさとよぶ変化を感じることができるであろう．同時に，顔は紅潮し，発汗という身体的変化も起きるであろう．また，横断歩道を渡っているとき，急に左折してきた車をとっさに避けようとしたときは，前者とは逆に，驚きと恐怖とよぶ変化を感じるであろう．顔は，青ざめ，冷や汗という身体的変化も伴うであろう．このような感情的・生理的変化を**情動**（emotion）という．

◎動機づけと情動

動機づけとは，行動が生起・維持される時の生理的要因，環境的要因あるいは社会・文化的要因や，各要因を効果的にする諸条件を扱う包括的な概念である．動機づけの概念は，様々な立場から論じられているが，歴史的に見ると，学習研究の発展とともに，学習理論の中心を成す重要な役割を与えられてきた．行動の生起に必要な内的条件と考えられた**動因**（drive）や，同じく外的条件と考えられた**誘因**（incentive）という概念はこうした例である．学習研究の領域から目を転じてみると，フロイトの精神分析学（第12章「人となり」参照）では，本能という生まれつきの（生得的）動機づけ要因を重視しているが，この本能論の基礎には，生理学的動機づけ理論がある．生理学者キャノン（Cannon, W. B.）は，生理学的レベルで不均衡な状態が生じると，これを解消しようとする生理学的作用や行動が生起するという**ホメオスタシス**（homeostasis）の考え方を提案している．

情動とは，ある経験に伴って生じる一過的な感情的・身体的興奮状態と定義される．情動に関連して，感情，情緒，気分という言葉も用いられる．感

情は，ヒトの活動における3つの側面である知・情・意の情に当たる包括的概念である．情緒は，「驚き」，「喜び」，「恐怖」などの強く急激に生起・消失する一過的な感情状態を指す概念であるが，情動は，これに加えて，身体的・生理学的変化まで含む概念である．気分は，比較的持続する感情状態といえる．

　先に述べた例から，情動には，個体にとって望ましい状況と望ましくない状況，つまり快と不快という2つの方向が区別できる．情動は，何らかの出来事に伴って起きるが，ある出来事が起こらないことも一つの出来事である．したがって，情動の快―不快と出来事の生起―非生起の組み合わせから4通りの区別が可能である．望ましい出来事が起きるときは，「喜び」が，望ましい出来事が生じないときには，「失望」が生じる．一方，望ましくない出来事が生じると，「悲しみ」が，望ましくない出来事が起きないときは，「安堵」が生じる．たとえば，入学試験に合格したら，「喜び」を体験することになるであろうし，自分の恋した相手が自分に恋していないことがわかったとき，「失望」を体験するであろう．

　これらの区別のほかに「怒り」や「恐れ」は，さらに別の次元が必要である．たとえば，スミス（Smith, C. A.）とエルスワース（Ellsworth, P. C.）は，上記の2次元以外に，自分が統制できる状況か否かという状況の統制可能性や状況の確実性の次元を提案している．もし，望ましくない状況が他者によりもたらされたら，「怒り」が生じるであろう．また，望ましくない状況が起こるかもしれないときは，「恐れ」や「不安」が生じるであろう．このように，様々な情動は，このような次元の組み合わせにもとづいて分類できる（Smith & Ellsworth, 1987）．

◎動機づけと情動の生理学的基礎

　前世紀の神経科学の発達は，脳の複雑な機能の一部を明らかにしてきたが，必ずしもすべての動機づけや情動に関する脳内メカニズムが解明されたわけではない．動機づけの生理学的基礎については，個体の生命維持に直接関係

する飢えや渇きなどの動因と直接関係しない性動因に分けることができる．情動は一種の興奮状態であり，生理学的変化を伴うものであるが，上に述べた様々な情動の分類に対応した生理学的基礎が明らかになっているとはいえない．

○ホメオスタシス

個体の生命維持に直接関与する飢えや渇きという動因は，ホメオスタシスという考え方からよく理解できる．**ホメオスタシスとは，自己制御機構による生理的機能の平衡状態維持**と定義される．これは，空調機（エアコン）に内蔵されている室温を一定に保つサーモスタットの働きに似たメカニズムである．もしこの平衡状態がくずれると，元の平衡状態を回復するために，何らかの生理学的作用や行動が生起すると考えるのである．心拍，血圧，体温などは，主に，生理学的メカニズムにより平衡状態が維持されるが，飢えや渇きは，生理学的メカニズムだけではなく，行動的要因も関与して平衡状態が維持される．たとえば，飢えの状態になったときには，摂食という行動が生起しなければ，満腹という平衡状態は回復しない．このようなホメオスタシスをつかさどる部位は，現在のところ，**視床下部**であると考えられている．

○飢えと渇き

飢え（hunger）と**渇き**（thirst）には，摂食行動や摂水行動が必要であるが，摂水行動に比べると，摂食行動は多様で複雑である．渇きを覚えたときは，水を飲むことしかないが，飢えを覚えたときは，何を食べるか一義的には決まらない．何を食べるかは，食物の嗜好にもとづいていると考えられる．この食物の嗜好は，第5章と第6章で述べたように，観察学習，レスポンデント条件づけあるいはオペラント条件づけなどの学習により獲得される．

摂食や摂水をコントロールしている脳内部位は，視床下部と考えられている．体内のグルコースやその他の栄養素の欠乏を視床下部の神経細胞が感知することで飢えが生じ，摂食行動が起きる．視床下部外側野を破壊すると，動物は摂食しなくなる．また，視床下部腹内側核を破壊すると，動物は摂食し続け，やがて過度の肥満になることが示されている．一方，前者の部位を

電気刺激すると，摂食が促進される．また，後者の部位の電気刺激では，空腹にも関わらず摂食が止まる．さらに，モルヒネなどの薬物による神経化学的刺激によっても同じような効果が認められている．このような事実から，1960年代には，これらの部位が「飢餓中枢」と「満腹中枢」とよばれたが，現在は，これらの部位を含む機能的単位である中脳辺縁系が摂食に関与していると考えられている．

図7-1　濃い味付けの料理はビールを美味しく感じさせる．

　摂水の場合，体内の水分が低下すると，視床下部の神経細胞が脳下垂体を活性化させ，血中に抗利尿ホルモンを放出する．このホルモンは，腎臓に水分を蓄え，その水分を尿ではなく，血中に戻すように作用する．

　ビールの世界的産地の一つであるミュンヘンのレストランの味付けは，「塩辛い」といわれているが，これは，多くのレストランがビール会社の所有であることと無関係ではないという．「塩辛い」味付けは，ビールをおいしく感じさせるとともに，ビールの消費量も増加させるからである．

○**性行動**

　恋人たちの行為は，性動機にもとづいていると考えられる．性動機は，個体の生命維持に直接関係しないが，種の保存にとって重要である．個体は，生殖という過程を通して誕生するが，生殖といっても，単細胞生物の細胞分裂から脊椎動物の複雑な交尾の儀式まで様々である．交尾に影響する要因として，性ホルモンや学習が重要である．

　性行動を活性化させる重要な役割を果たしている性ホルモンは，雌性ホルモンであるエストロゲンと雄性ホルモンであるアンドロゲンである．これらの性ホルモンが性行動に影響する程度は，種によって違いが見られる．ヒトの場合には，他の種よりも性ホルモンの直接的影響は少なくなり，むしろ学

習の役割が大きな比重を占めている.たとえば,多くの種では,性ホルモンの周期にもとづく発情期に性行動が限定されるが,ヒトの場合には,このような期間は特に認められていない.

○情動

情動の強さは,心拍の高まりや発汗量など生理学的変化の大きさに依存していると考えられるが,生理学的変化だけで,上に述べた様々な情動を区別できるのであろうか.ジェームズは,「**生理学的変化を知覚することが情動の体験である**」とする説を唱えた(James, 1892).同じような時期に,生理学者のランゲ(Lange, C.)もジェームズと同じ見解を表明したことから,このような情動の考え方を**ジェームズ・ランゲ説**という.この考え方によると,上に述べた様々な情動に対応する様々な生理学的変化があることになるが,1920年代に生理学者キャノン(Cannon, W.)は,この考え方を批判した.この批判は,後に,**キャノン・バード説**として結実する.キャノン・バード説は,**活性化説**(activation theory)ともよばれるように,「**情動とは,単に活性化された覚醒水準である**」とする考え方である.

ジェームズ・ランゲ説は,発汗や心拍の変化という末梢の生理学的変化を重視しているので,情動の末梢起源説とよばれるのに対し,キャノン・バード説は,間脳と大脳皮質の働きという中枢の生理学的変化を重視しているので,情動の中枢起源説とよばれている.キャノン・バード説は,その後,脳波研究にもとづくリンゼイ(Lindsley, D. B.)の活性化説に発展している.リンゼイの活性化説は,脳幹毛様体と視床下部の働きを重視しているが,情動が生じるときには,脳幹毛様体が活性化されることを前提としている.現在,情動の生理学的過程は,動機づけの場合と同様に,視床下部を含む中脳辺縁系という働きの単位に基礎をおいている.

情動反応には,発汗や心拍などの自律神経系の生理学的反応が含まれている.これらの生理学的反応を利用して,人が嘘をついているか否かを判定することができる.一般に,嘘発見器(ポリグラフ)とよばれているのは,対象者の心拍や**皮膚抵抗反射**(galvanic skin response: GSR)という自律神経系

の反応を測定し，嘘をついたときに現れる情動反応を読み取るのである．検査は，実験者の質問に対象者が「はい」や「いいえ」で答えることから構成されているが，実際に嘘をついたときと嘘をついたようにみせたときの変化が似ているので，判定には十分な注意が必要である（新美・白藤, 1969).

◎動機づけと情動の行動的基礎

動機づけも情動も私たちが直接見ることができるのは，表情の変化，振る舞いの変化，言葉など，行動の変化である．また，先に述べたように，様々な動機づけや情動をすべて生理学的過程から説明することは現状では不可能である．こうした点から，行動の理解のためには，動機づけや情動の行動レベルの研究が重要な意味を持っている．

動機とは行動の原因であるが，これには，明らかに経験を通して獲得されたものと，必ずしも経験を通して獲得されたとはいえないものがある．前者の例は，学習性動機とよばれるが，後者は，生物として持っている生まれつきの動機（生得的動機）といえよう．同じように，情動も生理学的変化を伴う生まれつきの情動と，経験を通して獲得される学習性情動に分けることができる．

○生得的動機

好奇心とは，目新しい物事に対して強く興味や関心を向ける行動傾向のことである．ハトやネズミを実験箱（スキナー箱）に入れると，しばらくの間，箱の中を動き回り，ネズミの場合には，立ち上がったり，匂いを嗅いだりする行動が現れる．新奇な環境に入れられたときに現れる，こうした行動を，一般に，**探索行動**（exploratory behavior）という．探索行動は，その行動自体が強化的である（プレマックの強化原理）か，その行動が何らかの強化子により強化されると考えられる．周りが見えないようなケージに入れられたアカゲザルが，小窓を開けて外を見ようとすることや，小窓を開けることを強化子とすると，容易に弁別学習が成立すること（Butler, 1954）も，このような観点から見ることができる．また，アカゲザルに知恵の輪のような装置

を与えると，それを操作し続ける．何かをいじったり，触ったりすること（**操作行動**）も，それ自体が強化的であり，何らかの強化子により強化されるという点で，探索行動と似ている．このような探索行動や操作行動は，「好奇心」という言葉で表される行動といえる．好奇心とは，目新しい物事に対して強く興味や関心を向ける行動傾向のことであるが，探索行動や操作行動は，研究や趣味，あるいはスポーツに没頭する人の行動の基礎になっていると考えられる．

コラム

映画「羊たちの沈黙」：内なるものは外にあり

　1995年度のアカデミー賞を5部門で受賞した映画「羊たちの沈黙」は，動機づけについて示唆を与えてくれる．猟奇的連続殺人犯を逮捕する手がかりを得ようと，FBI訓練生クラリス（ジョディ・フォスター）が収監中の元精神科医で殺人犯のレクター博士（アンソニー・ホプキンス）に面接に赴くところから映画は始まる．映画は，クラリスと博士との問答を主軸に展開するが，映画の後段で，犯人の名前を教えてほしいと哀願するクラリスに，レクター博士は，諭すようにクラリスに語りかける．「犯人は，なぜ人を殺す？それは強い渇望だ．その渇望はどうして生まれる？」レクター博士の問いかけに，「性的抑圧，フラストレーション？」と答えるクラリス．レクター博士は「違うね！人は，毎日見ているものをほしがるこ

図7-2　羊たちの沈黙．

とから始めるのだ」と犯人逮捕の糸口となるヒントを教えるのである．犯人は最初の被害者の近くにいたことに気がついたクラリスは，最初の被害者の居住地で犯人を探し当て，映画は，真っ暗な地下室で赤外線暗視眼鏡をかけた犯人とクラリスが対峙する最後のクライマックスへと向かう．この映画に描かれたように，動機づけには，外的刺激が重要な役割を果たしている．

○**学習性動機**

　生理学的動機を基礎に，経験を通して獲得された動機を**学習性動機**（learned motive）または**社会的動機**（social motive）とよぶ．これには，金銭，物品，地位，名誉などが挙げられる．お金が条件性強化子となる過程は，モノとの交換可能性にもとづくレスポンデント条件づけによるものであるが,物品（ブランド品），地位や名誉なども条件性強化子と考えられる（第5章「経験から学ぶ」参照）．

　ヒトの動機づけには，経験を通して獲得された動機（学習性動機）が重要な役割を果たしている．このことを理解するために，昨日のお昼の食事（どこで何を食べたか）を取り上げて考察してみよう．お昼に食事に行くきっかけとなるのは，空腹感（内受容刺激）や12時を指していた時計（弁別刺激）であろう．特に前者は，生理学的メカニズムの働きで生じるであろう．しかし，どこで何を食べるかは，生理学的メカニズムによって決まってはいない．ここに，経験を通して獲得した動機づけの過程が働いているのである．時計が12時を指しているので，食事に行くというのもこうした例である．また，食堂で食べる麺類から，定食，ハンバーガーなど，私たちの摂食行動（食事）が多様であることや，社会・文化，宗教あるいは生活スタイル（たとえば，菜食主義）により食物となるものが異なることも学習性動機づけの働きの例である．

　オペラント条件づけにおいては，動機づけの問題は，食物や水を強化子と

図7-3　鈴木春信「風流座敷八景」より「第一図琴柱落雁」若衆と娘の情交の一場面.

して働かせるための遮断化や飽和化という操作(第5章「経験から学ぶ」参照)として考えられている．遮断化という操作は，希少性を作り出す操作といえ，経済学でも財(強化子)の希少性を前提にその財の価値が決まると考えているように，財の価値を決める一つの方法といえる．財の価値とは，言い換えれば，強化子としての働きの強さである．

　求愛行動(性行動)は，最終的には交尾に至る，雌雄間の複雑な行動の連鎖からなる本能行動である．たとえば，トゲウオの求愛行動は，卵で膨らんだ腹部を持つ雌が雄のジグザグダンスを誘発することから始まる，解発子と呼ばれる特定の刺激とその刺激により解発された行動の見事な連鎖の例である．一方，ヒトの性行動は，学習や社会・文化的要因に強く影響される．恋人たちの行為は，相手の服装や顔立ち(環境的要因)，言葉によるコミュニケーション(社会的要因)，抱擁・接吻などのしぐさ(文化的要因)などの複合的な相互作用の産物といえるであろう(図7-3)．

○情動の表出

　情動の行動的研究は，ダーウィンの先駆的研究「ヒトと動物における情動

の表出」(1872年)を出発点としている．ダーウィンは，(1)情動の表出にはヒトと動物に類似性があること，(2)情動表出には適応的意義があること，(3)ヒトの情動はこのような適応的意義をもつ行動の痕跡であること，を指摘した．たとえば，イヌやネコの「怒り」の表出は，相手への攻撃の準備としての適応的意味を持っていると考えられる（図7-4）．このような情動の表出研究は，その後，アイブル・アイベスフェルト（Eibl-Eibesfeldt, I.）によるヒトの情動表出の生得性を強調する行動生物学的研究とシュロースバーグ（Schlosberg, H.）の情動表出の基本次元を明らかにする心理学的研究に引き継がれていった．

図7-4 イヌとネコの「怒り」の表出．Darwin (1872)

アイブル・アイベスフェルトは，様々な民族の情動に関する表情を研究しているが，たとえば，眉毛を上下させる挨拶動作には，共通性があることを明らかにした．図7-5のAは，パプア・ニューギニア人を，Bは南米アマゾンのワイカ・インデアンの例を示している．こうした動作は，何千年もの間交流がなかった社会の間や，世界の異なる地域に住む人々の間でも理解可能であることから，**生まれつきの定型的行動パターン**（fixed-action pattern）とよばれている．

このように情動の表出に異なる文化や社会の間で共通性があるとすれば，ある社会や文化に属する人々の間にも共通性が見られるであろう．シュロースバーグは，男性俳優の様々な表情を写した72枚の写真を実験参加者（大学生）に判断させ，その結果を分析したところ，実験参加者の判断は，一貫しており，快─不快（pleasant-unpleasant）と拒否─注目（rejection-attention）の2つの次元にもとづいて分類できることを見いだした．他者の情動表出は，容易に区別できることが示されたが，自己の情動の生理学的変化は，区別で

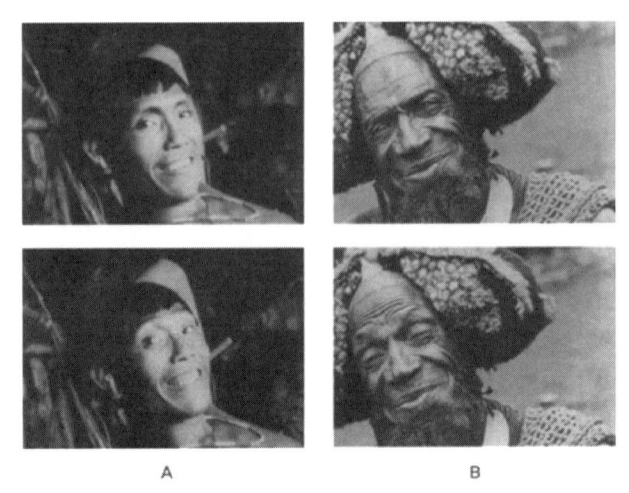

図7-5 目による挨拶行動の共通性．Aは南米アマゾンのワイカ・インデアン，Bはニューギニアのパプア人の事例である．いずれも眉を上下に動かしているのがわかる．
Eibl-Eibesfeldt (1972)

きるのであろうか．
○内受容刺激

　何らかの生理学的変化，たとえば，発汗のような自律神経系の変化は，刺激として知覚される．これらの刺激は，**内受容刺激**（interoceptive or proprioceptive stimulus）とよばれる．内受容刺激を手がかりとした心拍や皮膚抵抗反射などの自律反応の分化（たとえば，心拍数を増加させたり，減少させたりすること）は，オペラント条件づけにもとづいて可能であることが知られている．こうした研究は，測定された自律反応の数値や目盛りを被験者にフィードバックする方法を用いることから，**バイオ・フィードバック**（biofeedback）とよばれている．動物においても自己の生理学的変化を手がかりとして反応できることがルビンスキー（Lubinski, D.）とトンプソン（Thompson, T.）のハトを用いた実験から明らかになっている．

　図7-6は，2個体のハトが，自己の内的状態を報告するのと類似したコミュニケーションを行うための一連の行動連鎖を例示している（第6章「複

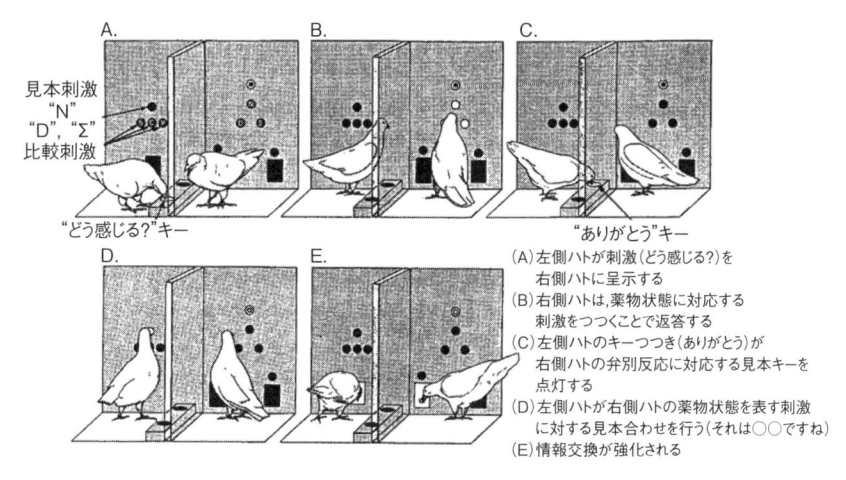

```
A.                B.                C.
見本刺激
"N"
"D","Σ"
比較刺激

"どう感じる?"キー                        "ありがとう"キー
D.                E.
                                  (A)左側ハトが刺激(どう感じる?)を
                                     右側ハトに呈示する
                                  (B)右側ハトは,薬物状態に対応する
                                     刺激をつつくことで返答する
                                  (C)左側ハトのキーつつき(ありがとう)が
                                     右側ハトの弁別反応に対応する見本キーを
                                     点灯する
                                  (D)左側ハトが右側ハトの薬物状態を表す刺激
                                     に対する見本合わせを行う(それは○○ですね)
                                  (E)情報交換が強化される
```

図7-6 ハトによる内的状態（内受容刺激）の記号による報告．Lubinski & Thompson (1987) を改変．

雑な学習」参照）．各パネルの右側の個体に薬物（興奮薬，抑制薬または生理食塩水）が投与される．最初は，左側の個体が「どう感じる？（How do you feel?）」というキーをつつく．すると薬物を投与された個体が3つの状態のどれかを表すキーをつつく．続いて，左側の個体は，その報告を「ありがとう」キーをつつくことで強化（条件性強化）する．最後に，左側の個体が報告された内的状態を表す記号（N, D, Σ）を見本刺激として，これらに対応する別の3つの記号（S, C, P）の内の一つをつつく（「それは○○ですね」に相当する）．これが正しければ，左側の個体は，餌で，右側の個体は水で強化されるのである．この一連の行動は，自己の内的状態（私的出来事）を公共的な対応物（記号）によって表すことができることを示している（Lubinski & Thompson, 1987）．

○生得的情動と習得的情動

情動の表出が生まれつき（生得的）であることは，すでに述べたが，情動は，種に特有な生まれつきの側面と経験を通して獲得される習得的側面を持っている．

図7-7 布を巻いた模型の母に抱きつくアカゲザルの子どもの愛着行動. Harlow (1976)

ハーロー (Harlow, H.F) は，母親と子どもの間に見られる**愛着行動** (attachment) が生まれつきの（生得的）性質を持つことや，愛着は，親との接触にもとづいていることを明らかにしている（第11章「生きる」参照）．彼は，生後間もないアカゲザルの子どもに，針金で作った模型の母親と針金に布が巻かれた模型の母親を選ばせたところ，同じ模型でも布が巻かれた母親を選ぶことを見いだした．また，哺乳瓶を針金だけの母親に置いたところ，ミルクを飲むときだけ針金の母親に，その他の時間は，布の母親に抱きついていることが分かった（図7-7）．このことから，母親と子どもの間の愛着行動は，母親が与える食物などの欲求の満足よりも，母親との接触による満足にもとづくものと考えられる（Harlow, 1976）．

一方，ワトソンは，経験を通して獲得される情動の例示として，幼児に**情動条件づけ**を試みた．幼児に白ネズミを見せると，手を伸ばして触ろうとする．その時，背後で大きな音を立て，幼児を驚かせる．このような体験をした幼児は，白ネズミを見ると後ずさりして，避けようとした．この事実は，驚愕反応が白ネズミに条件づけられたことを意味している．この条件づけは，白ネズミと大きな音の対呈示というレスポンデント条件づけにもとづいている（第5章「経験から学ぶ」参照）．

このような条件づけられた不快な情動は，多くは負の強化子に関連して，獲得されると考えられる．たとえば，餌で強化されるレバー押しを行っているネズミに，音を聞かせた後，電気ショックの呈示を何度か繰り返すと，やがてネズミは，音が呈示されるとレバー押しを止めるようになる．これは，**条件性抑制**とよばれる現象であるが，音が「不安」を生じさせるようになったと考えられる．同じように，2つの部分に区切られた実験箱（シャトル箱）

の一方に置かれたネズミに,光の呈示後に電気ショックを与えることを何度か繰り返すと,光の呈示とともに,反対側の区画に移動する反応が起きるようになる.これは,電気ショックという嫌悪刺激(負の強化子)を避ける回避行動が形成されたことを示しているが,この場合も,やはり光が「不安」を生じさせるようになったと考えられる.前者の例は,獲得された「不安」が行動の遂行に影響すること,つまり情動操作(第5章「経験から学ぶ」参照)の効果を示している.また,後者の例は,嫌悪刺激の除去という負の強化にもとづいている.しかし,こうした「不安」がどのような行動によっても解消できないときは,「絶望」に陥ることになるであろう.

セリグマン(Seligman, M. E. P.)は,どのような行動を行っても電気ショックを避けられない状況で,繰り返し電気ショックの呈示を経験したイヌが,シャトル箱に置かれると,うずくまったまま電気ショックを回避しようとしないことを見いだした.この行動は,あたかも無力感を学習した結果のように見えることから,これを**学習性無力感**(learned helplessness)とよんでいる.この現象は,ヒトの無気力症や鬱病の症状と類似していることから,これらのモデルとして考えられている(Seligman, 1975).

このように情動の多くは,条件づけや観察学習などの「学習」により獲得されると考えられるが,無力感をはじめとする情動の障害が学習されたものであるとすると,その治療も学習の原理にもとづいて行われることになる(第14章「治す」参照).

読書ガイド

- Ainslie, G. *Breakdown of will*. Cambridge: Cambridge University Press. 2001 (山形浩生(訳)『誘惑される意志』NTT出版 2006)
  *ヒトや動物は,なぜ目先の小さな快楽の誘惑に負けるのかという「衝動性」の問題を論じた一般書であるが,内容的にはかなりの知識が求められる.

- Ayres, I. *Carrots and sticks*: *Unlock the power of incentives to get things done.* Bantam. 2010（山形浩生（訳）『ヤル気の科学：行動経済学が教える成功の秘訣』文藝春秋　2012）
  * 本書は，自己制御（衝動性）に関わる問題の動機づけを高める「行動契約」（本書では「コミットメント契約」という用語が用いられている）の技法を一般向けに紹介したものである．著者は，経済学者であるが，心理学の動物実験データも援用しながら，「行動契約」の有効性を説得的に論じている．
- 国友隆一　『セブン—イレブン流心理学』　三笠書房　1999
  * コンビニエンス・ストア「セブン—イレブン」の成功を心理学の観点から見た一般書であるが，第3章「買いたくなる心理」は，動機づけの問題を考えるときに参考になる．
- 日本行動科学学会（編）『動機づけの基礎と実際：行動の理解と制御をめざして』川島書店　1997
  * ヒトと動物の動機づけ研究の比較的最近の研究成果を知ることができる．内容的には初学者から上級者向けのハンドブックという位置づけになる．

課題7-1：昨日の昼食（どこで何を食べたか）について動機づけの観点から考察しなさい．

課題7-2：情動の適応的意義について考察しなさい．

第8章 憶える・忘れる：記憶

「いったいわたしの体験は昨日のことであろうか？わたしのもろもろの意見には，それぞれ根拠がありはするものの，わたしがそれらの根拠を体験したのは，ずっと以前のことである」

―――――ニーチェ『このようにツァラトゥストラは語った』より

私たちは，昨日の晩御飯から昔見た映画の内容まで様々な事柄を憶えている．そして，後日，そのときの晩御飯の内容や，映画の内容を友人との会話で話題として取り上げることができる．このような過去経験（食事をする，映画をみるという行動の結果）について語るという行為は，いかにして可能なのであろうか．一方で，必死で勉強した授業ノートの内容を試験当日になると忘れていることがある．教室で試験問題に解答するという行為を行うのに必要な過去経験（試験勉強）をどのようにしたら利用できるのであろうか．こうした日常場面の出来事は，現時点では存在していない事象が行動に影響することを表しているが，これらを一般には**記憶**（memory）とよんでいる．様々な過去の行動とその結果を憶えておくことは，ヒトを含む動物が現時点で行動を行うときに極めて重要なのである．本章では，ヒトを含む動物の行動を通して「憶えること」や「忘れること」について考えてみよう．

◎記憶とは

　記憶の問題を具体的に考えるために，簡単な記憶実験として，以下の数字を憶えてみよう（図8-1）．まず，15秒間眺めてから，刺激を隠した後，どれくらい正確に，順番通りに思い出せるかを調べてみる．おそらく，6個または7個くらいしか思い出せないであろう．

3 9 2 0 7 8 6 3 6 2 3 7
0 0 0 0 0 1 0 1 0 0 1 1

図8-1　12桁の数字からなる刺激語．

　記憶は，外界からの刺激を**記銘**（憶えること）し，**保持**（憶えておくこと）し，必要に応じて**想起**（思い出すこと）するという3つの側面からなる．先に述べたように，過去経験が必要なときに行動として現れるためには，必要な経験の**貯蔵**と体系化された**検索**という仕組みが想定される．このことから，

記憶の過程は，単なる刺激の問題ではなく，行動の問題であるといえる．先の簡単な記憶実験でも，これらの3つの側面が含まれているが，**記憶の研究は，記銘から保持の過程を想起という行動を通して研究している**といえる．想起の過程として，憶えた内容を再現する**再生法**や，呈示された刺激が以前に憶えた刺激と同じかどうかを判断する**再認法**という2つの方法が用いられる．また，**再学習**という方法も用いられる．

　再生法とは，記憶している事柄を再現することであり，記銘した順序に関係なく自由に再生する自由再生法と順序通りに再生する系列再生法がある．再認法では，新たに呈示された刺激が，以前記銘した刺激と同じものかどうかを判断する．再生法を用いた場合は，想起内容が正しいかどうかを判断する必要があることから，再認は再生の過程の一部と考えられる．また，再生するためには，貯蔵された内容を検索する必要があるが，再認では，呈示されている刺激が記憶内容と合致するかどうかを判断するだけでよい．こうした理由から，一般に再認のほうが再生よりも容易であり，記憶課題の成績もよい．

◎エビングハウスの忘却曲線

　ヒトの記憶を測定した最初の実験的研究は，1885年にエビングハウス（Ebbinghaus, H.）により報告された．彼は，自分自身を実験対象として，母音と子音の組み合わせからなる無意味綴り（意味を持たないアルファベットの組み合わせ）を記憶材料に忘却の過程を調べた．まず，彼は，あらかじめ作成しておいた7個から36個の無意味綴りを誤りなく暗唱できるまで反復して読み上げた（原学習）．そして，原学習から，19分，63分，525分，1日，2日，6日，31日後に再

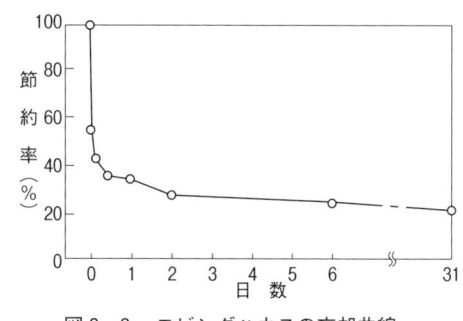

図8-2　エビングハウスの忘却曲線．

第8章　憶える・忘れる：記憶　121

学習をおこない，記憶がどれだけ保持されているかを調べた．図8-2は，**節約率**（[原学習に要した時間—再学習に要した時間]÷原学習に要した時間）から見た忘却曲線を示しているが，節約率が高いほど忘却が少なく，最初の学習がよく保持されていることを表す．実験の結果，記銘された無意味綴りは，最初の数十分間で急速に忘却されたが，その後，忘却は緩やかになり，2日目以降は，ある一定の水準を保つことが示された．また，1ヶ月経過した後でも，節約率は約20％を維持されることが明らかにされた（図8-2）．エビングハウスの研究は，無意味綴りという刺激材料を考案し，ヒトの記憶を実験的に測定した最初の研究として高く評価されている．

◎記憶の情報処理モデル

　エビングハウスにより始まった記憶の実験的研究は，1950年代後半から1970年代にかけて，コンピュータの登場により新たな転機を迎えた．それは，記憶のメカニズムを，コンピュータのハードウエアの仕組みになぞらえて理解しようとする**コンピュータ・アナロジー**と**情報処理**という考え方である（Miller, 1956）．このような考え方の一つは，情報処理の過程を，皮膚の内側にそれぞれの処理を受けもつ主体（悪魔）を想定することによって説明しようとするものである（図8-3）．これを情報処理の**パンディモニュアム（伏魔殿）モデル**という（Lindsay & Norman, 1977）．

　ここでは，記憶の情報処理モデルの一つとして，もう少し簡略化した記憶の**貯蔵庫モデル**を取り上げよう．

○記憶の貯蔵庫モデル

　一般に，記憶は，保持時間と保持できる量（容量）から，**感覚記憶**（sensory memory），**短期記憶**（short-term memory），**長期記憶**（long-term memory）の3つに分けられる．外界からの刺激は，まず感覚器官を介して，感覚記憶に取り込まれる（図8-4）．感覚記憶は，一度に多くの内容を保持できるが，保持内容は，視覚では1秒以内，聴覚では数秒以内に消失する．たとえば，街中を歩き目にする看板やすれ違う人の顔や服装などの刺激は，視覚刺激と

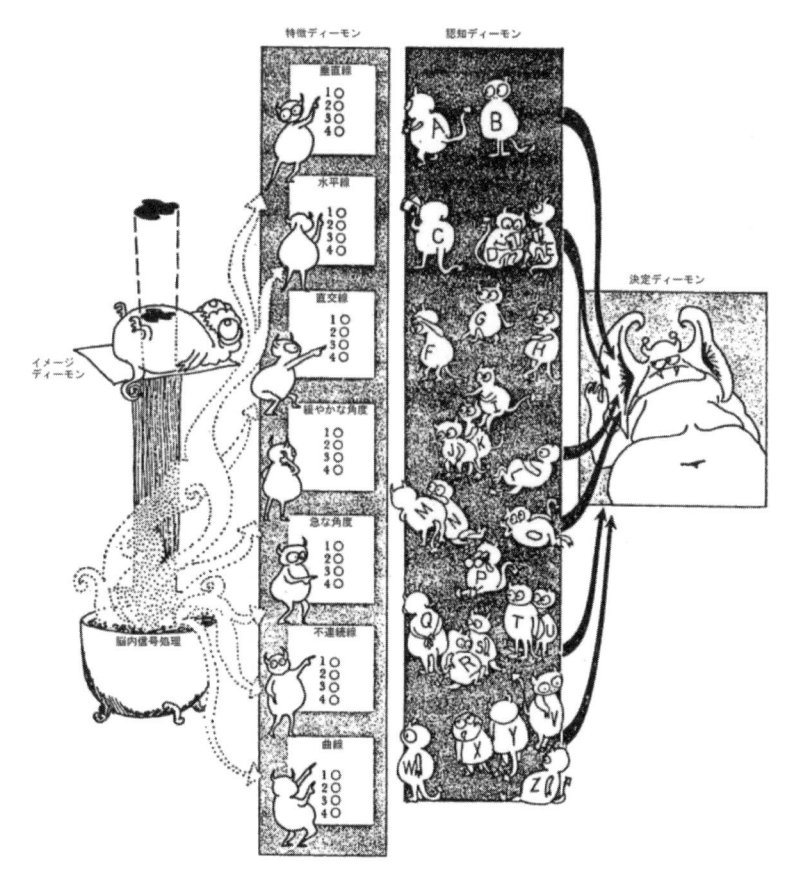

図 8-3 情報処理のパンディモニュアムモデルの模式図. Lindsay & Norman（1977）を改変.

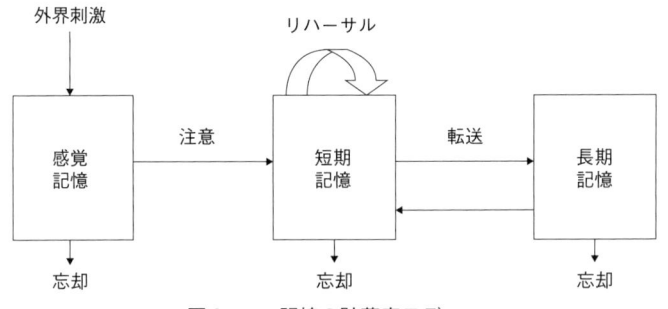

図8-4　記憶の貯蔵庫モデル．

して感覚記憶に送られるが，その内容の多くは，記憶に留まることなく消えてしまう．見聞きした内容のうち，特に注意が向けられた情報（たとえば，派手な看板や奇抜な服装をした人）は，短期記憶へ送られる．

○符号化

　短期記憶に送られた記憶内容は，通常，数秒〜十数秒間保持される．短期記憶に保持できる容量は，数字や単語の数にして7±2前後と考えられている．たとえば，電話番号の市外局番を除くと7, 8桁となるが，これがヒトにとって短期記憶に保持できる容量の限界と考えられる．ただし，いくつかの数字を意味のある一つのまとまり（**チャンク**という）にすると容量は大きく増加する．たとえば，8, 9, 4という3つの数字を「ハクシ（博士）」と意味のある単語に置き換えると1チャンクとなる．このように，3つの数字を一つのチャンクにまとめた場合，15から27ケタの数字（7±2チャンク）を憶えることが可能になる．このように，記銘という過程では，何らかの形で，刺激の**符号化**が行われるといえる．

　電話をかけるために暗記した番号は，しばらくすると忘れてしまう．これは，一時的に短期記憶に保持された内容が一定時間経過すると忘却されるためである．しかし，自分や家族の電話番号はいつでも思い出すことができる．それは，これらが長期記憶に保持されているためである．

○リハーサル

　短期記憶から長期記憶に記憶内容を移送するには**リハーサル（反復）**が必

要である．リハーサルには，単に言葉を機械的に繰り返すことで記憶内容を保持しようとする**維持リハーサル**と，記憶内容に何らかの意味づけや関連づけをして，より定着しやすくする**精緻化リハーサル**がある．歴史の年号を語呂合わせで覚える方法は精緻化リハーサルである．

　長期記憶は，コンピュータのハードディスクにあたり，永続的もしくは比較的長い時間，記憶内容を保持できる．また，保持できる容量の限界はわかっていない．私たちは，長期記憶に保持されている記憶内容をうまく検索することで過去に経験したことを思い出すことができる．しかし，検索に失敗したり，記憶内容が初めから長期記憶に移送されていなければ，正確に思い出すことはできない．

○系列位置効果

　短期記憶と長期記憶の特性は，次のような自由再生法を用いた実験で明らかにされている．実験参加者は，数秒間隔で1つずつ呈示される15個の単語を記憶した後に，呈示された順序ではなく，思い出した順序（自由再生法）で回答する．すると，リストの最初の単語（**初頭性効果**）と最後の単語（**新近性効果**）が中ごろに呈示された単語よりもよく思い出される（図8-5の黒丸）．これを**系列位置効果**という．なぜこうした現象が見られるのだろうか？　まず，リストの最初のあたりに呈示された単語は，何度もリハーサルされることで長期記憶に移送され，よく想起される．一方，リストの最後のほうに呈示された単語は，呈示されてから再生までの時間が短いのでリハーサルはなされないが，まだ短期記憶に残っているためによく想起される．しかし，リストの中頃に呈示された単語は，リハーサルが十分になされる時間はなく，かつ呈示されてからある

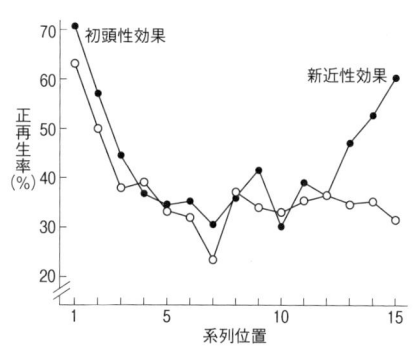

図8-5　自由再生における系列位置曲線．Glanzer & Cunitz（1966）を改変．

程度の時間が経過しているため，短期記憶から消失し，再生されないのである．また，単語リストの呈示後，リハーサルを妨害するような課題（たとえば計算課題）を30秒間挿入すると新近性効果が消失する（図8−5の白丸）．これは，短期記憶に保持されていた内容が，30秒間の遅延時間中に忘却されたためと考えられる．

○ワーキングメモリ

バッデリー（Baddeley, A.）は，短期記憶が単なる貯蔵庫ではなく，文章の理解や推論，計算などの高度な認知機能のための保持と処理をおこなう場と考え，短期記憶という言葉の代わりに，"仕事をする記憶"ワーキングメモリ（作業記憶）と名づけた（Baddeley & Hitch, 1974）．ワーキングメモリは，言語情報を処理する「音声ループ」，視覚・空間情報を処理する「視覚・空間スケッチパッド」，およびこれら2つを制御する「中枢制御部」から構成されている．

音声ループには，言語情報をリハーサルする機能（たとえば，電話番号などを一時的に記憶するために口で唱える）と，言葉を話すために準備している単語を保持する音声貯蔵機能がある．一方，視覚・空間スケッチパッドは，視覚・空間情報をリハーサルする働き（たとえば，ボールを蹴るときの一連の動作をイメージする）をしている．最後に，中枢制御部は，音声ループと視覚・空間スケッチパッドからの情報を統合し，どの情報を，いつどのように用いるかを操作している．この中枢制御部の働きは，限られた容量によって制約を受けるものと考えられている．

○長期記憶の種類

長期記憶に保持されている情報は，**宣言的記憶**（declarative memory）と**手続き的記憶**（procedural memory）に分けられる．宣言的記憶とは，「言葉やイメージで表すことのできる内容についての記憶」であり，手続き的記憶とは，「活動の遂行方法についての記憶」である．たとえば，自動車で買い物に出かけて，どこに車を止めたかという記憶は宣言的記憶，一方，自動車を運転するために，ドアを開け，鍵を鍵穴に差し込み，エンジンを始動させ，

サイドブレーキを戻してからゆっくりとアクセルを踏み込むといった一連の動作についての記憶は手続き的記憶にあたる．手続き的記憶は，自転車の乗り方やタッチ・タイピングなど，活動遂行時に，「今思い出している」という想起を伴わないことが多い．

さらに，宣言的記憶は，**エピソード記憶**（episodic memory）と**意味記憶**（semantic memory）に分けられる．エピソード記憶とは，「ある時間にある場所で起きた個人の経験に関する記憶」であるのに対して，意味記憶とは，「一般的知識に関する記憶」を指す．たとえば，「週末は彼女と横浜で映画を見た」という記憶内容はエピソード記憶に分類され，「横浜は神奈川県の県庁所在地である」や「ペリーは1853年に浦賀に来航した」という記憶内容は，意味記憶に分類される．

◎プライミングと意味記憶のモデル

ある刺激の処理が後続刺激の処理を促進する現象を**プライミング**（priming）または**呼び水効果**という．プライミングには，**先行刺激（プライム刺激）**と**後続刺激（ターゲット刺激）**が同一である**直接プライミング**と異なる**間接プライミング**がある．直接プライミングを調べた代表的な研究にタルヴィングらの研究がある（Tulving, Schacter, & Stark, 1982）．彼らの実験では，まず，実験参加者にプライム刺激96単語を5秒ずつ呈示した．そして1時間後に，一部の文字が伏せてあるプライム刺激96単語と新奇刺激96単語をターゲット刺激として呈示した．実験参加者は，伏せてある文字を補って単語を完成させるよう教示された（図8-6A）．その結果，単語を完成できた割合は，プライム刺激のほうが新奇刺激よりも高かった（図8-6B）．これは，1度見たことがある単語のほうが，新奇刺激よりも認知的な処理がしやすかったので，単語を完成させる割合が高くなったためと考えられる．

一方，間接プライミングは，以下のような方法で調べることができる（Meyer & Schvaneveldt, 1976）．実験では，ディスプレイ上にプライム刺激として一つの文字列が呈示され，実験参加者は，それが英単語であるならば，「はい」，

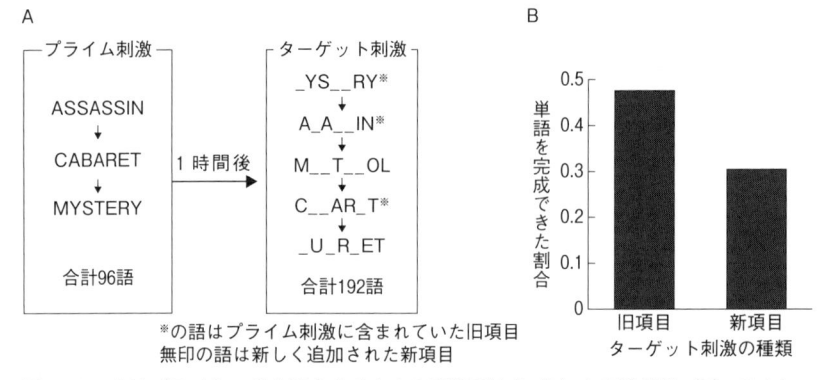

図 8-6 直接プライミングを測定するための実験手続き (A) と実験結果 (B). Tulving et al. (1982) を改変.

そうでなければ「いいえ」のボタンを押した．続いて呈示されたターゲット刺激についても同じように，呈示された刺激が英単語であるか否かの判断をおこなった．プライム刺激とターゲット刺激がともに英単語の場合の結果を見てみると，「nurse」―「doctor」のように，それぞれが関連しているときのほうが，「nurse」―「butter」のように関連していないときよりも，ターゲット刺激の判断に要する時間が短かった．

　なぜこうしたプライミングが起こるのかについては，**意味ネットワークモデル**による説明がなされている（Collins & Loftus, 1975）．このモデルは，まず，意味記憶として貯蔵されている概念は互いに関連づけられて貯蔵されていることを仮定している．さらに，このモデルには，「活性化の拡散」という考えが取り入れられており，概念が処理されるときは，その概念のみが処理されるのではなく，その概念に関連した他の概念も活性化されることを仮定している．この「活性化の拡散」という考え方を用いると間接プライミングをうまく説明できる．たとえば，「看護師」が呈示されると，この概念のみが活性化されるだけでなく，意味的に関連性がある「医師」および他の関連語も同時に活性化する．その結果として，次に，「医師」を検索する際に，「医師」の活性化に要する処理が軽減されるので，「医師」の検索が促進される

のである（図8-7）．

◎忘却とその規定因

　私たちは，なぜ一度記憶したことを忘れてしまうのだろうか？貯蔵庫モデルを前提に"忘れる"という現象を考えると，まず，記憶内容が，短期記憶から長期記憶へ移送されなかった可能性が考えられる．短期記憶においてうまくリハーサルが行われなければ，記憶内容が長期記憶にとどまることはない．また，リハーサルがうまく行われたとしても，様々な原因から記憶の忘却は起こると考えられている．**減衰説**は，時間の経過によって自動的に忘却が進行することを指す．これは，食べ物を放置しておくと時間の経過とともに腐っていくのと同じように，記憶も時間が経つにつれて薄れていき，思い出せなくなるという説である．しかし，ここで重要なことは，時間の経過中に何が起こっているかである．複数の記憶内容が相互に干渉することで忘却が生じるとする説明を**干渉説**という．干渉には，先に記憶した内容が後から記憶する内容を阻害する**順向干渉**と，後から記憶する内容が先に記憶した内容を阻害する**逆向干渉**がある．順向干渉では，後から記憶する内容に忘却が見られ，逆向干渉では，先に記憶している内容に忘却が見られる．

　さらに，以前記憶した内容を検索（想起）する際に，そのための手がかりが不足していたり，手がかりが役に立たないものだと検索はうまくいかない．これを**検索の失敗説**という．この場合，手がかりを別のものに置き換えると想起できることがある．これは，インターネットである情報を検索していてうまく見つけられないときに，検索キーワードを変更することでうまく見つ

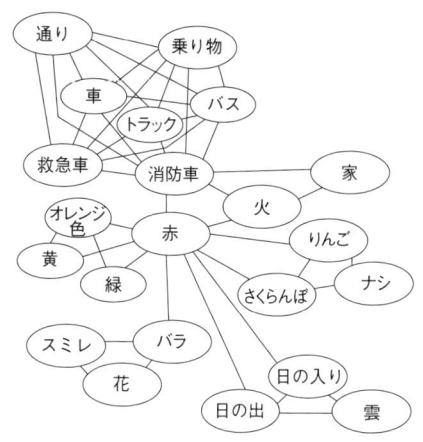

図8-7　意味ネットワークモデル：活性化の拡散．Collins & Loftus (1975) を改変．

け出せるようになることと似ている．長期記憶に保持された内容は，このように忘却されることもあるが，次に述べるように，保持された内容が変容することもある．

コラム

記憶喪失と記憶の手がかり

　記憶喪失を巡る人生ドラマは，しばしば映画の題材として取り上げられている．たとえば，**映画「心の旅路」**（1942年）では，第1次大戦後の英国を舞台に，グリア・ガースン扮する踊り子ポーラと，従軍中に記憶喪失した男スミス（ロナルド・コールマン）の波乱に満ちた運命と愛の行方が描かれる．男は，メルブリッジの町で踊り子ポーラと出会い，幸せな結婚生活を送るが，ある日，出かけた町リバプールで交通事故に遭って2度目の記憶喪失を起こす．この事故で以前の自分を取り戻した男チャールズは，家業を継いで実業家として成功し，英国中に名前が知られるようになるが，一方でポーラとの結婚生活の記憶は喪失されたままであった．ポーラは，チャールズのもとで秘書として働きながら，元夫の記憶を蘇らそうと切ない努力をするが，チャールズが持っていた家の鍵，リバプールの安宿に残された旅行鞄，そしてポーラ自身（！）を見ても，チャールズの記憶は蘇らなかった．チャールズが労働争議の解決のため，"初めて訪れた"と思っていたメルブリッジの町で，部下たちと酒場で一杯やり，煙草屋に立ち寄ったチャールズは，この町の酒場，煙草屋，煙草屋の女主人に見覚えがあるのに気づく．ようやく，この町を歩くことで，失われた過去を思い出す手がかりが得られたのである．

　アルフレッド・ヒッチコック監督作品の**映画「めまい」**（1958年）でも，女性がネックレスを胸に付けたとき記憶が蘇り，事件の真相が明らかになる契機になったことが描かれている．サンフランシスコの街を舞台に，犯人追跡中に屋根からの落下事故で同僚を亡くし，高所恐怖症となって

警察を辞めた元刑事スコティ（ジェームズ・スチュアート）のもとへ，友人から自殺願望のある美しい妻マデリン（キム・ノヴァク）の監視を頼まれる．曾祖母カルロッタの霊が取り憑いているというマデリンは，カルロッタゆかりの墓地，教会，以前邸宅だったホテルなどに現れる．彼女の監視を続けているうちに，スコティは，彼女の妖しい魅力の虜になってしまう．やがて，修道院にある教会の高い尖塔からマデリンは身を投げて自殺するが，高所恐怖症のため止めることができずに死なせてしまう．彼女を忘れられないスコティは，街中でマデリンそっくりな女性ジュディを見つけ，自分の望み通りに衣装も髪型も髪色もマデリンのようにさせる．そして，ジュディが胸にマデリンのネックレスを付けたとき，スコティに鮮やかな記憶が蘇り，確信した．そこには，想像だにしなかった真実が隠されていたのである．それは，彼女は妻マデリンの替え玉で，夫が仕組んだ妻殺しであった．

　これらの映画に描かれていたように，記憶は，行動と結びついているものであり，個々の刺激は行動と結びついてはじめて機能するといえよう．

○目撃証言の信頼性

　犯罪捜査では，目撃者の証言が大きな役割を果たすことが多い．しかし，私たちの記憶は常に正確なわけではなく，また，様々な要因によって影響を受けることから，時として誤った証言を生むことがある．目撃証言の正確さに影響する要因は，目撃対象までの距離や目撃した時間の長さといった環境要因，目撃者の年齢や性別などの目撃者要因，事件や事故の犯人の特徴といったターゲット要因，そして，事件現場の目立ちやすさなど，事件に関係した現場要因がある．こうした要因に加えて，事件や事故の後に呈示された刺激が目撃者の証言に影響を及ぼすことがある．

　ロフタス（Loftus, E. F.）とパーマー（Palmer, J. C.）は，自動車事故のビデオを実験参加者に見せた後，以下の質問をした．あるグループの実験参加

者には,「自動車が激突(smashed into)したとき,車はどれぐらいの速度で走っていましたか」と尋ね,別のグループの実験参加者には,「激突した」を「ぶつかった (hit)」に置き換えて質問をした.その結果,推定された速度の平均は,「激突した」という語を用いたグループでは時速66kmであったのに対し,「ぶつかった」という語を用いたグループでは時速55kmであった.さらに彼女らは,1週間後,実験参加者に,「割れたガラスを見ましたか」という質問をした.すると,実際には事故のビデオの中に割れたガラスは映っていなかったにもかかわらず,多くの実験参加者が割れたガラスを見たと報告した (Loftus & Palmer, 1974).このように,事故の状況を問う言葉を変えるだけで想起される記憶が異なるという事実は,私たちの記憶がいかに曖昧で,変容しやすいものであるかを示している.

◎動物の記憶

これまで見てきたように,ヒトの記憶実験の多くは言葉を材料として用いており,動物の記憶を測定する場合には,同じ方法を用いることはできない.動物の記憶測定には,オペラント条件づけの手続きを用いた記憶課題が用いられてきた.これから紹介する動物の記憶研究では,系列位置効果や干渉など,ヒトと同様の現象の生じることが報告されており,このことはヒトと動物の間で記憶の仕組みが類似していることを示唆する.しかし,保持間隔はヒトの方が他の動物よりも長いことや,課題によっては動物の方が成績の良い場合のあることなど,ヒトと動物の相違点も明らかにされている.

○見本合わせ課題による短期記憶の測定

見本合わせ課題とは,比較刺激の中から見本刺激と対応する刺激を選択する課題である(第6章「複雑な学習」参照).ハトを用いた実験では,まず,3つのキーを備えた実験箱の中央キー(見本刺激)のみが点灯する.ハトが中央キーをつつくと,今度は左右のキー(比較刺激)が点灯する.そしてハトが見本刺激と同じ色の比較刺激を選択すると強化子である餌が呈示される.見本刺激への反応後,これを消灯してから比較刺激を呈示するまでの時間を

操作する（遅延見本合わせ）ことで，短期記憶を測定することができる（図8-8）．

ブラウ（Blough, D. S.）は，4個体のハトを対象に，見本刺激を呈示してから比較刺激が呈示されるまでの時間を操作することで，短期記憶がどのように減衰するかを調べた（Blough, 1959）．その結果，遅延時間が0秒から1秒，2秒，5秒と増加すると，見本合わせ課題の正答率が減少することが示された．たとえば，ある個体は，0秒遅延条件では，約90％の正答率を示したが，2秒遅延条件では，80％を下回り，5秒遅延条件では，60％近くまで低下した．しかし，遅延時間が10秒であっても正答率が90％の個体もいた．このハトは，遅延時間中，見本刺激によって異なる行動を繰り返し行っていた．このような行動は，リハーサルの一種と考えることができる．

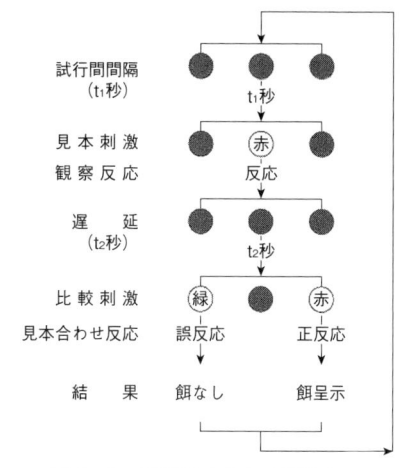

図8-8 遅延見本合わせ手続き．

○動物における系列位置効果

系列位置効果は，ヒト以外の動物でも確認されている．たとえば，サンズ（Sands S. F.）とライト（Wright, A. A.）は，アカゲザルを対象に，果物，花，動物，ヒトの顔などのスライドを200枚以上用いて再認課題をおこなった（Sands & Wright, 1980）．実験では，10枚のスライド（系列刺激）を1枚ずつ呈示し，その後，1枚のスライド（テスト刺激）を呈示した．テスト刺激が系列刺激の中にあれば，レバーを左に，なければレバーを右に動かすと強化子が与えられた．系列刺激の呈示順序ごとに，正答率を算出した結果，正答率は，最初と最後に呈示された刺激の方が，中頃に呈示された刺激よりも高く，初頭性効果と新近性効果が確認された（図8-9の白三角形）．また，ヒトを対象に同様の方法で実験を行った結果，正答率のレベルは，ヒトの方が

高かった（図8-9の黒三角形）が，系列位置曲線の形状は，ヒトとアカゲザルの間でよく似ていた．この結果は，アカゲザルの記憶がヒトと同様の貯蔵庫モデルによって説明できることを示唆している．

○動物における逆向干渉

ヒト以外の動物においても，逆向干渉の生じることが報告されている（D'Amato & O'Neil, 1971）．この研究では，3個体のフサオマキザルを対象に，遅延見本合わせ課題を用いて，遅延中の照明条件の効果が検討された．実験では，見本刺激の消失から比較刺激の呈示までの遅延時間（15秒，60秒，または120秒）中に室内灯を点灯する条件と，消灯する条件が設けられた．その結果，点灯条件では，どの個体も遅延時間が120秒になると正答率がチャンスレベルである50％近くまで低下したが，消灯条件では，2個体においては，そのような正答率の低下は見られなかった（図8-10）．

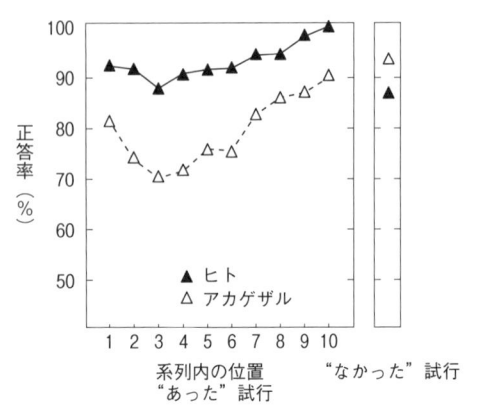

図8-9 ヒトとアカゲザルにおける系列位置曲線．Sands & Wright（1980）を改変．

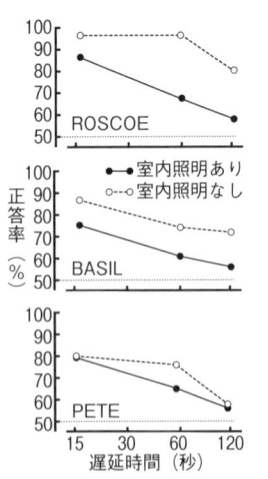

図8-10 フサオマキザルにおける遅延見本合わせ．D'Amato & O'Neil（1971）を改変．

このような結果が得られた理由として，点灯条件では，外的な視覚刺激により，見本刺激の記憶が逆向干渉を受けた可能性が指摘されている．点灯条件でも見本合わせ課題の成績が低下するという結果は，鳥類を用いた実験でも示されているが，点

灯条件で訓練をした後に，消灯条件をおこなうと成績が低下する結果も示されていることから，訓練時とテスト時の条件の違いが正答率に影響を及ぼす可能性がある．

○短期記憶：チンパンジーとヒトの比較

多くの人は，動物よりもヒトの方が優れた記憶力を持っていると考えるであろう．しかし，チンパンジーの短期記憶は，ヒトよりも優れていることが京都大学霊長類研究所の松沢らの研究グループによって明らかにされている（Inoue & Matsuzawa, 2007）．彼らは，6個体のチンパンジーと9人の大学生の記憶力を比較する実験を行った．実験に参加したチンパンジーは，雌（母親）3頭と2000年に誕生したその子ども3頭であった．実験では，まず，1から9までの数字をディスプレイ上にランダムな配置で呈示した（図8-11）．次に，これらの数字を白い四角形で隠した．実験参加者は，呈示された数字の小さい順に，白い四角形を押していくことが求められた．数字の呈示時間は，0.21秒，0.43秒，0.65秒の3条件であった．

その結果，子どものチンパンジー（アユム）は，数字の呈示時間に関わらず，比較的正確に数字を選ぶことができた（正答率は約80％）．一方，大人のチンパンジー（アイ）では，呈示時間が短くなるにつれて，正答率は減少した．さらに，大学生は，呈示時間が最も長い条件でも正答率は約50％であり，アイよりも正答率は低かった（図8-11）．

この実験の結果は，子どものチンパンジーに，複雑な絵や図柄の詳細を瞬間的に記憶できる**直観像記憶**とよば

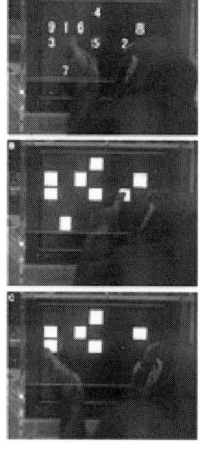

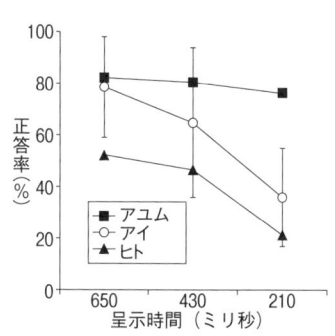

図8-11 タッチパネルに反応する子どものチンパンジー（左図）と実験結果（右図）．Inoue & Matsuzawa (2007) を改変．

れる能力が備わっていることを示すものである．また，大人のチンパンジーよりも子どものチンパンジーのほうが優れた記憶力を示したことから，こうした能力は成長とともに低下していくと考えられる．ヒトは進化の過程の中でこうした能力を失う代わりに，多くの内容を長時間記憶する能力（長期記憶）を獲得したのであろう．

読書ガイド

- 太田信夫・多鹿秀継（編著）『記憶研究の最前線』北大路書房　2000
  ＊ヒトの記憶に関する最新の研究を理論的背景や実験例を示しながら紹介している．

- 高野陽太郎（編著）『認知心理学2　記憶』東京大学出版会　1995
  ＊記憶研究に関する幅広いテーマを扱っている．ヒトを対象とした記憶研究について理解を深めたい学生にはおすすめの一冊である．

課題8-1：系列位置効果がなぜ起きるのかを貯蔵庫モデルを用いて説明しなさい．

課題8-2：動物の記憶を調べる方法を説明しなさい．

第9章 選ぶ・決める：意思決定

「神がアダムに理性を与えたとき，神は選択の自由を与えたのです．理性は選択にほかなりません」

————ミルトン『アレオパジティカ（言論・出版の自由）』より

私たちは，日々多くの選択場面に直面する．たとえば，「今日のお昼は何を食べるか」というささいな選択から，「どの大学に進学するか」という重要な選択まで様々である．選択対象となる「選択肢」は，結果の大きさ（量），結果が実現する可能性（確率），結果が実現するまでの時間（遅延時間）などにおいて異なっており，私たちが選択に迷うのは，これらの要因が複雑に絡み合っているからであろう．複数の選択肢の中からどれを選ぶかを決めることを**意思決定**（decision making），意思決定の後，実際にその選択肢を選ぶことを**選択**（choice）とよぶ．また，意思決定や選択に先立って，選択肢の価値についての**判断**（judgement）がなされることが多い．

　意思決定や選択行動の問題は，古くから経済学において研究がなされてきた．特に，不確実状況における意思決定研究において提案された**期待効用理論**（expected utility theory）が，心理学にも大きな影響を及ぼした．その後，期待効用理論では説明できない逸脱現象（anomaly）が報告され，それらを記述できるような理論の修正が行われている．

　一方，心理学では，1960年代のハーンスタインによるマッチング法則の発見を端緒として，オペラント条件づけにもとづく選択行動研究が生まれ，ヒトや動物の選択行動を記述できる理論の構築と，選択行動に影響する様々な要因の探索がなされてきた．本章では，ヒトや動物の意思決定・選択の問題を，これらの2つの観点から見ていくことにしよう．

◎規範理論と記述理論

　選択の問題を扱う意思決定の研究は，規範的アプローチと記述的アプローチに分けることができる．経済学では，伝統的に前者の立場から研究がなされてきたが，これは，ヒトを合理的な意思決定主体とみなし，どのような選択をおこなうべきかを理論的に導くものである．規範的アプローチにもとづいて構築された理論を，**規範理論**（normative theory）という．一方，心理学

が主として採用する記述的アプローチでは，マッチング法則に代表されるように，ヒトや動物が実際にどのような選択をおこなうかを記述する．記述的アプローチにもとづいて構築された理論を**記述理論**（descriptive theory）という．

◎期待効用理論

個人がどのように選択をおこなうかという問題について，**期待効用理論**では，**効用**（utility）の**期待値**（expected value）が最大になるように選択がおこなわれることを示す．効用とは，選択結果として得られる報酬（経済学ではこれを財という）の主観的価値であり，報酬量を A とおくと，$U(A)$ という**効用関数**で表される．効用は報酬量の増加に伴って増加するが，報酬量の増分に対する効用の増分が減少していく限界効用逓減の法則に従う（第3章「感じる」参照）．個人が感じる選択肢の好ましさ（選好）は，各選択肢の期待効用の大小関係にもとづいて決定される．たとえば，「10％の確率で1万円がもらえ，90％の確率で何ももらえない」選択肢と，「確実に500円もらえる」選択肢がある場合，前者の選択肢の期待効用は，$U(10,000) \times 0.1 + U(0) \times 0.9$，後者の選択肢の期待効用は，$U(500) \times 1.0$ となり，計算の結果，期待効用のより高い選択肢が選ばれることになる．この場合，どちらの選択肢の期待効用が高くなるかは，効用関数の形状によって変わる．

期待効用理論は，様々な選択場面において，個体が「どのようにふるまうべきか」を決定するが，実際の選好は，必ずしも理論的な予測値と一致しないことが多い．その中で最も有名な批判の一つが，**アレ（Allais）のパラドックス**である．以下の2つの選択肢のうち，あなたはどちらを選ぶだろうか．

選択肢1：確実に1万円もらえる
選択肢2：1％の確率で0円，10％の確率で5万円，89％の確率で1万円もらえる

上記の選択場面では，多くの人が選択肢1を好む．では，次の場合はどうだろうか．

選択肢3：11％の確率で1万円，89％の確率で0円もらえる
選択肢4：10％の確率で5万円，90％の確率で0円もらえる

この場合には，選択肢4が好まれる．実は，選択肢3と4は，選択肢1と2のそれぞれから89％×1万円を引いたものである．したがって，これらの期待効用を計算すると，最初の選択場面で選択肢1を選んだ人は，2番目の選択場面では選択肢3を選ぶべきである．しかし，多くの人は，選好を変化させてしまう．このような**選好逆転現象**は，期待効用理論ではうまく説明できない．

◎プロスペクト理論

カーネマン（Kahneman, D.）とトヴァスキー（Tversky, A.）は，ヒトの実際の選択を記述する理論として，**プロスペクト理論**（prospect theory）を提案した（Kahneman & Tversky, 1979）．プロスペクト理論は，報酬の利得量や損失量の価値（value）を表す**価値関数**（value function）（図9-1）と，結果が実現する確率を決定の重みに変換する**重みづけ関数**（weighting function）（図9-2）からなる．また，価値関数は，判断の基準となる**参照点**（reference point）を持ち，これが問題の表現によって移動するという特徴を持つ．

○価値関数

図9-1に示されているように，価値関数は，報酬の利得量や損失量が増加するほど，価値の変化が小さくなるという，効用関数と同様の限界効用逓減の法則に従う．この特徴により，以下のような選択場面における選択を記述することができる．

選択肢1：50％の確率で2,000円もらえる

選択肢2：確実に1,000円もらえる．

選択肢1と選択肢2では，多くの人が選択肢2を選ぶ．このように，期待値の等しい不確実な選択肢と確実な選択肢の間の選択場面において，後者が選択されることを**リスク嫌悪**（risk averse）という．それでは，以下のような損失場面ではどうだろうか．

選択肢3：50％の確率で2,000円失う
選択肢4：確実に1,000円失う

選択肢3と選択肢4では，今度は多くの人が選択肢3を選ぶ．これは，利得場面とは異なり，損失場面では，**リスク指向**（risk prone）が起こりやすいことを示している．価値関数が図9-1のような形状をしている場合，2,000円を得ることや失うことの価値の絶対値は，1,000円を得ることや失うことの価値の絶対値を2倍した値よりも小さいので，利得場面ではリスク嫌悪，損失場面ではリスク指向が予測されるのである．

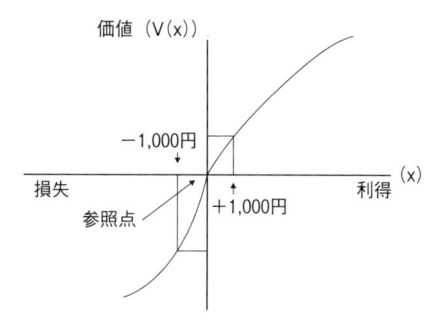

図9-1　プロスペクト理論における価値関数．Kahneman & Tversky（1979）を改変．

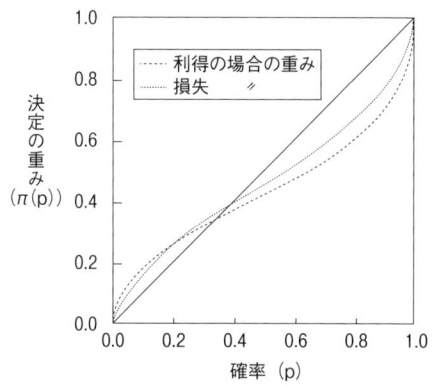

図9-2　プロスペクト理論における重みづけ関数．Kahneman & Tversky（1979）を改変．

価値関数の2つめの特徴は，価値の変化が，利得領域よりも損失領域の方が急になっている点である．このことは，「1万円をもらえる」場合の価値の絶対値よりも

「1万円を失う」場合の価値の絶対値の方が大きいことを示しており，ヒトが損失に対して敏感であることを示している．

○重みづけ関数

プロスペクト理論は，選択肢に含まれる確率値を決定の重みに変換する重みづけ関数を用いて，不確実状況下の意思決定を記述する．図9-2は，横軸に確率（客観的確率値），縦軸に決定の重み（主観的確率値）を示したものである．右上がり45度の直線は，客観的確率と決定の重みが等しい場合である．この直線と決定の重みを比較すると，確率値が低い場合には，確率は過大評価されるが，確率値が約40％を超えたあたりから今度は逆に過小評価されることがわかる．宝くじが当たる確率は非常に低いにも関わらず，購入されるのは，低い確率が過大評価されるためと考えられる．重みづけ関数が示すように，確率値の高い部分で過小評価が生じる場合には，アレのパラドックスを記述できる．

コラム

ノーベル賞を受賞した心理学者

心理学者ダニエル・カーネマンは，2002年，アルフレッド・ノーベル記念スウェーデン国立銀行経済賞（ノーベル経済学賞）を受賞した．彼の受賞理由は，プロスペクト理論に代表される不確実状況下における人の判断と意思決定に関する研究を経済学に統合したことであり，それが**行動経済学**という学問分野の基礎となった点である（ここでいう「行動経済学」は，第6章「複雑な学習」で紹介したオペラント条件づけに基礎をおく「行動経済学」とは，研究上の立場や方法において異なる部

図9-3　カーネマン（1934-）．

分がある）．プロスペクト理論を含むカーネマンの多くの業績は，エイモス・トヴァスキーとの共同作業から生まれたものであるが，彼は1996年に病気で死去している．

　カーネマンは，1934年，テル・アビブ（イスラエル）で生まれた．ヘブライ大学で心理学と数学を専攻した彼は，イスラエル国防軍心理学部門で兵役を務めた後に渡米し，1961年カリフォルニア大学バークレー校で博士号を取得した．その後，コロンビア大学，プリンストン大学などで教鞭を執った．彼の研究は，本章で紹介したプロスペクト理論に関連するもの以外にも，人の直観的判断（ヒューリスティック）(第10章「考える・話す」参照）に関する研究など多岐にわたる．

◎**衝動性と自己制御**

　「今もらえる10,000円」と「1週間後にもらえる12,000円」のどちらか一方をもらえるとしたら，あなたはどちらを選ぶであろうか．このように，すぐにもらえる小さな報酬と，待ち時間の後にもらえる大きい報酬との間の選択場面において，前者を選択することを**衝動性**（impulsiveness），後者を選択することを**自己制御**（self-control）という．衝動性と自己制御の選択場面は，私たちの日常生活の中で頻繁に目にする．ダイエット中の人は，目の前のケーキを食べるか，食べずに数カ月後にスリムな身体を手に入れるかという選択に直面している．また，禁煙をしようとしている人は，今1本のタバコを吸うか，吸わずに長い目で見た場合の健康を手に入れるかという選択にせまられている．このように，自己制御の問題は，私たちが日常的に直面する葛藤場面に含まれている．

　衝動性と自己制御の問題は，オペラント条件づけを用いた選択行動研究において，ヒトや動物を対象に検討されている．一般に，動物は，ヒトよりも衝動的な選択を行うが，動物においても，環境を整えることによって自己制御を達成することができる．

○自己拘束

ラックリン（Rachlin, H.）とグリーン（Green, L.）は，ハトが衝動的選択を行う可能性を自ら排除する**自己拘束**（commitment）を学習できることを示した（Rachlin & Green, 1972）．まず，ハトに，すぐに食べられる2秒間の餌と，4秒後に食べられる4秒間の餌の間の選択場面（図9-4左の選択場面B）を呈示すると，どのハトも前者に対して強い選好（すなわち衝動性）を示した．

次に，この選択場面の前に自己拘束選択場面（図9-4左の選択場面A）が付け加えられた．これは，先ほどの選択場面Bを呈示する前に，選択場面Bに至る選択肢（非自己拘束選択肢）と，自己制御選択肢（4秒後に食べられる4秒間の餌）しか選べないような状況に至る選択肢（自己拘束選択肢）を付け加えることで実現した．さらに，選択場面Aから次の選択場面までの時間（図9-4左の暗間隔）を変化させ，自己拘束選択への影響を調べた．

その結果，暗間隔が長くなるに伴い，自己拘束が選択される割合が高くなった（図9-4右）．この結果は，動物においても，自分の行動を制限する自己拘束が可能であることを示している．さらに，強化子の呈示時点が近づくにつれて選好が自己制御から衝動性へと変化することを示している．

この時間の経過に伴う選好の変化は，**選好逆転**（preference reversal）とよ

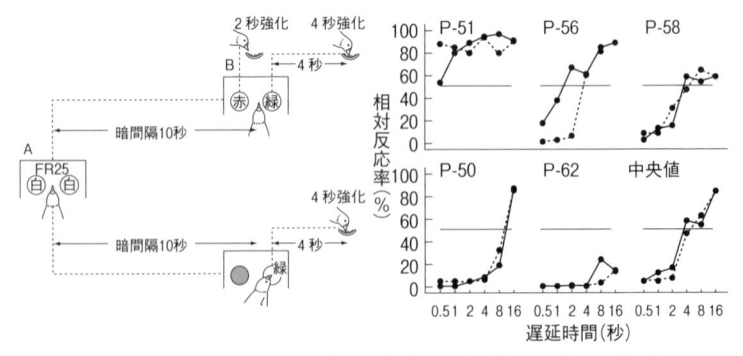

図9-4 自己拘束選択場面と実験結果．実線は上昇系列，破線は下降系列での遅延時間の呈示を示す．Rachlin (1976) と Rachlin & Green (1972) を改変．

ばれ，私たちの日常生活でも生じている．たとえば，冬の寒い日，月曜日1限目の授業に出席することを考えてみよう．冬の寒い日に，布団から出ることは容易ではない．暖かい布団の中でもう1時間眠ることは，一見価値が高いように見えるが，長い目で見ると，授業に出席して単位を取得し，卒業することのほうが重要であろう．では，どのようにすれば，自己制御選択をおこなえるのだろうか．ラックリンとグリーンの研究が示しているように，翌朝必ず起きて授業に出席しようと思っている日曜日の夜の時点で，目覚ましを手の届かないところに置いておくことである．

○フェイディング法

　自己制御選択を促進する他の方法として**フェイディング法**（fading method）がある．フェイディング法では，まず，被験体に遅延大報酬と遅延小報酬の選択場面を呈示する．被験体が遅延大報酬を選好することが確認できたならば，遅延小報酬の遅延時間を少しずつ縮めていく．ハトを対象にフェイディング法の効果を調べた研究（Mazur & Logue, 1978）では，11,000試行以上かけて，遅延大報酬への選好を維持した状態で，小報酬の遅延時間を0秒まで縮めることに成功した．

　また，発達障害者を対象にフェイディング法を用いて自己制御選択の促進を試みた研究（Dixon, Hayes, Binder, Manthey, Sigman, & Zdanowski, 1998）でも，即時小報酬と即時大報酬の選択から開始し，即時大報酬の遅延時間を延ばすことで，自己制御選択の獲得に成功している．フェイディング法は，自己制御選択を促進させるためには，行動の習慣化がカギであることを示している．

◎報酬の価値割引

　自己制御選択場面において，遅延大報酬よりも即時小報酬が好まれる理由の一つは，報酬を得るまでの待ち時間によってその価値が低下するためである．たとえば，「今もらえる10,000円」と「1カ月後にもらえる10,000円」では，おそらくすべての人が前者を選ぶであろう．このように，報酬を得るまでの遅延時間により，報酬の価値が低下することを**遅延割引**（delay discounting)とよぶ.

○双曲線関数的割引過程

　遅延割引に関する研究は,ヒトを対象とした研究が多いが,そこで使用される**双曲線関数**(hyperbolic function)は,メイザー(Mazur, J. E.)によるハトの選択行動実験(Mazur, 1987)から提案されたものである.

　メイザーの研究では,選択反応から強化子呈示までの遅延時間の関数として,報酬の主観的価値がどのように減少していくかを**調整遅延手続き**(adjusting delay procedure)を用いて調べている(Mazur, 1987).この手続きは,固定選択肢(たとえば,10秒後に呈示される2秒間の餌)と変動選択肢(X秒後に呈示される6秒間の餌)との間で,選好が**無差別**(indifference)となるようにXの値を実験セッション内で増減させることで,遅延報酬の主観的価値を測定する.調整法は,心理物理学的測定法(第3章「感じる」参照)の一種である.

　得られたデータ点にいくつかの割引関数を当てはめた結果,ハトの遅延割引は,(9-1)式の双曲線関数によりうまく記述できることが明らかになった.

$$V = \frac{A}{1 + kD} \quad (9\text{-}1)$$

ただし,Vは遅延時間により割引かれた報酬の主観的価値,Aは報酬量,Dは遅延時間である.また,kは割引率を表す経験定数である.割引率が高いほど,遅延に伴う主観的価値の低下は激しいことから,割引率は,衝動性の程度を表すものと考えられる.

○ヒトの遅延割引

　この双曲線関数は,ヒトの遅延割引もうまく記述できる.ラックリンらは,仮想報酬を用いて,遅延される1,000ドルと主観的価値が等しくなる即時報酬額(**主観的等価点**)を測定することで,遅延割引の過程を調べている(Rachlin, Raineri, & Cross, 1991).実験参加者には,以下のような2枚のカー

ドが呈示され，もらえるとしたらどちらが良いかを答えるよう教示された（図9-5）．

「今もらえる1,000ドル」と「6ヶ月後にもらえる1,000ドル」では，すべての人が前者を選択するであろう．しかし，即時報酬額が減少すると，実験参加者は，選択を遅延報酬へ切り替えることになる．たとえば，「今もらえる500ドル」と「6ヶ月後の1,000ドル」では，前者が選ばれたが，「今もらえる490ドル」と「6ヶ月後の1,000ドル」では後者が選ばれたならば，その人にとっての6ヶ月後の1,000ドルの主観的価値は，495ドル（500ドルと490ドルの平均値）とされるのである．遅延時間は，1ヶ月から50年の範囲で，条件間で操作され，遅延条件ごとに等価点が測定された．

図9-6は，遅延条件の関数として，主観的等価点が示されている．さらに，主観的等価点に適用された双曲線関数と**指数関数**（exponential function）を示している．ヒトにおける遅延割引が，経済学で使用される指数関数よりも，双曲線関数によりうまく記述できることは明らかである．

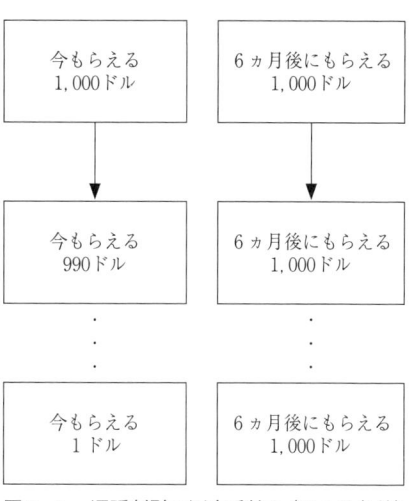

図9-5 遅延割引の測定手続き（6カ月条件）．

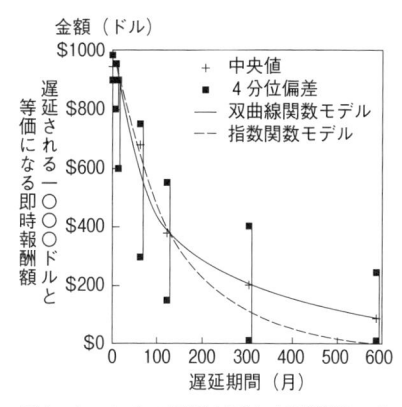

図9-6 ヒトの遅延割引と割引関数の当てはめ．Rachlin et al.(1991)を改変．

○遅延割引に影響を及ぼす要因

遅延割引に影響する要因には，年齢，所得水準，薬物依存性などがある．

ヒトは，子どもの時期に，年齢の増加に伴い自己制御が発達する（第11章「生きる」参照）．割引率は，衝動性の程度を表すので，年齢の増加に伴って割引率は低下すると考えられる．この問題を検討した研究（Green, Fry, & Myerson, 1994）では，ラックリンらと同様の手続きを用いて，米国在住の，子ども（平均年齢12.1歳），大学生（平均年齢20.3歳），高齢者（平均年齢67.9歳）を対象に，遅延される1,000ドルの遅延割引を測定し，年齢群間で割引率を比較した．その結果，子ども，大学生，高齢者の順で割引率の高いことが示された．同じように，日本の中学生から大学生を対象として遅延割引を調べた研究（佐伯・伊藤・佐々木，2004）からも，年齢の増加と共に，割引率が低下することが明らかにされている．

　所得の低い人は，高い人に比べて，預金する余裕がなく，将来よりも現在の消費を重視することから，割引率が高いと考えられる．ラックリンらと同様の手続きを用いて，所得水準が異なる若年成人と高齢者を対象に遅延割引を測定した研究（Green, Myerson, Lichtman, Rosen, & Fry, 1996）では，高所得の若年成人と高所得の高齢者の間で割引率に有意な差は見られなかったが，低所得の高齢者の方が高所得の高齢者や若年成人よりも割引率の高いことが明らかになった．

　遅延割引の程度は，ヘロイン依存者，アルコール依存者，ニコチン依存者でも高いことが報告されている．ヘロイン依存者と健常者の間で遅延割引を比較した研究（Madden, Petry, Badger, & Bickel, 1997）では，仮想の金銭報酬と仮想のヘロイン（依存者のみ）を用いて割引率を測定した結果，薬物依存者は，健常者よりも割引率の高いことが示された．薬物依存者が健常者に比べて，遅延報酬の価値をより大きく割り引くことは，薬物依存者にとって，即時報酬の強化力が極めて強いことを示している．

○確率割引

　報酬を得るまでの遅延時間以外にも，価値割引に影響を及ぼす割引要因はいくつか存在するが，その一つに，報酬が得られる確率がある．「100％の確率でもらえる1万円」と「50％の確率でもらえる1万円」の間の選択場面で

は，前者を選ぶであろう．これは，報酬の得られる確率が下がることで，報酬の主観的価値が低下したためと考えられる．これを**確率割引**（probability discounting）という．

大学生を対象に確率割引を測定した研究（実光・大河内，2007）では，不確実報酬との間で等価となる確実報酬額（主観的等価点）が測定された．実験では，確実報酬（たとえば，50円）と，不確実報酬（たとえば，90％の確率で100円の「当たり」の出るくじ）が呈示された．実験参加者が確実報酬を選択すると，実際の金銭（この場合50円）が与えられた．一方，実験参加者が不確実報酬を選択すると，100本のストローで作成されたくじから1本を引き，「当たり」が出たら，実際の100円が与えられた．「当たり」ストローの本数は，確率条件に対応していた（90％条件の場合，100本中90本が「当たり」であった）．確実報酬額は，試行ごとに，5円から100円またはその逆順序で変化した．確率条件は，10％から90％の間で変化した．

その結果，報酬が得られる確率が低下すると，それに伴い主観的等価点が低下し，確率割引の生じていることが明らかになった．また，遅延割引と同じように，確率割引も双曲線関数によってうまく記述できることが示された．しかし，報酬量を増加させると，遅延割引率は低下するが，確率割引率は，逆に上昇するという異なる報酬量効果が報告されている（Green, Myerson, & Ostaszewski, 1999; 佐伯，2011）ので，遅延と確率は，選択行動に対して常に同じように機能するとはいえない．

コラム

意思決定研究への新しいアプローチ：神経経済学

近年，経済学における合理的な人間像（ホモ・エコノミカス）からの逸脱現象を神経生理学的側面から説明しようとする**神経経済学**（neuroeconomics）が脚光を浴びている．神経経済学は，脳科学の手法や知見を用いて，人の経済活動における意思決定のメカニズムを明らか

にしようとする新しい研究領域である．本章で紹介した自己制御の問題を神経経済学的アプローチから明らかにしようとした研究（Hare, Camerer, & Rangel, 2009）では，ダイエット中の実験参加者が健康的な食品とそうでない食品の間で選択をする際に，fMRI（機能的磁気共鳴断層撮影装置）を用いて，自己制御に関係する腹内側前頭皮質（ventral medial prefrontal cortex；vmPFC）と前頭前野背外側部 (dorsolateral prefrontal cortex; DLPFC) の神経活動を測定した．その結果，報酬量に関わる意思決定には，vmPFC が関与していることが示された．また，健康的な食品を選択できる（自己制御できる）実験参加者は，DLPFC を使用していることも確認された．彼らは，こうした実験結果から，DLPFC が vmPFC からの「欲求」を調節することで，自己制御をおこなっていることを明らかにした．この事実は，健康問題に関係するような課題では，報酬系関連部位である vmPFC だけでなく，複雑な認知活動にかかわる DLPFC が大きな役割を果たすことを示唆している．

読書ガイド Reading Guide

- 広田すみれ・増田真也・坂上貴之（編）『心理学が描くリスクの世界―行動的意思決定入門（改訂版）』慶應義塾大学出版会　2006
  ＊不確実状況下における意思決定研究を学ぶための入門書．

- 佐伯大輔『価値割引の心理学―動物行動から経済現象まで』昭和堂　2011
  ＊報酬の価値割引研究に関する理論と動物を対象とした実験データが詳細に紹介されている．

- 坂上貴之（編）『意思決定と経済の心理学』朝倉書店　2009
  ＊意思決定の問題が行動経済学的視点から捉えられている．

課題9-1：意思決定研究における規範理論と記述理論の違いを述べなさい．

課題9-2：自己制御選択に影響を及ぼす要因を挙げなさい．

第10章 考える・話す：思考と言語

「思考するものが，思考する時点において存在していないというのは，矛盾である」

　　　　　———デカルト『哲学の原理』より

「人はしばしば，動物が話をしないのは彼らに精神的な能力が欠けているからだ，という．これは「彼らは考えない，故に話さない」という意味である．実はそうではなく，動物は話さない，ただそれだけである．あるいはむしろ，動物たちは言語を使わない―ただし，もっとも原始的な言語形態を度外視するならば―命令し，問いかけ，物語り，雑談することは，歩いたり，食べたり，飲んだり，遊んだりすることと同様に，我々人間にかかわる自然誌の一部である」

　　　　　———ウィトゲンスタイン『哲学探究』
　　　　　　　　　　　　1部25節より

17世紀フランスの哲学者デカルトは，ものが実在するか否かについて，懐疑論の立場からつきつめていった．その結果，思考の主体である「自分」の存在を認めないわけにはいかないという結論に至った．デカルトの言うことが真実だとすれば，「思考」は私達の存在を証明する重要な心理機能ということになる．また，ヒトの歴史において，すぐれた文明・文化が思考の所産として構築され，発展してきたことを考えると，ヒトの高い思考力は，ヒトを他の動物と区別する重要な側面である．しかし，思考心理学では，ヒトの思考が必ずしも合理的ではないことも示してきた．本章では，ヒトやヒト以外の動物における思考の種類や性質について理解を深めていく．また，思考は，言語を用いてなされることが多いため，思考と言語は密接に関係している．言語行動がいかにして可能なのかについては，言語学からは，ヒトの言語習得の生得説による説明が，学習心理学からは，オペラント条件づけにもとづく経験説からの説明がなされてきた．本章では，これらの主張について理解を深める．

◎思考とは

　心理学において，**思考**（thinking）には様々な定義が与えられているが，「思考とは表象を操作する過程である」とする内的処理に重点をおいた見方と，「思考とは問題解決行動である」とする行動的側面に重点をおいた見方に大別できる．**表象**（representation）とは，事物を内的に表したもののことで，たとえば，「家で飼っている犬を思い浮かべているときのイメージ」や，「暗算をしているときに頭の中に思い浮かべている数字」などのことである．これらの表象は，実物が目の前にない状況でも，想起や計算などの思考を可能にするため，子どもにおける認知発達の重要な側面とされている．しかし，表象の存在を客観的な方法を用いて明らかにすることは難しい．表象は，観察可能な問題解決行動から，その存在が仮定されるのである．上述した2つの定義のうちのどちらを採用する場合においても，観察可能な問題解決行動

は，思考を研究する上で必須のデータといえよう．

　心理学では，ヒトや動物に様々な「問題」を与え，その解き方（問題解決行動）から，思考の種類や性質を明らかにしてきた．問題解決行動には，第5章「経験から学ぶ」で取り上げた，試行錯誤という，ヒトと動物に共通する比較的単純なものから，言語を用いた推論のように，ヒトを特徴づける複雑なものまで様々な種類がある．

○試行錯誤と洞察

　第5章で述べたように，問題箱に入れられたネコは，「でたらめに動き回るうちに偶然外に出る」という試行錯誤を繰り返すことにより，問題解決を行った．このような問題解決は，じっくり考えて行動しているようには見えないが，動物の問題解決は，常に試行錯誤的なものなのだろうか．

　ケーラーは，高い所に吊るされたバナナを取るという問題をチンパンジーに与え，問題解決がどのように行われるかを観察した．バナナを取るには，4つの箱を積み上げ，その上に乗る必要がある．チンパンジーは，最初のうちは箱を引きずりまわしていたが，長い休止期間の後，バナナを取ることに成功した（図10-1）．ケーラーは，チンパンジーの問題解決が，ある時点で突然生じたことから，試行錯誤によるものではなく，**洞察**（insight）によるものと主張した．ケーラーが属するゲシュタルト心理学派の研究者は，洞察による問題解決がなされるとき，問題場面に存在している要素が解決に至るように**再体制化**されるとしている．しかし，第6章「複雑な学習」でも述べたように，チンパンジーと同様の問題解決を，オペラント条件づけによって，問題解決に必要な動作を個別に条件づけることで実現することは可能である．この場合，「問題の再体制化」という高次の過程を示す用語でなくても説明は可能で

図10-1　チンパンジーの問題解決．

ある.

○問題解決と経験

　ソーンダイクの研究は，ネコが同じ問題に何度も取り組むことで，速く問題を解くことができるようになること，すなわち，問題の経験が問題解決を促進することを示した．このような，経験による問題解決の促進効果は常に見られるのであろうか．

　ルーチンス（Luchins, A. S.）は，表10-1に示した「水がめ問題」を用いてこの問題を検討した（Luchins, 1942）．「水がめ問題」では，大きさの異なる3つの水がめA，B，Cを用いて，測りとるべき量の水を汲みとることが求められる．問題ごとに各水がめの大きさは変化する．解答は，たとえば，問題1では，水がめAに水を満たし，そこから水がめBを使って3回汲みとれば20になるので，A－3Bが正解となる．同様の方法で，問題2から問題8まで解いてみよう．

　問題2から問題8のすべてにおいて，特定の方法（B－A－2C）で解くことができるが，最後の2問については，これよりも簡単な方法（A－CやA＋C）で解くことができる．しかし，ルーチンスの実験参加者の80％以上は，最後の2問に対しても，B-A-2Cを用いて回答したのである．一方，問題2から問題6を解かずに，問題7と問題8を解いた統制群の実験参加者は，全員簡単な解法を用いたのである．

　ルーチンスは，問題2から問題6を解くという経験が，**構え**（set）を形成したとした．「構え」とは，反応が特定の傾向を示すことを指す．通常，問題解決の経験を重ねることは，次に同様の問題に遭遇したときに，速く正確に解くことを促進するが（小学生に計算ドリルが与えられる理由はここにある），ルーチンスの実験は，同じ解法のみを用いることが，むしろ，柔軟

表10-1　水がめ問題.

問題	水がめの容量 A	B	C	測り取るべき量
1	29	3		20
2	21	127	3	100
3	14	163	25	99
4	18	43	10	5
5	9	42	6	21
6	20	59	4	31
7	23	49	3	20
8	15	39	3	18

な思考を妨害する可能性を示している．

○アルゴリズムとヒューリスティック

　思考の研究は，コンピュータの発達によって大きく影響を受けてきた．コンピュータは，外部からの情報を受け取り（入力），それに対して何らかの演算を行い（処理），結果を画面やプリンタに提示する（出力）が，この振る舞いは，問題を理解し，思考し，解を見出すという，ヒトが問題解決を行うときの振る舞いと類似している．このような観点から，ヒトの思考（さらに，記憶や意思決定なども含む認知機能）を，コンピュータのような**情報処理機構**に例えることで，ヒトの思考過程を客観的に研究することを目指す認知心理学が発展した（第8章「憶える・忘れる」参照）．

　問題解決法をヒトとコンピュータの間で比較することで，ヒトの思考の特徴が浮き彫りになる．たとえば，家族に頼まれて，インターネット上で買い物をすることになったとしよう．そのときに，家族しかしらない4ケタの暗証番号を入力する必要が生じたとする．今家族とは連絡が取れないとしたら，あなたはどうするだろうか．コンピュータに，この「問題」を解かせた場合，「0000」から「9999」までの，すべての組み合わせを試すであろう．このように，正解にたどりつく可能性のあるすべての方法を検討する問題解決法のことを**アルゴリズム**（algorithm）という．アルゴリズムを採用した場合，必ず正解に至る．

　一方，あなたがこの問題を解くことになった場合，アルゴリズムを採用する前に，家族の誕生日や家族に関係のある番号でうまくいかないか，試すのではないだろうか．このように，正解に至る保証はないが，うまくいけば，時間や労力を節約できる問題解決法のことを，**ヒューリスティック**（heuristic）という．アルゴリズムと比べると，ヒューリスティックは，不完全な問題解決法のように思えるが，私達が日々遭遇する問題の多くは，すべての選択肢を考慮するのが難しかったり，正解が明確でなかったり，アルゴリズムで解けないものが多い．

◎推論

次の3つの文について考えてみよう.

A: 哲学者たちはすべて人間である.
B: すべての人間は誤りをまぬがれ得ない.
C: ゆえに,哲学者たちもまた誤りをまぬがれ得ない.

このように,前提(AとB)に基づいて,新たな結論(C)を導き出す思考を**推論**(または**推理**)(reasoning)という.推論には,演繹的推論と帰納的推論がある.以下,それぞれの推論について見ていこう.

○演繹的推論

演繹的推論(deductive reasoning)とは,一般原理や前提を用いて,個別の事例に関する結論を導き出す推論のことである.上記の例のような**三段論法**(syllogism)は,演繹的推論の一種である.演繹的推論を行う場合,前提が正しければ導き出される結論も必ず正しい.演繹的推論では,結論が論理的に導き出されているため,このような推論を**論理的思考**とよぶことができる.私たちは,三段論法を理解し,使用することができるので,ヒトの推論は論理的と考えることができる.では,以下のような三段論法は妥当であろうか.

D: 戦争の時代は繁栄の時代である.
E: 繁栄はおおいに望ましい.
F: ゆえに,戦争はおおいに望ましい.

これはレフォード(Lefford, A.)が用いた刺激の一部であるが,同じ形式の三段論法であっても,A〜Cのような感情を喚起しない内容を含む推論の方が,D〜Fのような感情を喚起する内容を含む推論よりも妥当と判断されやすい(Lefford, 1946).このように,前提や結論の内容が判断に影響することは,ヒトの推論が必ずしも論理的ではないことを示している.

ヒト以外の動物においても，演繹的推論は可能なのであろうか．事物間の順序関係について，前提から，直接比較していない事物間の順序関係を導き出すことを，**推移的推論**（transitive reasoning）という．たとえば，「AさんはBさんよりも背が高い」，「BさんはCさんよりも背が高い」という2つの前提から，「AさんはCさんよりも背が高い」という結論を導いた場合，推移的推論をしたことになる．オペラント条件づけにもとづく選択課題を用いた研究（von Fersen, Wynne, Delius, & Staddon, 1991）では，ハトが推移的推論を行えることを報告している．この研究では，A−B，B−C，C−D，D−E間の選択場面において，前者の記号のついた選択肢を選ぶことを訓練した後，テストとして，BとDを提示した．その結果，6個体中4個体ではBをDよりも多く選択した．この結果は，ヒトと同様の言語を持たない動物においても，演繹的推論が可能であることを示唆している．

○4枚カード問題

ヒトの演繹的推論が必ずしも論理的ではないことを示す別の例を挙げよう．ウェイソン（Wason, P. C.）は**4枚カード問題**とよばれる問題を大学生に解かせた．図10−2に示したように，4枚のカードがあるとする．これらのカードは，それぞれ片方の面にアルファベット，その裏面に数字が印刷されている．今，「一方の面が母音であるならば，その裏面は偶数である」という規則が正しいかどうかを確かめたいとする．そのためには，どのカードを裏返す必要があるか．

図10−2　4枚カード問題の刺激．

実験参加者の多くは，「Eと4」か「Eのみ」と答え，正解である「Eと7」と答えた実験参加者の割合は10％未満であった．また，問題の内容を，日常的な内容（たとえば，封筒に決められた額の切手が貼ってあるかどうかを調べるために封筒を裏返して確認する）に変えれば，正答率が上昇する**主題内容効果**が報告されている．問題の形式ではなく内容によって正答率が影響を受けるという事実は，ヒトの演繹的推論が必ずしも論理的ではないことを示している．

○帰納的推論

　演繹的推論とは対照的に，個別の事例にもとづいて一般原理を導き出す推論のことを，**帰納的推論**（inductive reasoning）という．たとえば，カラスを観察した結果，遭遇した100羽のカラスは，すべて色が黒かったとする．そこから，「カラスは色が黒い」と結論した場合，帰納的推論を行ったことになる．演繹的推論とは異なり，帰納的推論には論理的妥当性はない．つまり，色の黒いカラスの事例をいくら集めたとしても，すべてのカラスについてのデータが集まらない限りは，結論が正しいといえないのである．このように，帰納的推論は，結論が正しいことを保証しないが，私たちは日々多くの帰納的推論を行っており，その結論は行動の指針を提供してくれる．また，第2章「研究の進め方」で述べたように，科学理論を構築するには，帰納的推論と演繹的推論の両方が必要である．「理論にもとづいた現象の予測」は演繹的推論が，「実験や調査から得られたデータにもとづいた法則性の構築」は，帰納的推論が担っているのである．

　第6章「複雑な学習」で述べた「概念学習」は，帰納的推論と深く関係している．ある概念を理解するとは，その概念に含まれるメンバー（**外延**）に共通する部分を抽出（**抽象**）し，他の概念と区別することである．概念の定義（**内包**）があらかじめ伝えられており，目の前の事例がその概念に含まれるかどうかを推論するならば，それは演繹的推論になる．一方，概念の定義がわからない状況で，目の前の事例について，ある概念に含まれるかどうかを推論するならば，これは帰納的推論になる．

　ブルーナー（Bruner, J. S.）らは，図10-3のような刺激を用いて，帰納的推論による概念学習を研究した（Bruner, Goodnow, & Austin, 1956）．この刺激には，描かれている図形の種類，図形の色，図形の数，図形を囲む枠の数がそれぞれ3種類あり，図10-3には，これらのすべての組み合わせが配置されている．概念学習課題では，たとえば，「レケ」という概念について，図10-4のようなことが伝えられたとする．

　「＋」は「レケ」に該当する正事例，「－」は「レケ」に該当しない負事例

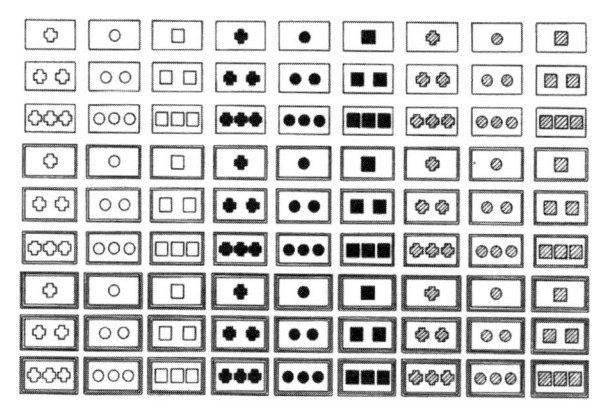

図10-3　概念学習課題の刺激.

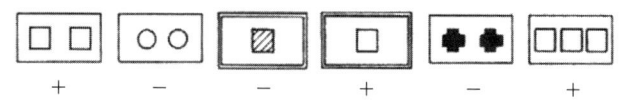

図10-4　概念学習課題の例.

を表す．ここから，たとえば，「レケ」は「白い四角形」であることが推論される．ブルーナーらは，このような概念学習課題における，正解についての仮説の立て方とその検証方法を明らかにしている．

○ベイズ的推論

　私たちが推論を行う場合，「外は曇っているが，これから雨が降るだろうか」など，前提や事例から，常に確実に結論が導き出せるとは限らない．このような不確実な事象に関する推論問題として，カーネマンとトヴァスキーが考案した「タクシー問題」がある．

　「あるタクシーが夜にひき逃げ事故に関わった．その町では，緑と青の2つのタクシー会社が営業している．あなたには以下のデータが与えられている．(a) その町にあるタクシーのうちの85％は緑で15％は青である．(b) 目撃者は事故に関わったタクシーを青と判断した．裁判所が，事故が起こった夜と同様の状況で目撃者の証言の信頼性を検査したところ，その目撃者が2つの色を正しく判断できるのは80％，誤って判断するのは20％であることが

わかった.事故に関わったタクシーが青である確率はどのくらいであろうか.」

この問題に対して,多くの人は「80%」と回答するが,以下に示す**ベイズの定理**(Bayes' theorem)を用いて計算すると,正解は約41%となる.

$$P(B \mid \text{``}B\text{''}) = \frac{P(B) \cdot P(\text{``}B\text{''} \mid B)}{P(B) \cdot P(\text{``}B\text{''} \mid B) + P(G) \cdot P(\text{``}B\text{''} \mid G)} = \frac{0.15 \times 0.8}{0.15 \times 0.8 + 0.85 \times 0.2} = 0.41$$

ただし,$P(B)$は青タクシーの存在する確率,$P(G)$は緑タクシーの存在する確率,$P(B \mid \text{``}B\text{''})$は,目撃者が「青」と証言した状況において事故に関わったタクシーが青である条件付き確率,$P(\text{``}B\text{''} \mid B)$は,事故に関わったタクシーが青である場合に目撃者が正しく「青」と証言する条件付き確率,$P(\text{``}B\text{''} \mid G)$は,事故に関わったタクシーが緑である場合に目撃者が誤って「青」と証言する条件付き確率である.

「80%」という回答は,目撃者の証言の信頼度を採用し,タクシーが存在する確率(基礎生起率)を無視することから生じると考えられるため,この現象を**基礎生起率判断の誤り**(base-rate error)という.基礎生起率判断の誤りは,問題に含まれる確率を,「%」から,「X件中Y件」といった頻度に変換して示したり,確率を学習した場合には,生じにくくなることから,ヒトは「%」の形式で示された抽象的な確率情報を用いて推論を行うことが苦手であると考えられる(Gigerenzer & Hoffrage, 1995; 佐伯・伊藤, 1997).

コラム

創造的思考と行動変動性

創造的思考(creative thinking)とは,これまでにないものを新たに生み出す思考のことである.芸術における創作活動,科学における現象や原理の発見は,創造的思考の所産である.創造性検査では,既存の物について,通常の用途以外の用途を答えるように求められるのであるが,思いつく用途の数,非凡さ,有意義さなどが評価される.

一方，私達の行動の多くがオペラント条件づけの経験によって獲得されていると考えるならば，様々な行動が起こる原因として，それらの行動が過去に強化されためと考えることができる．それでは，「創造的行動」を，オペラント条件づけによって強化することは可能なのであろうか．

　オペラント条件づけ研究では，これまでとは異なる反応，すなわち**行動変動性**（behavioral variability）を強化できるかどうかが検討されている．山岸（2000）は，大学生を対象に，コンピュータのマウスをクリックすることにより生成される反応系列を用いてこの問題を検討している．

　実験参加者は，各試行において，マウスの右または左クリックを4回行うことを求められた．それによって実現する反応系列は，右右右右，右右右左，…，左左左左の16種類ある．実験群には，生成した反応系列が直前のN試行で生成された反応系列と異なる場合に得点が与えられた．Nの値は1〜15の範囲で，条件間で変化した．一方，統制群の実験参加者は，生成した反応系列に関係なく，ペアとなった実験群の参加者が強化された試行において強化された．その結果，実験群の方が統制群よりも，生成された反応系列は等確率に近かった．また，実験群においてNの値が大きい条件では，反応系列の周期性が低くなった．これらの結果は，行動変動性がオペラント条件づけにより強化・維持可能であることを示している．

　行動変動性は，創造的思考の要素のうち，「通常の用途以外の用途をたくさん思いつく」ことの基礎となっているように思われる．今後は，創造的思考の他の特徴である「非凡さ」や「有意義さ」が強化・維持される要因を見出すことが期待される．

◎言語とは

　私達は毎日，家族や友人と会話をしたり，読書をしたり，日記をつけたりと，言葉を使った活動を行っている．これらの**言語行動**（verbal behavior）

で用いられる**言語**(language)とはどういうものであろうか.

言語は,「体系化された記号」と定義されている.**記号**(sign)とは,表すもの(**能記**)と表されるもの(**所記**)の関係が恣意的である場合の能記を指す.たとえば,「イヌ」という単語を見聞きすると,犬のイメージが思い浮かぶが,このことは,日本語を知っている人に限られる.「イヌ」という単語(能記)と実物の犬(所記)の関係は,日本人が恣意的に定めたのである.また,「体系化された」というのは,言語が単に能記と所記の組み合わせの集合ではなく,**文法**(grammar)によって**文**(sentence)を組み立てるときの規則が定められていることを意味する.この他,特にヒトが用いる言語には以下の特徴があるとされている.(1)言語の単位として「単語」があり,単語はそれぞれ意味を持っている.(2)表された内容を,時間・空間を越えて他者に伝えることができる.(3)決まった数の文字や音素(音声の単位)を用いて,無限の数の文を生成することができる.(4)言語を習得したり使用したりするには,他者の存在が不可欠である.特に,言語習得は,生後の一定期間(**鋭敏期**または**敏感期**とよばれる)内になされるとスムーズに進む.

次に,言語行動に関する2つの理論,すなわち,言語学から提案された言語の「構造」に焦点を当てた理論と,オペラント条件づけ研究から提案された言語の「機能」に焦点を当てた理論を紹介する.

○**言語構造論**

言語を扱うには,文法の知識,単語や文の意味の理解,正確な発音,実際の運用方法についての知識が必要になる.言語学では,こういった言語の異なる側面について,それぞれ,**統語論**(syntactics),**意味論**(semantics),**音韻論**(phonology),**語用論**(pragmatics)という分野で研究がなされている.

米国の言語学者チョムスキー(Chomsky, N.)は,ヒトが文を生成できることを説明するために,統語論の観点から,**変形生成文法**(transformational generative grammar)理論を提案した.チョムスキーの理論では,私たちが見聞きする文は**表層構造**を成しており,これは,**深層構造**から変形された結果として現れる.文の深層構造は,図10-5のように,1つの文を名詞句と動

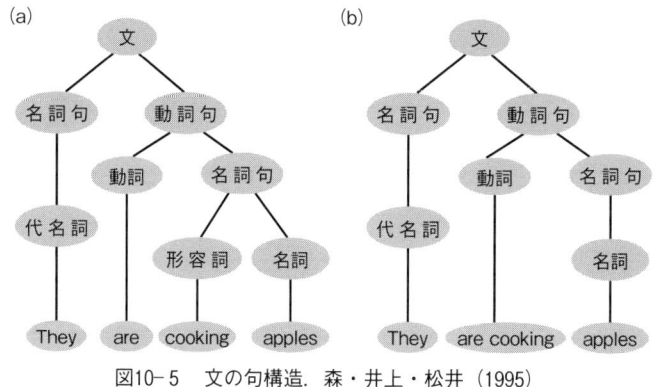

図10-5 文の句構造. 森・井上・松井(1995)

詞句，さらに名詞，形容詞，代名詞などに分析され，**句構造**として表すことで明らかになる．図10-5に示した文章，"They are cooking apples"は，表層構造はどちらも同じであるが，深層構造は異なる．(a)の文は，「それらは料理用のリンゴである」，(b)の文は，「彼らはリンゴを料理している」となる．深層構造から表層構造に移行する時に，**変形規則**に従って，受動文，命令文，疑問文などに変形される．チョムスキーの理論は，このような深層構造から表層構造への「変形」によって，文法的に正しい無限の数の文を「生成」する能力（**普遍文法**）をヒトは生まれながらに持つとしている．

○言語機能論

　言語構造論に対し，学習心理学では，言語を「機能」という側面から把握しようとしている．すなわち，個々の発話がどのような文法構造をしているのかではなく，どのような機能を果たしているのかという観点から分析を行うのである．

　スキナーは，言語行動をオペラント行動として捉え，以下のように定義した．言語行動は，他者（ただし自分も含む）に対して自発される行動であり，その結果として生じる環境変化（他者の行動も含む）によって強化されるオペラント行動である．すなわち，言語行動とそれ以外のオペラント行動との違いは，言語行動を自発するときには，聞き手となる他者が存在しており，

言語行動が聞き手の反応によって強化・維持されている点である．聞き手の行動もまたオペラント行動である．さらに，言語行動は，同じ言語共同体に属する人々の間で成立することが必要となる．このように考えると，言語行動には，発話や書き言葉だけではなく，表情やジェスチャーも含まれることになる．

スキナーは，言語行動をいくつかに分類している．その代表的なものが**マンド**（mand）と**タクト**（tact）である．たとえば，水を飲みたいときの「水」という発話と，浴槽から水があふれているのを見たときの「水」という発話は，見た目の違いはないが，前者は，「水が欲しい」という要求を表しており，後者は，「水があふれている」という経験した内容を表している．このように，要求や命令として機能する言語行動をマンド，経験内容の報告として機能する言語行動をタクトという．同じ「水」という発話であっても，マンドの場合には，聞き手が水を持ってくることで強化され，タクトの場合には，聞き手がその発話に注意を向け，その報告に感謝することによって強化される．このように，スキナーの言語行動理論では，見た目は同じであっても，環境に対する機能が異なれば，異なる言語行動に分類されるのである．

図10-6は，話し手であるA氏が聞き手であるB氏に電話がかかってきたことを伝える様子が示されている．A氏は，B氏に電話がかかってきたことを告げる．これは言語的オペラント反応（R^V）である．B氏にとって，この連絡は弁別刺激（S^{DV}）となり，電話の所へ行く（R）．最後に，B氏がA氏に「ありがとう」といっているが，これはB

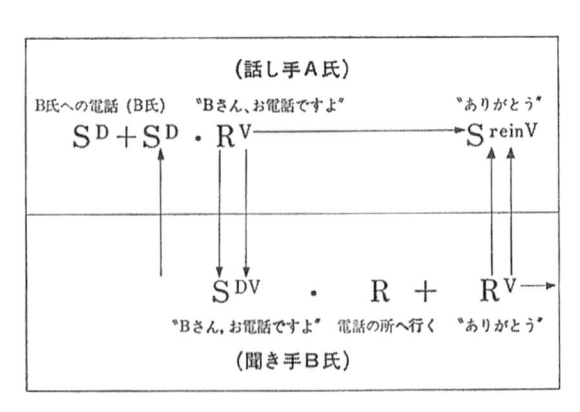

図10-6　二者間の言語行動の分析．佐藤（1976）

氏にとっては言語的オペラント反応（R^V）であり，A氏にとっては言語的強化子（S^{reinV}）である．このように，言語行動は，**社会的行動連鎖**である（第5章「経験から学ぶ」参照）．

○ルール支配行動

「横断歩道は，信号が青のときには渡るが，赤のときには渡らない」という行動は，弁別の例としてよく挙げられる（第5章「経験から学ぶ」）が，ハトが緑色と赤色のキーの間の弁別を学習するのと同じように，すなわち，行動随伴性に直接さらされることを通して，信号の色の弁別を学習した人は多くはないだろう．多くの人は，幼少期に大人から「赤信号では横断歩道を渡ってはいけない」と教わったからそのように行動しているのではないだろうか．オペラント条件づけでは，行動随伴性を言語で記述したものをルールといい，ルールを弁別刺激としてこれに従う行動を，**ルール支配行動**（rule-governed behavior）という．一方，ハトの弁別行動のように，行動随伴性を経験することによって形成される行動を，**随伴性形成行動**（contingency-shaped behavior）という．ヒトは言語を扱うことができるので，ルール支配行動を学習できる．このことは，ルールに従うことにより，直接経験していないことを学習できることを示している．しかし，ルールで示された内容が実際の行動随伴性と一致しない場合には，ルール支配行動の学習が不十分になることがある．このことは，信号が必ずしも守られない理由を考えれば，明らかであろう．

○思考と言語の関係

私たちは，ものを考えるときに言葉を使う．このことは，思考には言語の使用が重要な役割を果たしていることを示している．発達心理学者のヴィゴツキー（Vygotsky, L. S.）は，言語を**内言**（inner speech）（思考のための言語）と**外言**（outer speech）（コミュニケーションのための言語）とに分類した（Vygotsky, 1934）．思考している時に，口には出さないが言葉を使っている場合，それは内言を用いていることになる．ヴィゴツキーの考え方によれば，思考は内面化された言語行動ということになる．スキナーも思考を言語行動

(タクト)としてとらえている.

　第6章「複雑な学習」では,言語習得の必要条件と考えられる刺激等価性が,ヒト以外の動物ではなかなか成立しないことが示された.もし,言語習得が思考の前提条件なのであれば,ヒトと同様の言語行動を学習できない動物は,思考しないことになるがそうだろうか.本章や第6章で述べた動物の問題解決の事例は,動物が思考することを示している.ただし,ヒトのように高度な思考を行うには,言語の習得が必要なのかもしれない.

読書ガイド

- Köhler, W. *The mentality of apes.* London: Kegan Paul. 1925 (宮 孝一(訳)『類人猿の知恵試験』岩波書店,1962)
  *ケーラーが行ったチンパンジーの問題解決に関する研究が詳述されている.

- Mayer, R. E. *Thinking and problem solving: An introduction to human cognition and learning.* IL: Scott, Foresman and Company. 1977 (佐古順彦(訳)『新思考心理学入門―人間の認知と学習へのてびき―』サイエンス社,1979)
  *ヒトの思考や問題解決に関してわかりやすく書かれた概説書.

- Winokur, S. *A primer of verbal behavior: an operant view.* NJ: Prentice-Hall. 1976 (佐久間 徹・久野能弘(監訳)『スキナーの言語行動理論入門』ナカニシヤ出版,1984)
  *スキナーの言語行動理論の解説書であるが,内容的には上級者向けである.

課題10-1:ウェイソンの4枚カード問題について,正解が「Eと7」になる理由を述べなさい.

課題10-2:動物は思考するかどうかについて,思考と言語の関係にもとづいて論じなさい.

第11章 生きる：発達

「子どもは自分の行動を制御するが，その鍵は刺激体系の習得にある．（中略）この刺激体系というのは，子どもに外からあたえられる社会的力である」

―――――ヴィゴツキー『文化的―歴史的精神発達の理論』より

幼い頃に訪れたことのある場所を久しぶりに訪ねると，同じ景色が違って見えたという経験はないだろうか．もちろん身体的成長により視線が高くなったこともあるだろうし，同じ景色と思っていても，実際には多少の変化もあるだろう．しかし，子どもが大人とは異なる枠組みで物事を見て，考え，判断するということは，これまでの様々な研究によって明らかにされている．子どもから大人へと成長する過程で，物理的な環境に対処するために，物事のとらえ方が変化することは，**認知の発達**とよばれる．また，対人的な環境に対処するために，コミュニケーションに必要な刺激を受け取り，様々な社会的行動を獲得することは，**社会性の発達**とよばれる．このような2つの側面の発達を通して，個としての存在から社会の一員としての存在へと変化する過程は，**社会化**（socialization）とよばれる．

　心理学における発達の研究は，ヒトが生まれ，時間の経過につれて変化する過程を記述し，このような変化が起こる仕組みについて明らかにすることを目的とする．発達の各時期に共通した特徴はどのようなものであるか，また，このような発達的変化には，どのような要因が関連しているのかという問題を扱っている．

◎発達の理論

　ヒトの発達についての理論は，ヒトの存在についての理論を背景として分類することができる．オールポート（Allport, G. W.）は，基本的人間観として，ヒトの存在を(1)反応的存在，(2)潜在的反応の存在，(3)生成過程にある（becoming）存在とする3つの立場を挙げた（Allport, 1962）．第1の立場は，ヒトは外界からの影響を受けて反応する存在であるとし，環境を重視する立場である．ワトソンやスキナーの行動主義の立場（第1章「心理学を学ぶ」参照）や，子どもの発達において社会や教育の役割を重視したヴィゴツキーの立場はこれにあたる．第2の立場は，第1の立場のように外界からの影響力を重視しないが，ヒトは潜在的には反応的な存在であるとする立場である．

フロイトの精神分析理論や，フロイトの考え方を受け継ぎつつ，青年期以降，成人期や老年期を含めて発達をとらえたエリクソン（Erikson, E. H.）の立場はこれにあたる．第3の立場は，ヒトは主体的に自らの経験や知識を生成する存在であるとする立場である．ピアジェ（Piaget, J.）に代表される有機体的発達理論や，臨床心理学の分野におけるロジャーズ（Rogers, C. R.）のアプローチもこの立場と考えられる（第14章「治す」参照）．ここでは，それぞれの立場を代表する発達理論として，ヴィゴツキー，エリクソン，ピアジェを取り上げる．

○ヴィゴツキーの発達理論

ヴィゴツキーは，ヒトの発達の問題を社会や歴史的視点から捉え，個体の発達と社会的な要因との関係を積極的に取り上げた．ヒトの発達（個体発生）と進化（系統発生）とを対応させた上で，ヒトの発達は，生物学的発達と文化的発達とが同時に絡み合って進行すると考えた（図11-1）．また，彼は，「個体の内的な精神過程は，個体間の外的な精神間的過程から発生する」との立場から，**発達の最近接領域**（zone of proximal development）という概念を提唱した（Vygotsky, 1934）．この概念は，子どもの発達と教育の可能性との関係を明らかにするためには，2つの発達水準（現在の発達水準，可能性の発達水準）を明らかにする必要があるという仮説にもとづく．現在の発達水準

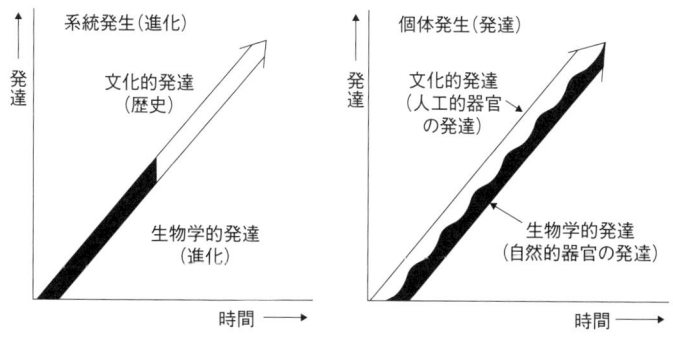

図11-1 人間の系統発生（進化）と個体発生（発達）における生物学的発達と文化的発達の関係．矢野（1979）

とは，子どもが現時点で，親や教師の援助なく自力でやり遂げることができる水準である．可能性の発達水準とは，現時点では親や教師の援助を要するものの，自力でやり遂げることができる一歩手前の水準である．ヴィゴツキーは，子どもの発達状態を知るためには，これら2つの水準間の領域（発達の最近接領域）を見極めることが重要であると主張した．

　発達の最近接領域の概念については，反応形成の手続き（第5章「経験から学ぶ」参照）との類似性が指摘されている（若井，2006）．ヴィゴツキーは，具体的な教育の方法にまで言及しなかったが，現在，反応形成をはじめとするスキナーの**行動分析学**にもとづく手続きは，教育や臨床場面で広く活用されている（第14章「治す」参照）．

○エリクソンの発達理論

　新フロイト派の一人とされるエリクソンは，フロイトの考え方を受け継ぎつつ，個体の発達における社会的要因を重視した発達理論を提唱した．彼は，個体の内面の葛藤は，発達の各時期における社会的要請に対応すると考えた．そして，このような葛藤は青年期以降も続くことから，成人期および老年期も発達の一部としてとらえた．個体の生涯を通じて発達の問題をとらえることは，**生涯発達心理学**（life-span developmental psychology）として，近年では一般的なものになっている．

　エリクソンは，個体の発達における最重要課題は，**自我同一性**（ego identity）の確立であるとした．自我とは，他者や社会との関係において形成され，機能するものである．そこで，彼は，発達の各時期に共通した心理的特徴を，その時期に社会的に直面する**危機**（crisis）として記述した（表11-1）．その危機を解決する過程は，その時期の**課題**（task）として位置づけられる．たとえば，乳児期（誕生～1歳半頃まで）の課題は，主たる養育者との関わりを通じて「自分は自分自身を信頼することができ，他者を信頼しても良い」という基本的信頼感を獲得することである．乳児が養育者の態度に一貫性，予測性を見いだすことができれば，これを獲得できたと考えられる．しかし，実際には，養育者が乳児の要求に対し，常に即座に対応することは困難であ

表11-1 エリクソンの発達段階. Erikson (1963) を改変.

	発達段階	心理社会的危機	基本的徳目
1	乳児期	基本的信頼　対　基本的不信	希望
2	幼児期初期	自律性　対　恥と疑惑	意志力
3	幼児期	主導性　対　罪悪感	目的
4	児童期	勤勉性　対　劣等感	適格
5	青年期	自我同一性の確立　対　役割の拡散	忠誠
6	成人期初期	親密性　対　孤独	愛
7	成人期	生産性　対　停滞	世話
8	老年期	統合　対　絶望	英知

る．乳児は基本的信頼感を獲得する過程で，基本的不信を体験するという危機に直面する．

　表11-1のように，各時期における心理社会的危機は，課題の獲得に成功した状態と失敗した状態とが対となって示されている．しかし，発達の過程で，これらのうちいずれかが残るというものではない．エリクソンは，個体がこれらの対立関係にある両面を有しながら，これによって生じる内面の葛藤をどのように解決するかという点を重視した．そのため，各段階における危機は，課題を達成するために必要な経験であると考えられる．また，各時期における葛藤の経験は，次の時期の課題を達成するための基礎となるのである．

○ピアジェの発達理論

　ピアジェは，ヒトの適応の過程を，**同化**（assimilation）と**調節**（accomodation）という2つの側面からとらえた．同化とは，個体が，認識の枠組みを意味する**シェマ**（schema）によって環境や対象に働きかけ，それらを既有のシェマ

に取り込む機能である．一方，調節とは，個体が環境や対象からの働きかけを受けて，既有のシェマを変容させ，環境や対象に合わせる機能である．同化と調節のバランスを保つことは**均衡化**（equilibration）と呼ばれ，ピアジェはこの均衡化の過程こそ個体の適応行動であるとした．このような考え方にもとづき，子どもの認知は均衡化の繰り返しを経ることで，段階的に変遷すると考えた．認知の発達については，次節で取り上げる．

　ピアジェは，個体の発達の要因として，成熟，経験，社会的伝達，および均衡化の4つを挙げているものの，これらの要因が個体の発達にどのように影響を及ぼすのかという点については積極的に取り上げていない．このことから，ピアジェの発達理論は，社会的要因や個体差を軽視した点で批判されることもある．しかし，子どもが成人とは異なる枠組みで外界の情報を受け取ることと，その変化の過程を実証的に示した彼の功績は，子どもの発達における様々な側面を明らかにする上で多くの示唆を与えている．

◎認知の発達

　ピアジェは，子どもの認知の発達を，(1)**感覚運動期**，(2)**前操作期**，(3)**具体的操作期**，(4)**形式的操作期**の一定の順序で現れる4つの段階の変遷としてとらえた（Piaget, 1964）．第1段階の感覚運動期は，誕生から2歳頃までの時期とされる．感覚器官に入力された刺激に対して運動で反応する時期であり，協応動作が発達する．第2段階の前操作的段階は，2歳頃から6歳頃までの時期とされ，外的な対象を内的に処理することができるようになる．イメージや言語を用いて外的世界と関わるようになるが，外的世界の捉え方には不十分な面も多く，知覚的特徴や主観的視点を重視する傾向が見られる．第3段階の具体的操作段階は，7歳頃から10歳頃までの時期とされる．この段階では，客観的視点を取得し，保存性を獲得する．また，具体的な事象については，可逆的，論理的思考が可能になる．11歳頃になると，第4段階の形式的操作段階に移行するとされ，仮説や命題にもとづいて推論することができる．また，抽象的な思考ができることで，可能性を考慮することができるよ

うになる．これらのことから，時間的な展望をもつことができるのは，この段階と見られている．

○知能の発達

ピアジェの発達段階説は，知能の発達段階説ともよばれるが，ウェクスラー（Wechsler, D.）は，知能を「目的的に行動し，合理的に思考し，環境を効果的に処理する総合的，あるいは全体的能力」と定義している．かつて，知能は，生得的な能力で変動しないものと仮定されていたが，これまでの実証的な研究により，今日では，知能は様々な要因によって変動しうるものと考えられている．たとえば，乳幼児期の極端な刺激剥奪や虐待体験などは，知能の発達を阻害する可能性がある．一方で，発達障害児に対する早期の療育（第14章「治す」参照）によって，知能指数が上昇する事例も多く報告されている．知能の発達においては，遺伝的要因と環境的要因が相互に作用するというのが，現在の一般的な見方である．

知能は**「知能検査によって測定される能力」**と操作的に定義されることもあるが，知能を検査によって測定した際に，知的水準を表す指標となるのは知能指数（IQ）である．ウェクスラーによって開発されたウェクスラー検査では，言語性知能，動作性知能，全体的知能の3種類の知能指数が算出される．これらの指数は，知能検査で測定される得点は各年齢で正規分布するという仮説のもとに，被検査者と同一の年齢群の平均値を100，標準偏差を15とした尺度値で示される．一般に精神遅滞（知的障害）の診断の目安となる基準は，全体的知能が平均値の2標準偏差下回る（IQ70未満）事例であり，全体の約2.5%にあたる．また，言語性知能と動作性知能との間で大きな差が認められた事例は，発達障害の診断にあたって重要な情報となる．ただし，これらの診断は，知能検査の結果のみによって行われるものではない．知能の発達には環境的要因も関連することから，診断にあたっては，医学的所見に加え，生育歴，現在の環境，および，現在の環境への適応状態などの情報を考慮する．

また，知能検査によって得られた情報のうち，教育や臨床場面で具体的な

支援方法を決定するために重要な情報となるのは，下位検査ごとの得点とそれらのバランスである．たとえば，言語性知能と動作性知能との間で大きな差が認められない場合でも，下位検査の得点間で大きな差が認められる事例は少なくない．検査で測定される個人内差を詳細に分析することは，個別の発達特性を知る手がかりとなり，このような発達特性と日常場面における問題との関連を検討することで，有効な支援につなげることができるのである．

◎**自己制御の発達**

　認知の発達に関する研究は，環境から受け取る刺激のとらえ方が，年齢によって変化することに焦点が向けられている．様々な物理的刺激や概念に対する子どもの認知的な処理過程を記述し，年齢による質的な変化を明らかにしようとするのである．

　それでは，子どもは環境から受け取った刺激をもとに，どのような行動を示すのであろうか．たとえば，同年齢の子どもが物理的に同じ刺激を受け取っても，そこで示される行動は子どもによって異なる．これは，認知の発達の個体差だけで説明されるものであろうか．この問いについて考えるための重要な研究テーマの一つは，**自己制御**（第9章「選ぶ・決める」参照）の発達である．自己制御の発達は，認知の発達に深く関連すると同時に，社会性の発達において重要な側面であるとされている．

○満足の遅延

　パーソナリティの研究者として知られるミッシェル（Mischel, W.）は，**満足の遅延**（delay of gratification）パラダイムを用い，幼児の自己制御に関する数多くの実験を行った（Mischel, Shoda, & Rodriguez, 1989）．マシュマロ検査（marshmallow test）ともよばれるこの実験では，実験者は子どもにまず，マシュマロとプレッツェルのお菓子のうち，どちらがより好ましいかを尋ねる．次に実験者は退室するが，その際に，「実験者が帰ってくるまで待つことができれば，より好ましいお菓子が得られること，途中で呼び鈴を鳴らして実験者を呼び戻せば，より好ましくないお菓子が得られること」を子ども

に伝える．このようにして，実験者の退室後から呼び鈴が鳴らされるまでの時間（満足の遅延時間）を測定する．追跡研究の結果，幼児期において満足の遅延時間が長かった子どもは，青年期になると，より社会的で認知的能力が高いと評価され，実際に，満足の遅延時間が短かった子どもに比べて学力も高かった．このような傾向は，子ども達が30代になった時に行われた追跡調査でも確認されている．

○自己制御の発達の2段階説

ソヌガ・バルケ（Sonuga-Barke, E. J. S.）は，選択行動研究パラダイム（第6章「複雑な学習」参照）を用いて，幼児から児童を対象とした実験結果をもとに，自己制御の発達の2段階説を提唱した（Sonuga-Barke, Lea, & Webley, 1989）．第1段階（4歳から9歳の範囲）は，遅延時間の長さに関わらず，年齢が上がるにつれて大報酬への選好が増加する時期である．第2段階（9歳から12歳の範囲）は，特に遅延時間が長い場合には，年齢が上がるにつれて大報酬への選好が低下する時期である．子どもは，まず第1段階において，遅延大報酬を待つことを学習し，次に第2段階において，どんな場合において待つことが有利となるかを学習する．つまり，自己制御の発達には，単に報酬量を考慮して大報酬を待つことができるようになる時期と，報酬量と遅延時間の両方，つまり単位時間あたりの報酬量（報酬密度）を考慮できるようになる時期があると考えられている．

○自己制御の発達研究の展開

満足の遅延パラダイムと選択行動研究パラダイムとでは，実験手続き上いくつかの相違点があるものの，近年，これらの2つの方法で測定された結果の間に相関が確認された（Forzano, Michels, Carapella, Conway, & Chelonis, 2011）．さらに，**価値割引**パラダイム（第9章「選ぶ・決める」参照）を用いた自己制御の発達的研究も行われるようになり，質問紙法を用いることで多数の就学児を対象とした研究も可能になった（空間, 2011）．たとえば，図11-2は，質問紙で測定された6歳児から12歳児の遅延割引率が，年齢が上がるにつれて低下すること，すなわち，年齢が上がるにつれ衝動性は低下する（自己制

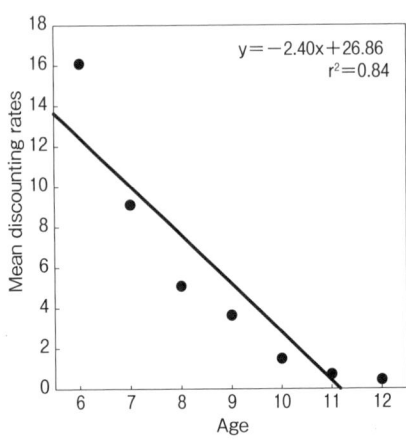

図11-2 各年齢群の遅延割引率の平均値. 空間・伊藤・佐伯 (2010)

御は高まる)ことを表している．衝動的な子どもに対する自己制御訓練（空間・伊藤・佐伯・嶋崎，2010）や，予防的な取り組みとしての心理教育授業など，応用研究もすでに始まっており，今後のさらなる展開が期待される（第14章「治す」参照）．

◎社会性の発達

認知の発達は，物理的な環境における刺激のとらえ方の変化を問題とするのに対し，社会性の発達は，対人的な環境における刺激のとらえ方の変化と，これに基づく社会的行動の獲得過程を問題とする．

社会性とは「**人間関係を形成し，円滑に維持するための能力**」として考えられているが，パーソナリティ特性（第12章「人となり」参照）の遺伝的要因を検討した研究では，「一人でいるより，他者の存在を好む傾向」と定義され（Buss & Plomin, 1984），遺伝的要因の強い特性であることが指摘されている（Goldsmith, 1983）．就学前児を対象とした研究では，観察によって社会性の個体差が明らかにされている．たとえば，図11-3に示されたような砂場は，他児と

図11-3 砂場で遊ぶ子どもたち．Clarke-Stewart, Friedman, & Koch (1985)

の様々な相互交渉を経験する遊び場のひとつであるが，社会性の高い子どもは，初対面の他児ともすぐに遊ぶことができるのに対し，左上の女児のように社会性の低い子どもは，集団から少し離れて一人で遊ぶことが観察される．

○社会性の芽生え

生後間もない新生児は，眠ったりまどろんだりしたときに，微笑むような表情をすることがある．これは**内発的微笑**（endogenous smile）あるいは**自発的微笑**（spontaneous smile）とよばれ，外的な刺激がない状態で，何らかの内的な刺激によって生じるものである．このような微笑は，早産で生まれた未熟児でも出現し，在胎週齢が短いほど出現しやすい．微笑の準備は，胎児期の段階ですでに始まっているのである．

生後数ヶ月間で，徐々に内発的微笑は減衰していくと同時に，外的な刺激に誘発される微笑が見られるようになる．初めは，声など聴覚刺激によって誘発されやすいが，そのうち視覚刺激によって誘発されるようになる（表11-2）．また，口を少し曲げるだけであった微笑反応は，週齢が上がるにつれて活発化する（図11-4）．

生後2〜3ヶ月児の微笑は，視覚刺激の中でも特に，人間の顔によって誘発されやすい．次第に，養育者の顔に選択的に微笑するようになると，社会的相互交渉において重要な役割を果たすようになる．乳児の微笑は，養育者の微笑と**同期性**（interactional synchrony）をもつようになり，相補的なやりとりを通じて，養育者の**養護性**（nurturance）をさらに引き出すこととなる．養育者側も，乳児が自分に対して微笑してくれたと感じることで，微笑を共有しながら，乳児との関係をより深めていくのである．以上のようなことから，この時期の微笑は，**社会的微笑**（social smile）とよばれる．口元のわずかな動きとしての生得的に備わった反応は，感覚器官の発達に伴って，外界の刺激と結びつくようになり，やがて情緒やコミュニケーションの発達における重要な一側面となるのである．

○愛着の発達

乳児が微笑や泣きを介して養育者とのつながりを維持しようとする状態は，

表11-2 微笑の発達. Sroufe & Waters (1976)

年齢	反応	刺激	潜時	注
新生児	口を曲げる	外部刺激なし		中枢神経系の変動による
1週	口を曲げる	低レベル，調整されている声	6〜8秒	睡眠時の緊張増加
2週	口をすぼめる	低レベル，調整されている声		まどろんでいる状態で充足している
3週	にっと笑う	中レベル，調整されている声	4〜5秒	覚醒時の注意深い状態（声をだしてうなずく）
4週	にっと笑う，活発な微笑	中，あるいは適度な強さ	減じる	活発で効果的な触刺激
5〜8週	にっと笑う，活発な微笑，くっと言って喜ぶ	動的刺激，最初の視覚刺激	3秒以下	うなずく，明滅する光，目で追跡される刺激
8〜12週	にっと笑う，活発な微笑，くっと言って喜ぶ	静的，視覚刺激，適度な強さ	短時間	試行効果，努力による同化，認知，しばしば動的より効果のある静的状態

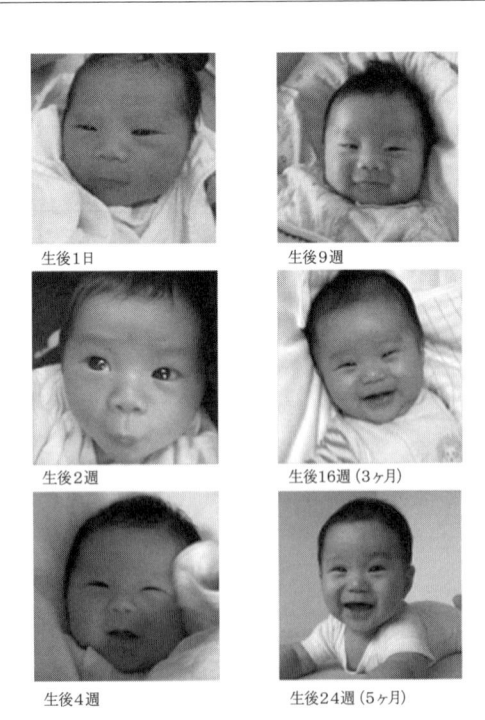

生後1日

生後9週

生後2週

生後16週（3ヶ月）

生後4週

生後24週（5ヶ月）

図11-4 微笑反応の変化.

愛着（attachment）とよばれる．ボウルビィ（Bowlby, J.）は，精神分析学の立場から，特定の対象に対する情緒的結びつきを説明する概念として愛着を定義し，愛着を表す具体的な行動を愛着行動とよんだ．

愛着の質を実験的手続きにより測定する方法として，エインズワース（Ainsworth, M. D. S.）は，**ストレンジ・シチュエーション法**（strange situation procedure）を開発した．これは実験室という新奇な場所，主たる養育者との一時的な分離および再会という状況を操作的に与えることで，1歳前後の子どもの愛着行動を引き出す手続きである．この手続きによるエピソードから，愛着の質は，(1)安定型，(2)抵抗型，(3)回避型の3つのタイプに分類される．安定型の子どもは，分離場面で苦痛を示すものの，再会場面では嬉しそうに養育者を迎える．抵抗型の子どもは，分離場面で苦痛を示し，再会場面では養育者への接触を求めながら，怒りを伴った抵抗を示す．回避型の子どもは，分離場面で苦痛を示さず，再会場面でも養育者の存在に関心を示さない．

このような愛着の質の違いは，それまでの子どもと養育者間の相互交渉を反映したものと考えられる．安定型は，それまで養育者との間で適切な相互交渉が行われた結果，養育者に対する信頼感を獲得していると考えられる．養育者は子どもの**安全基地**（secure base）として機能し，新たな探索活動を広げるための支えとなる．抵抗型は，それまで養育者から不安定な応答を受けた結果，養育者に対して不信感を抱いていると考えられる．養育者と接触していないと不安であるため，接触を強く求める一方で，一度分離するとその不安は再会時の反抗的な態度として表れる．回避型は，それまで養育者に拒否されたり，逆に，一方的に働きかけられた結果，養育者に働きかけること自体を回避していると解釈される．

愛着のタイプと子ども・養育者間の相互交渉との関係は，子どもの働きかけ（行動）と養育者の応答（強化）というオペラント条件づけの枠組みでとらえると，より理解しやすいであろう（第5章「経験から学ぶ」参照）．ストレンジ・シチュエーション法で測定された愛着タイプの違いは，子どもがそれまでに経験した養育者からの応答の違いに対応していることが分かる．

コラム

江戸時代の子育て

映画「羅生門」（黒沢明監督）のラストシーンでは，羅生門に捨てられた赤ん坊を，貧しい「杣（そま）売り」（杣とは薪のこと）が育てると告げる．舞台は平安時代とされるが，男性による子育てや，血縁者でない者による子育ては，当時は珍しいことではなかったのかもしれない．

近年，イクメン（育児をする男性）とよばれる子育てに協力的な父親が注目されている．しかし，一般には，現代における子育ての中心的役割は，母親が担っている．このような現代の子育て事情は，いつ頃始まったのであろうか．

江戸時代の子育て事情は，現代とは大きく異なっていた（香山，2009）．まず，家庭における子育ての主導権は父親にあり，「理想の父親道」を説く父親向けの育児書もあった．ここには，子育ての最終責任者は父親であることや，子育ての具体的な手順などが記されている．また，子どもは「家の跡継ぎ」であると同時に「共同体の子ども」であり，もちろん，母親も母親としての役割を担い，子育てにたずさわっていたが，子育てに地域の多くの大人が関わっていた．たとえば，乳親（生後数日間，乳を与えた女性），名付け親（名前を付けた人），守親（幼児になるまで子守りをした人）など，血縁者でない大人が「仮親」とし

図11-5　子どもを寝かしつける江戸時代の父親．「やしなひ草」下河辺拾水（1784）

て，子育ての様々な役割を担っていた．

　明治時代になり近代化が進むにつれ，子育てにおける母親の負担は一気に増えていった．「良妻賢母」の理想像が掲げられ，いつの間にか，子育ては母親の責任とされるようになった．母子関係重視の思想は，大正，昭和と時代が移っても高まっていく．特に，1960年代に紹介されたボウルビィの愛着理論は，「3歳までは母親が近くにいなければならない」という「3歳児神話」として広まり，現代でも根強く残っている．

　核家族化が進み，共働きの家庭も増える現代では，子育てにおける母親への過重負担は，深刻な事態となり，産後うつ，虐待，育児放棄など様々な問題が浮き彫りとなっている．その一方で近年，地域社会による子育てを促進する動きも見られる．たとえば，ファミリーサポートセンター事業（各市町村設置）は，子育て中の親が，地域の住民に託児や食事の提供などを依頼できる制度である．地域社会および父親の積極的な子育て参加という江戸時代の子育てにも重なるような流れが，現代の子どもと親を取り巻く様々な問題の解決へとつながっていくことが期待される．

○心の理論

　社会性の研究の中でも，特に，他者とのコミュニケーションにおいて重要な役割を果たす能力として，**心の理論**（theory of mind）が挙げられる．心の理論とは，自分や他者の心の働きに関する知識のことであり，「ある個体が自己および他者の目的・意図・知識・信念・思考・疑念・推測・ふり・好みなどの直接観察できない心的状態を理解すること」と定義されている（Premack & Woodruff, 1978）．

　心の理論の発達を検討する標準的方法は，**誤信念課題**を用いた個別の実験場面である．たとえば，サリー・アン課題と呼ばれる課題では，子どもに，他者の誤った信念（誤信念）にもとづく行動を予測させる．通常，実験者は，

まず人形劇を使って以下のような内容を教示する．「サリーは，ビー玉を自分のかごに入れて外に出かけた．アンはサリーのいない間に，ビー玉をサリーのかごから自分の箱へ移し，外に出かけた．そこにサリーが戻って来た」ここで，実験者は子どもに「サリーは，ビー玉を見つけるためにどこを探すか」と質問をする．この質問に「かご」と正答できた子どもは，サリーの誤信念にもとづく行動を予測したと考えられ，心の理論を獲得していると見なされる．これまでに行われた複数の研究から，心の理論の獲得は4歳以降と見られている．

　心の理論の獲得過程については，主に生得説と経験説が提案されている．近年，役割遊び（ごっこ遊び）の経験が心の理論の発達を促進することが明らかにされ，経験説の一つの妥当性が示された（小川・高橋，2012）．自閉症児（第14章「治す」参照）は，心の理論の獲得が困難であると指摘されているが，幼児期に役割遊びが見られないこととの関連については明らかではない．いずれにしても，心の理論は，遊びや訓練などの経験によって獲得できるものと考えられ，行動分析学の観点から具体的な訓練方法も提案されている（奥田・井上，2000）．

　これまでの心の理論の発達に関する研究は，他者の心的状態を理解するための認知的側面の発達を，誤信念課題における判断によって測ることに焦点が向けられていた．今後は，日常場面における心の理論を用いた他者とコミュニケーションに目を向ける必要があろう．認知的な他者の理解（刺激性制御）と同時に，これに基づく社会的行動が，他者の社会的行動によって強化される側面についても検討する必要がある（奥田・井上，2000）．

◎発達の研究法

　発達の研究の目的は，発達の各時期における特徴を記述し，このような発達的変化の仕組みについて明らかにすることである．発達的変化を検討するための方法は，参加者の選び方により，**横断的研究**と**縦断的研究**の2つに分けられる．

横断的研究は，異なる年齢群の参加者を対象とし，ある時点で一斉にデータを収集した上で，年齢群間で結果を比較する方法である．一度に多数の参加者を対象とすることができる上，新たな測定項目を加えることで，発達的変化に影響を与える要因について探索的に検討できる．しかし，この方法を用いて明らかにされた発達的変化は，ある個体における発達的変化を直接的に反映したものではない．一方，縦断的研究は，同一の参加者を長期に渡って追跡し，異なる時点においてデータを収集した上で，同一の参加者の結果を時系列で比較する方法である．この方法を用いることで，同一の個体における発達的変化を直接的に明らかにすることができる．しかし，同一の参加者を対象として長期間繰り返し調査を実施することは，実際には多くの困難を伴う．

　縦断的研究は，横断的研究の欠点を補うものであるが，横断的研究も，また効率的にデータを収集できる点で，縦断的研究の欠点を補う．このため，まず横断的研究を用いて得られた結果から十分な仮説を見出し，その後，縦断的研究を用いて仮説を検証するなど，2つの方法を補完的に用いることが重要である．

　なお，縦断的研究と同義的に用いられることもある**追跡研究**は，縦断的研究と同様に，同一の参加者を長期に渡って追跡する方法ではあるが，特に，ある発達特性や精神病理が後の発達に与える影響について検討する目的で行われる．臨床心理学の分野では，回想的方法による**遡及的**（retrospective）**研究**と対比して論じられる．横断的研究や縦断的研究では検討できない環境要因（時代差）については，横断的研究と縦断的研究を合わせた方法をとることで明らかにすることができる．特定の年齢群の参加者を対象とし，異なる時点においてデータを収集した上で，世代間で結果を比較する方法は，**コホート研究**とよばれる．

読書ガイド

- 樋口義治・金子尚弘・高橋たまき 第15章発達 小川 隆（監修） 杉本助男・佐藤方哉・河嶋 孝（編）『行動心理ハンドブック』培風館 1989

    *学習理論による発達観と発達研究への行動分析の貢献について述べられている．行動の発生的基礎について詳しく解説されている．学習と発達についての基礎的知識を持った読者向けの中級編という位置づけになる．

- Schlinger, H. D. *A behavior analytic view of child development.* Plenum. 1995（園山繁樹・山根正夫・根ヶ山俊介・大野裕史（監訳）『行動分析学から見た子どもの発達』二瓶社 1998）

    *運動発達，言語の獲得，記憶や知覚など子どもの発達について，行動分析学の観点から理論的に分析されている．上級編という位置づけになる．

- 高橋道子・藤崎眞知代・仲真紀子・野田幸江『子どもの発達心理学』新曜社 1993

    *子どもの年齢によって章が分けられ，各時期の特徴が詳しく解説されている．巻末に各章の基本事項を確認する課題と，読者自身の考えを発展させるための課題が多く設けられ，初学者向けの発達心理学の教科書として工夫されている．

課題11-1：発達の諸理論について，共通点と相違点を述べなさい．

課題11-2：認知の発達と社会性の発達との関連について述べなさい．

第12章 人となり：パーソナリティ

「われわれがある人間の性格を叙述しようとしても，むだな努力をするだけである．これに対して，彼のいろいろな行為や活動を寄せ集めてみると，その性格のイメージが浮かび上がってくるであろう」

————ゲーテ『色彩論』まえがきより

身の周りの他者を「あの人は性格が良い」と評したり，自分自身を「〜な性格だから仕方ない」と思ったり，私たちは「性格」を個体が内的に有している「もの」のように捉えがちである．**性格**（character）という言葉は，「刻みつけられたもの（標識）」というギリシア語に由来し「個人を特徴づけている基本的な行動傾向で，一貫性と安定性をもつ」と定義される．心理学の分野では「性格」ではなく**パーソナリティ**（personality）という言葉が一般的に用いられる．パーソナリティは，ラテン語のペルソナ（persona）に由来し，これは演劇などで使用された仮面を意味する言葉である．性格とパーソナリティは，ほぼ同義に用いられることもあるが，パーソナリティの方がより広い概念とされている．語源の違いから分かるように，性格は「個体の固定的な特徴」という側面が強調されるのに対し，パーソナリティは「環境に対する個体の適応機能の特徴」という側面が強調される．

　心理学におけるパーソナリティの研究は，個体の行動にはどのような一貫性があり，それは個体間でどのように異なるのかについて明らかにすることを目的としている．個体差はどのように記述できるか，また，個体差に影響を与えるものは何であるのかという問題を扱っている．

◎**類型論**

　個人差について明らかにする方法として古くから用いられている方法は，ある**類型**（type）によって個人を分類し，それぞれの類型に典型的な特徴を記述する方法である．このような方法を用いてパーソナリティを記述する立場は**類型論**（type theory）とよばれ，古代ギリシア時代にその萌芽を見ることができる．

　類型論は，現代の私たちの日常生活においても比較的なじみのあるものである．たとえば，雑誌等でたびたび話題となる血液型によるパーソナリティの判断は類型論の一つである．科学的な根拠がないにも関わらず，これを受

け入れる人が少なくない背景には，類型論の分かりやすさがあるのであろう．しかし，パーソナリティを類型的に捉えることには，後述するようないくつかの問題点もある．

○クレッチマーの類型論

ドイツの精神医学者クレッチマー（Kretschmer, E.）は，身体的特徴（体型）によって性格（パーソナリティ）を大きく3つに分類した．彼はまず，精神疾患の種類と患者の体型との間に一定の関係を見出し，これを健常者の性格と体型との関係へと一般化した．精神疾患の患者の体型を表12-1のように(1)細長型，(2)肥満型，(3)闘士型の3類型に分類したところ，統合失調症患者の50.3％が細長型，躁うつ病患者の64.6％が肥満型であった．このことから，細長型と統合失調症，肥満型と躁うつ病をそれぞれ対応させた．闘士型については，てんかん患者の28.9％が闘士型であったことから，てんかんとの対応を想定した．ただし，てんかん患者の25.1％は細長型であり，統合失調症や躁うつ病に比べると体型との対応はあまり明確ではない．

クレッチマーは，各精神疾患の患者に特徴的に見られる行動傾向は，患者の発病前の性格（病前性格）や患者の近親者にも見られると考えた．その上で，これらの性格を(1)分裂気質，(2)循環気質，(3)粘着気質の3つに分類し，

表12-1 クレッチマーによる体型と気質の3類型．Kretschmer（1921）をもとに作成．

	細長型	肥満型	闘士型
体型			
対応する病理	統合失調症	躁うつ病	てんかん
気質	分裂気質	循環気質	粘着気質
気質の特徴	非社交的，静か，内気，まじめ，臆病，神経質，自然と書物を好む，従順	社交的，親切，温厚，明朗，ユーモア，活発，熱烈，冷静，気が弱い	執着する，変化や動揺が少ない，几帳面，秩序を好む，融通が利かない

体型の3類型と対応させた．このようにして，精神疾患の種類と体型との関連を，健常者の性格と体型との関連に適用したのである．このことは，クレッチマーが，精神疾患の患者と健常者との間に連続性を認めていたことを示している．

なお，クレッチマーは「**気質**」（temperament）と「性格」という言葉を用い，これらを区別した．「気質」は血液や体液などの内分泌機構によって定まるものであるのに対し，「性格」は個人の感情や自発的な反応の総和であり，遺伝されたものに経験が加わったものとした．現在でも「気質」という言葉は，「性格」や「パーソナリティ」に比べて，遺伝的に規定される意味合いの強い言葉として用いられている．クレッチマーは，体型および気質の背景に生理的基礎としての「体質」を想定した．体質が体型や気質に影響を与えるために，体格と気質との間に相関関係が見られると考えたのである．

クレッチマーの類型論は，当時の精神医学や心理学の分野に大きな影響を与えた．シェルドン（Sheldon, W. H.）は，健常者のパーソナリティと体型との間の関係を検討し，クレッチマーの類型論が健常者にも適用できることを明らかにした．しかし，追跡研究の結果から，現在では，クレッチマーの説は否定されている．類型論自体の考え方に対する批判もあり，身体的特徴による類型論には，その後の研究の発展が見られていない．

◎特性論

パーソナリティを「多数の基本単位である**特性**（trait）の組み合わせにより構成されるもの」と捉え，特性によって個々のパーソナリティを記述する立場は，**特性論**（trait theory）とよばれる．特性論では，いくつかの特性を測定し，これらの組み合わせと量的な差異によってパーソナリティを記述する．

○オールポートの特性論

オールポートは，類型論について「人間の断片を取り上げ，研究者の興味のある範疇にそれらを分類することによって作り上げる抽象」であり，「あ

る類型の中に分類される具体的個人を歪曲してしまうもの」として批判した（Allport, 1961）.彼は,パーソナリティを**パーソナリティ特性**の総和として個体の内部に想定し,これらは客観的に測定できるものであると考えた.

　パーソナリティ特性は,個体に独自の特徴を与える個別特性（individual trait）と,全ての個体に共通する共通特性（common trait）に分けられる.オールポートは,このうち特に,共通特性に注目した.彼は,ウェブスターの辞書（Webster's New International Dictionary 2nd Edition）の中から行動の特徴を表す語彙を抽出し,これらを分類するという方法により,パーソナリティ特性を明らかにしようとした.この方法は「パーソナリティの特徴は,日常的に使用している言葉の中に含まれている」という**語彙仮説**（lexical hypothesis）にもとづく.

　行動の特徴を表す語彙として抽出された17,953語は,(1)特性語,(2)状態語,(3)評価語,(4)その他の4つに分類された.特性語は,観察可能な行動傾向を表す言葉（「社交的」「攻撃的」など）である.状態語は,一時的な状態・気分・活動を表す言葉（「恐れ」「喜び」など）である.評価語は,道徳的な行動や評判など,評価や価値を表す言葉（「好ましい」「平均的」など）である.これらのうち,特性語は全体の約25％（4,504語）で最も多く,比較的安定した行動傾向を表すものとして重視された.

○アイゼンクの特性論

　ドイツで生まれ,イギリスで活躍した心理学者アイゼンク（Eysenck, H. J.）の特性論は,類型論と特性論の考え方を巧みに融合したものといえる.アイゼンクは,パーソナリティを記述するための枠組みとして,パーソナリティの階層的構造を主張した.これによると,パーソナリティは,(1)特定反応水準,(2)習慣反応水準,(3)特性水準,(4)類型水準の4つの水準で記述される.

　最も下位である特定反応水準は,ある刺激に対して特定の反応をする水準であり,日常場面における個々の行動を意味する.ある刺激に対する特定の反応が繰り返されると,それは類似した場面でも生起する習慣的な行動（習慣反応水準）となる.そして,習慣的な行動のうち,互いに相関する複数の

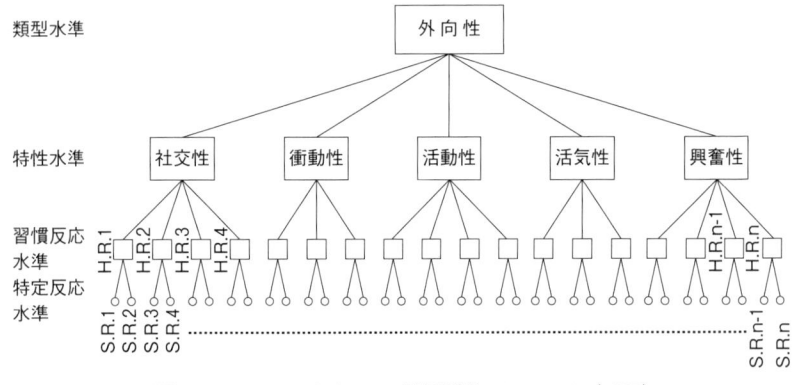

図12-1　パーソナリティの階層構造. Eysenck（1967）

行動が集約されたものが特性水準である．さらに，複数の特性のうち，互いに相関するものが集約されると，類型水準というパーソナリティの基本的次元に至る．ただし，ここでの類型水準は，類型論で用いられる排他的な意味での類型とは異なる．

アイゼンクは，類型水準にあたる基本的次元として，(1)外向性，(2)神経症傾向，(3)精神病傾向の3つの次元を設定した．これらの次元を見出す際に，因子分析という解析法を駆使したことは，オールポートの方法とは異なる．外向性は，個体の基本的な方向性が外の世界を向いているのか，それとも，自分自身を向いているのかという程度を表す．この次元は，後述するユングの理論の影響を受けたものと考えられる．神経症傾向は，不安や緊張の程度を表す．また，精神病傾向は，情動をコントロールできる程度を表す．

アイゼンクは，まず神経症患者を対象とした研究から，外向性と神経症傾向の2つの次元を見出した．そして，これら2つの次元によってパーソナリティを測定するための質問紙として**アイゼンク・パーソナリティ目録**（Eysenck Personality Inventory: EPI）を開発した．その後，第3の次元である精神病傾向を含め，**アイゼンク・パーソナリティ質問票**（Eysenck Personality Questionnaire: EPQ）を開発した．後に追加された精神病傾向は，単一の次元として記述できないという指摘もあるが，アイゼンクはこれらの3つの次元

は互いに独立したものであると主張した．なお，アイゼンクは神経症の治療として行動療法を発展させたことでも知られる（第14章「治す」参照）．

○5因子モデル

先述したように，特性論では，全ての個体に共通するいくつかの軸を設定し，その軸上で個体差を量的に比較する．それでは，パーソナリティ特性はいくつあるのだろうか．アイゼンクは最終的には3つの次元にまとめられることを提案したが，ギルフォード（Guilford, J. P.）は，13の特性を提案した．ギルフォードの特性論は，矢田部・ギルフォード（YG）性格検査として発展し，一般に知られている（ただし，ここでは12の特性となっている）．また，キャッテル（Cattel, R. B.）は，16の特性に基づくパーソナリティ検査（16PF人格検査）を開発している．

表12-2　5因子モデルの内容．

因子名	関連するキーワード	主な内容
神経症傾向／情緒不安定性 （Neuroticism）	不安，神経質，敵意，怒り，抑うつ，落ち込み，自意識過剰，衝動性，傷つきやすさ	・感情の不安定さや落ち着きのなさ ・非現実的な思考を行いがち ・自分の欲求や感情をコントロールできない ・ストレスへの対処が苦手
外向性 （Extraversion）	暖かさ，他者との絆，つきあいを好む，自己主張性，活動性，刺激を求める，肯定的な感情経験	・積極的に外の世界へアプローチする ・人に興味があり，集まりが好き ・ポジティブな思考を行い，上昇志向が強い ・興奮することや刺激を求める
開放性 （Openness）	空想，想像力，審美性，美を好む，豊かな感情経験，変化や新奇を好む，興味の幅の広さ，柔軟な価値観	・さまざまなことに好奇心を持つ ・新しい理論や社会・政治に好意的 ・既存の権威に疑問をもつ ・複雑であることを許容する
協調性／調和性 （Agreeableness）	他者への信頼，実直さ，利他性，他者に従う，慎み深い，やさしい	・社会や共同体への志向性を持つ ・他者への敵対心や競争心を持たない ・グループ活動を好む ・周囲の人から好かれる傾向
誠実性／勤勉性 （Conscientiousness）	有能感，秩序を好む，誠実さ，達成欲求，自己鍛錬，慎重さ	・欲求や衝動をコントロールする ・目標や課題を達成する ・計画を立てて事に当たる ・行動する前に十分考える

1980年代以降，過去の研究データの再分析が活発となり，現在，多くの研究者の同意を得ている一つの答えは，5つの特性でパーソナリティを記述するという理論である．これは**5因子モデル**（Five Factor Model: FFM）や**ビッグファイブ**（Big Five）とよばれる．5因子モデルとビッグファイブの理論的な背景は異なるが，5つの特性を設定する点では一致している．表12-2は，5つの特性の内容を表したものであるが，このうち「神経症傾向」と「外向性」は，アイゼンクが基本的次元として取り上げたものと一致する．また，「協調性」と「誠実性」をまとめて見ると，アイゼンクの「精神病傾向」と類似する．5因子モデルに基づくパーソナリティ検査として，たとえば，**ネオパーソナリティ目録**（NEO Personality Inventory）が開発され，現在も広く用いられている．

○類型論と特性論の比較

　類型論は，個体の全体的な特徴としてのパーソナリティを大まかに把握することには適している．複雑で多様なパーソナリティを単純化して捉えることができ，直感的に理解しやすい．しかし，パーソナリティを少数の類型に分類することには，ある類型と他の類型との中間型を無視し，画一化してしまう危険性もある．また，個体を類型論の枠組みで理解する際には，その類型に典型的な特徴に注目しやすく，それ以外の特徴を軽視してしまう可能性もある．

　一方，特性論では，すべての個体に共通するいくつかのパーソナリティ特性を設定し，これらの量的な差異により個人差を表す．このことから，類型論のように中間型を無視してしまうことはない．また，特性を組み合わせることで，多様な個々のパーソナリティを細かく記述することができる．しかし，パーソナリティの全体像をとらえにくく，個体のユニークな点を無視してしまう可能性もある．以上のように，類型論と特性論は互いに欠点を補完する関係にある．

◎精神分析理論とパーソナリティ

　心理学の研究対象として無意識という概念を導入した精神分析学は，臨床心理学の基礎的な理論の一つである（第14章「治す」参照）．しかし，近年，臨床心理学の分野では，心理療法の効果を科学的に実証する**エビデンス・ベイスト**（evidence-based）**アプローチ**が主流となり，この中で，精神分析学にもとづく心理療法の有効性は支持されていない．その一方で，精神分析学は，臨床心理学以外の分野に対して幅広い影響を与えている．

　精神分析理論によると，内的に仮定されるパーソナリティは，精神の構造とその力動的体制によって説明される．しかし，実証性に乏しく，妥当性の検討が不十分である精神分析理論に対しては，批判的な見方も多い．たとえば，成人のパーソナリティを理解する際に，無意識的な幼児期の葛藤と関連づける精神分析学の考え方は，特性論の立場から批判された．特性論と精神分析理論は，パーソナリティを個体の内部に求めた点では一致する．ただし，特性論が成人のパーソナリティを自律的なものとして捉え，パーソナリティの客観的な測定を重視したのに対し，精神分析理論では無意識を基本として，主観的な葛藤の体験を重視した点で，これら2つの立場は大きく異なるのである．

○フロイトの心的構造論

　フロイトは個体の行動の背景には，意識されない内的過程が働いているとし，パーソナリティに影響を及ぼす無意識の存在を主張した．フロイトによる精神分析学の理論は，心的構造論を基本とする．精神の構造を図12-2のように**イド**（id），**自我**（ego），**超自我**（super ego）の3つの領域に分け，これらは力動的に関連し合いながら具体的な行動を決定するとした．

　イドは本能的欲求の源泉であり，**快感原則**（pleasure-principle）に従う．意識すると不安になるような不快な内容であるために，無意識の領域に**抑圧**（repression）されたものと考えられている．自我は，意識的であり，**現実原則**（reality-principle）に従って，外界の環境に適応するようにイドの欲求を調整する．社会や文化を反映する超自我は，道徳性や社会的規範などにより

イドの欲求を抑圧しようとする．超自我は，イドと同様に，無意識的で非合理的であるが，自我に作用して現実的な行動を理想的な行動へと向けようとする．なお，新生児の精神構造は，イドの領域に支配されていると考えられ，イドが充足されない環境に直面する経験を通して，自我の領域が形成される．その後，親からのしつけや社会からの要請を内面化することで，超自我の領域が形成される．この過程は，自己制御の発達過程としても捉えられている（第11章「生きる」参照）．

イドが優勢であれば，衝動的・感情的な行動が生じやすく，自我が優勢であれば，現実的・合理的な行動が生じやすい．また，超自我が優勢であれば，道徳的・良心的な行動が生じやすい．パーソナリティは，これらの3つの体系が相互に関連して構成されると考えられる．イドと超自我の間は，常に**葛藤**（conflict）関係にある．個体が適応状態を保つためには，自我が精神の主体となり，超自我の要請に応じながらイドの欲求を満足させていく必要がある．葛藤により生じる不安を解消するため，自我は，様々な**防衛機制**（defense mechanism）を発動させると考えられている（第14章「治す」参照）．

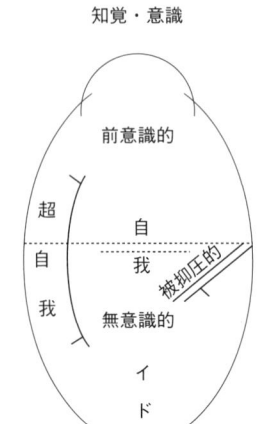

図12-2　フロイトの心的構造論．Freud (1933) を改変．

○ユングの理論

　ユング（Jung, C.）は，フロイトと同様に，パーソナリティにおける無意識の存在を認めたが，パーソナリティの記述に関して独自の理論を展開した．両者の理論における主な相違点は，無意識の内容であった．フロイトは，無意識を本能的欲求の源泉であり，抑圧された不快な内容が含まれるものとしたのに対し，ユングは無意識を個人的無意識と普遍的無意識という2つの層で捉えることにより，個体を超えて普遍的に存在する創造的な無意識の存在を仮定した．

ユングは意識と無意識の関係について，相補的な関係を想定した．また，個体の基本的な態度として，外界に興味が向く人（外向型）と内面に興味が向く人（内向型）とを区別した．たとえば，意識の態度が外向的な人であれば，無意識の態度は内向的であり，意識の態度が強調されすぎたときに，無意識の態度が補償的に働くと考えられる．

　外向的および内向的という基本的態度は，アイゼンクの特性論や5因子モデルなどに引き継がれた．ユングがパーソナリティの類型として外向型と内向型を分類したのに対し，特性論では，外向性−内向性という一つの次元上に個体を位置づける．ユングのパーソナリティ理論は，精神分析学的な類型論と見なされることもあるが，外向型と内向型という類型を対概念としたことに特徴がある．意識と無意識の相補的な関係に対応したためと考えられるが，この特徴が特性論の連続的な捉え方につながったことは興味深い．

◎学習理論とパーソナリティ

　精神医学の臨床活動を出発点とし，臨床場面で得られたデータをもとにパーソナリティの理論を構築する際には，研究者の主観や洞察に頼ることも多かった．これに対し，学習の研究は，個体の普遍的な行動の法則性を明らかにすることを目的とする（第5章「経験から学ぶ」参照）．統制された条件下で行われる動物実験を出発点とし，研究者の主観に頼らない客観性を重視する．このように，パーソナリティの研究と学習の研究の基本的な立場は大きく異なる．

　ところが，1950年頃より，これら2つの対照的な立場を結びつける研究が試みられるようになった．今日では，パーソナリティに関する諸問題は，学習理論を基礎として実験的に扱われるようになっている（第6章「複雑な学習」参照）．個体の行動の積み重ねの中にパーソナリティを見出そうとすれば，これは必然的な流れであったといえる．

　特性論や精神分析理論において，パーソナリティの個体差は，特性や心的構造という内的な要因によって説明された．これに対し，学習理論では，パー

ソナリティは,「**個人が示す行動の総体**」であるとされ,個体差は,強化歴(経験)の違いによると考えられる.特に,スキナーによる徹底的行動主義(第1章「心理学を学ぶ」参照)の立場では,直接観察できない内的要因を科学的理論の説明変数として使用しない.学習理論の視点から見れば,パーソナリティは環境(外的な要因)が大きく影響して形成され,変容されるものと考えられるのである.このような考え方は,後にミッシェル(第11章「生きる」参照)によってもたらされる**人か状況か論争**につながる.

コラム

パーソナリティと教育：フロイトとスキナー

　精神分析学の創始者フロイトと行動分析学の創始者スキナーは,たびたび対照的な人物として紹介される.個体の行動を理解するために,フロイトは,研究対象を「精神」(特に無意識)として,行動の原因を個体の内部に求めたのに対し,スキナーは,研究対象を「行動」(特に客観的に観察可能な行動)として,行動の原因を個体の外部に求めた.また,個体の主観的経験を重視したフロイトに対し,スキナーは,個体に共通する普遍的な行動の原理を明らかにしようとした.このように見ると,両者の考え方は確かに対照的である.

　フロイトは,意識されない内的過程の存在を中心として,パーソナリティの構造,機能,および形成過程を記述した.ただし,内的過程だけでパーソナリティを説明したわけではない.彼は,この内的過程に影響を与える外部の要因についても取り上げ,これらの関係について言及した(Freud, 1911).特に,教育の役割については「教育が,快楽原則を克服して現実原則に変えるのを促進することは,言うまでもない」と述べている.また,「教育は,自我の発達過程を援助し,この目的のために,教育者のほうから報酬として愛を与える」と指摘した上で,「甘やかされた子どもが,愛をひとり占めするのを当たり前と思い,どんな場合に

も失うはずはないと信じているときは,教育は失敗することになる」と述べている.

教育者がどのように報酬を与えるかということが,パーソナリティの形成過程において重要であることをフロイトが指摘していたという事実は興味深い.しかし,彼は,具体的にどのように報酬を与えることが,子どものパーソナリティの形成において望ましいのかという点については明らかにしていない.この問いは,「どのように強化随伴性を設定することが,子どもの望ましい行動を形成し,維持するのか」と言い換えることができる.スキナーによって体系化された行動分析学の枠組みを用いることで,具体的な方法が明らかにされるのである.

図12-3　フロイト(左)とスキナー(右).

○葛藤場面の接近・回避行動

フロイトは,パーソナリティの構造として,イド,自我,および,超自我の力動的な関連を仮定した上で,個体内で生じる葛藤を重視した.ダラード(Dollard, J.)とミラー(Miller, N. E.)は,このような葛藤を,動物を対象とした実験室場面で扱うことにより,フロイトの理論を学習理論に置き換えて検証した(Dollard & Miller, 1950).この試みは,パーソナリティの概念を,

学習理論を基礎として実験的に扱った先駆的研究として位置づけられる．

彼らは，目標への接近と目標からの回避という2つの行動間の選択として葛藤を位置づけた．たとえば，まず空腹のラットに，出発点から目標点まで走ると，そこで餌が呈示されることを学習させる．次に，このラットに対し，目標点で餌を呈示すると同時に，電気ショックを呈示する．この後，再度出発点に置かれたラットは，目標点に向かって走るものの，目標点に接近する途中で止まってしまうことが明らかになった．行ったり来たりを繰り返したり，うずくまって身動きが取れない状態に陥った．ラットが停止する地点は，ラットの空腹の程度によって異なり，空腹の程度が強いほど目標点に近い位置となることが示された．接近と回避の関係（図12-4）について，彼らは，以下の5つの仮説を提唱した．

(1) 目標へ接近する傾向は，目標に接近するほど強くなる（接近勾配）．
(2) 目標を回避する傾向は，目標に接近するほど強くなる（回避勾配）．
(3) 回避勾配は，接近勾配より急である．
(4) 動因が高まると，勾配の水準の高さは，全体として上昇する．
(5) 接近と回避のように，逆方向の2つの反応が同時に存在する場合は，より強い反応が表れる．

図12-4に表された2つの勾配が交差する地点は，接近と回避という逆方向の反応の強さが等しいことを意味している．これは，ラットにとって最大の葛藤を表し，走路で停止する地点である．フロイトの理論でいえば，本能的欲求の実現（イドの満足）を求めると同時に，これに対する脅威（現実や超自我の要請）に悩まされ，身動きが取れなくなった人の状態である．

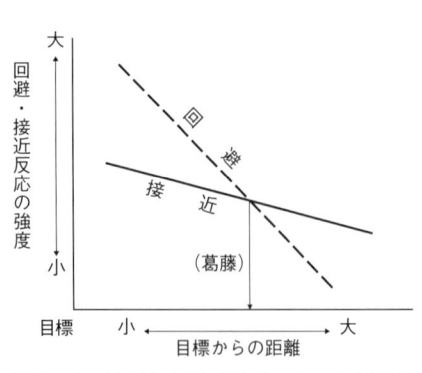

図12-4 接近と回避の関係．2つの勾配には交点がある．

◎人か状況か論争

　1968年にミッシェルが出版した一冊の本「*Personality and assessment*」を契機に，パーソナリティの研究において，その後およそ20年間に及ぶ一つの論争が始まった．これは「人か状況か論争」とよばれ，人の行動を決定づけるのは，その人の内面に仮定されるパーソナリティ（人）であるのか，それともその人が置かれた状況であるのかという論争である．前者は，この論争が始まった当時，パーソナリティの研究者の多くが前提としていたことであるのに対し，後者は，この前提を覆し，状況を超えた行動の一貫性を否定するもので，**状況論**（situationism）とよばれる．ミッシェルの主張は以下の3点にまとめられる．

(1) 観察された行動からパーソナリティ特性を推測し，このパーソナリティ特性によって行動を予測するということは，循環論である．
(2) 人の行動は，内的要因としての特性によって決まるというよりも，外的要因としての状況によって決まるのであり，状況を超えた行動の一貫性はない．
(3) 個人が安定したパーソナリティを持つように見えるのは，その個人が置かれた状況が安定しているためである．

　この論争は，結局のところ，相互作用論へと決着した．行動に表れる比較的安定した個体差としてのパーソナリティは，個体の内的要因と状況要因の相互作用によって成り立つというものである．

○認知的・感情的システム理論

　人か状況か論争の末，ミッシェルは，状況論の考え方を基本に，認知心理学の知見を取り入れた新しいパーソナリティ理論を提案した（Mischel & Shoda, 1995）．これは**認知的・感情的システム**（cognitive-affective personality system: CAPS）**理論**とよばれ，個体が状況を認知してから行動を実行するまでの過程の中に，パーソナリティを見出そうとするものである．個体は，状況の特徴を認知した後，認知的・感情的ユニット（cognitive-affective units）の活性化を経て何らかの行動を実行する．認知的・感情的ユニットとは，状

況の記号化, 期待と信念, 目標, 感情などで構成され, 相互に連結している. 状況の特徴にしたがって, プログラム化された組み合わせが活性化されるが, このとき, 認知的・感情的ユニットは, 同時的, 拡散的に処理を行う（並立分散処理）と考えられている. この理論では, パーソナリティの個体差は, 認知的・感情的ユニットの組み合わせの差異によって表現される. 状況の認知と行動のパターンには安定性があり, このパターンは, **行動指紋**（behavioral signature）とよばれる.

読書ガイド

- 川崎佐紀子・佐藤方哉・若山達子・渡辺恵子　第17章パーソナリティ　小川　隆（監修）　杉本助男・佐藤方哉・河嶋　孝（編）『行動心理ハンドブック』培風館　1989
  - *行動分析学的視点からパーソナリティについて解説されている. パーソナリティと学習について初歩的知識を持った読者を対象とした中級編という位置づけになる.

- 小塩真司『はじめて学ぶパーソナリティ：個性をめぐる冒険』ミネルヴァ書房　2010
  - *心理学の初学者向けに, 身近な例からパーソナリティの研究を紹介している. 血液型によるパーソナリティの判断の歴史にも触れ, 読み物として面白いように工夫されている.

- Kretschmer, E. *Geniale Menschen*. 1958.（内村祐之（訳）『天才の心理学』岩波文庫　1982）
  - *ゲーテ, デカルト, ダーウィンなど, 天才と称される哲学者, 自然科学者, および, 芸術家を体型による気質類型論の立場から考察し, 彼らの業績に見られる創造性の特徴は, 気質によって規定されることを明らかにしている. また, 天才と精神病理との関係について述べられている.

- Mischel, W., Shoda, Y., & Ayduck, O. *Introduction to personality : Toward an integrative science of the person*; 8 th ed. Wiley. 2007.

（黒沢 香・原島雅之（監訳）『パーソナリティ心理学：全体としての人間の理解』培風館　2010）
  *パーソナリティの各理論を詳しく紹介している．立場の違いを分かりやすく解説した上で，これらの理論の統合を試みている．中級編という位置づけになる．

- 渡邊芳之『**性格とはなんだったのか：心理学と日常概念**』新曜社 2010
  *「人か状況か論争」の背景とその後の展開について詳しく解説されている．この論争を軸にして，パーソナリティの概念の用いられ方の違いが分かりやすく整理されている．

課題12-1：パーソナリティの各理論における個体差の捉え方の違いについて述べなさい．

課題12-2：パーソナリティの研究において，学習理論が果たした役割について述べなさい．

第13章 他者とのつながり：社会的行動

「人間は本来社会的動物である」

―――アリストテレス「政治学」より

ヒトは生まれてから死ぬまで，多くの人々との間で関係を築いて生きていく「社会的動物」である．**社会的順位のある群れを作って生活する動物**や，他の種と共生する昆虫など，ヒト以外でも社会性の発達した動物は存在するが，ヒトにおける社会的関係は，言語の使用によって実現される極めて高度なものである．社会心理学は，ヒトが他者や集団などの社会的刺激をどのように受けとめ（**社会的認知**），それらの刺激からどのような影響を受け（**社会的影響**），さらに，他者や集団との間で，お互いにどのように影響を及ぼし合っているのか（**社会的相互作用**）などについて，法則性を明らかにすることを目指す学問分野である．社会心理学で扱う問題は，個人間の対人関係にとどまらず，国際紛争や戦争といった集団間の関係や，環境汚染や資源枯渇といった地球規模の社会問題にまで至る．このような利害の対立する個人や集団間で生じる問題は，経済学の**ゲーム理論**に由来する**社会的ジレンマ**の問題として扱われてきた．本章では，私たちが身近に経験する社会的場面における心理現象がどのように説明されるかを見てみよう．

◎社会的認知

　一般に「認知」とは，外からやってきた刺激を受容し，それが何であるかを解釈し，記憶する過程を指すが，他者の姿，表情，声，振る舞いなどの社会的刺激についての認知を**社会的認知**という．ここでは，印象，帰属，態度という社会心理学における重要な概念の説明を通して，社会的認知について理解を深める．

○印象形成

　入社試験のための履歴書を書くとき，自己アピール欄にあなたは，どのようなことを書くだろうか．「ありのままの自分を記載する」という人がいるかもしれないが，採用されたいならば，「自分は，明るい性格で，仕事に対して動機づけが高く，真面目に働く人物である」という印象を与えようとす

るのではないだろうか．読み手は，記述内容から，あなたがどのような人物であるかについての**印象**（impression）を形成する．ここでいう印象とは，「未知の人物に関する情報を得たときの判断や評価」のことである．アッシュ（Asch, S. E.）は，ある人物のパーソナリティに関する形容詞（知的な―器用な―勤勉な―あたたかい―毅然とした―実際的な―用心深い）を実験参加者に呈示し，その人物の印象を答えさせた（Asch, 1946）．その結果，「あたたかい」を「つめたい」に変えただけで，印象が非好意的なものに変わることがわかった．この結果は，未知の人物について，言語情報のみにもとづいて印象が形成される場合，重視される側面とそうでない側面があることを示している．レスポンデント条件づけの観点から分析すると，人物のパーソナリティを表す個々の形容詞は，評価反応という条件反射を引き起こす条件刺激と考えることができる．上記の結果は，「あたたかい」や「つめたい」といった形容詞が，それ以外の形容詞よりも，評価反応を引き起こす力が強いために生じたと解釈できる．

○帰属

　ある学生がアルバイトに採用され，研修を受けているとする．その学生は，仕事を指示されるとすぐに取りかかり，終了したらすぐに上司に報告にくる．このような仕事ぶりを観察した場合，あなたは，どう解釈するだろうか．「この学生は，勤勉な性格だから，よく働くのだ」と思うだろうか，あるいは，「今は研修期間中なので，この学生は，上司に良い印象を与えるためによく働くのだ」と思うだろうか．このように，物事や行動の原因について判断・推測することを**帰属**（attribution）という．この例の場合，前者のように，行動の原因を行為者の固有属性（パーソナリティなど）に帰属させることを**内的帰属**といい，後者のように，行動の原因を外的要因に帰属させることを**外的帰属**という．

　他者の行動の原因を推測する場合，外的要因を軽視して内的要因を重視する傾向のあることが報告されている．これを，**基本的帰属の誤り**（fundamental attribution error）という．基本的帰属の誤りは，行動が外的要因によって引

き起こされていることが明らかな場合であっても生じる．たとえば，ある研究では，キューバのカストロ政権に対して好意的な文章が実験参加者に呈示された．その際，その文章は，指示されて書かれたものであり，著者の本当の主張とは関係のないことが，実験参加者に伝えられた．それにもかかわらず，実験参加者は，著者の本当の主張を推測するように求められたときに内的帰属を行い，著者の本当の主張は，文章の内容に近いと判断したのである（Jones & Harris, 1967）．

基本的帰属の誤りが生じるという事実は，他人の行動の原因を推測する際に，外的（状況的）要因をもっと重視しなければならないことを示している．とりわけ，望ましくない行動が生起しているときに，行為者のパーソナリティに原因を帰属することは，「問題の原因が行為者にある」という誤った判断を促し，「環境を変えることで行動を改善する」という，妥当なアプローチを見えにくくする危険性がある．

○態度と行動

「この講義はまあまあ面白い」，「あの人の言っていることには反対です」など，私たちは，物事や人物に対して何らかの**態度**（attitude）をいだく．態度とは，「物事や人物に対して一定のしかたで反応させる内的傾向で，信念・感情・行動的要素を含むもの」を指す．態度は，外的刺激と行動との関係を説明するために考案された媒介変数（第1章「心理学を学ぶ」参照）である．

通常，ある物事に対する態度（「私はリンゴが好きです」）と，その物事に対する行動（リンゴを食べる）は一貫している．この場合，態度が行動を決定しているように見える．しかし，**認知的不協和理論**（cognitive dissonance theory）を提唱したフェスティンガー（Festinger, L.）は，態度と行動の関係は必ずしも固定的ではないと主張する．認知的不協和理論は，「複数の認知要素が矛盾することから生じる緊張を認知的不協和とよび，認知的不協和が生じたときは，これを解消しようという動機が働く」としている．たとえば，ヘビースモーカーの人が，「タバコは身体に良くない」ということを知らされた場合，「自分がタバコを吸っている」事実と「タバコは身体に良くない」

という知識の間には認知的不協和が生じる．この場合，禁煙したり，あるいは逆に「タバコは健康を増進することもある」といった新たな情報を探したりすることで，認知要素間の一貫性を回復し，認知的不協和を解消するのである．

フェスティンガーは，行動が既になされていて修正できない場合，態度を変えることで認知的不協和が解消されるとした（Festinger & Carlsmith, 1959）．実験では，実験参加者は退屈な課題を行った後，「この課題がおもしろいものであると別の人物に伝えてくれれば1ドルを支払う」といわれ，報酬を受け取り，その通りにした．また，別の実験参加者は，報酬額が1ドルではなく20ドルといわれ，報酬を受け取り，その通りにした．さらに，課題後の依頼がなかった統制条件の実験参加者もいた．その後，課題がおもしろかったかどうかが尋ねられると，1ドル条件の実験参加者は，他の条件の実験参加者よりも，課題をおもしろいと答えたのである（図13-1）．

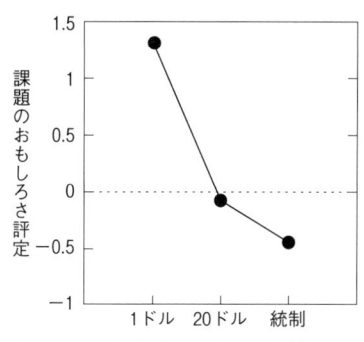

図13-1　認知的不協和の実験結果．

フェスティンガーは，この結果を認知的不協和理論により説明した．20ドル条件の実験参加者には，20ドルは，実際にはおもしろくない課題について，「おもしろい」とうそをいうには十分高額であった．一方，1ドル条件の実験参加者にとって，1ドルはうそをつくほど高額ではなかった．したがって，「実際に課題がおもしろかった」と，課題に対する態度を変えることにより，認知的不協和を解消したと解釈された．

オペラント条件づけの観点から見ると，態度とは，物事や人物に対する信念や感情を示す言語行動であり，これは，その後の行動の弁別刺激である．弁別刺激の内容とその後の行動の間に一貫性が見られない場合，弁別刺激が強化の信号として機能していないか，または，行動が弁別刺激にしたがっていないことになる．このような状況では，ヒトは，3項強化随伴性を維持す

るように，弁別刺激または行動のどちらかを修正する傾向にあるのかもしれない．

◎社会的影響

心理学において，**集団**（group）とは，「相互に影響する2人以上の集まり」である．この定義では，同じ車両に乗り合わせただけの乗客同士は必ずしも集団とはよべないが，大学のサークルは，一つの集団を形成しているように見える．しかし，個人と個人の間に直接的な相互作用（たとえば，会話をする）が見られなくても，他者の存在が個人の行動に影響を及ぼす場合がある．また，集団を形成する個人間の関係（たとえば，血縁関係の有無や社会的順位）により，その影響は異なる．

○社会的促進と社会的抑制

仕事や課題はみんなでしたほうが1人でするよりもはかどるのだろうか．**社会的促進**（social facilitation）とは，他者が存在することにより，課題遂行の成績が向上する現象をさす．しかし，他者が存在すれば必ず成績が向上するわけではなく，逆に成績が低下する場合もあり，これを**社会的抑制**（social inhibition）という．ハント（Hunt, P. J.）とヒラリー（Hillery, J. M.）は，迷路課題を用いて，大学生を対象に，課題遂行人数と課題難易度の効果を調べた（Hunt & Hillery, 1973）．単純課題では，迷路の分岐点が2つに分かれており，0.5の確率で正反応が得られた．一方，複雑課題では，分岐点が4つに分かれており，0.25の確率で正反応が得られた．また，単独条件では1人で，共行為条件では3人で課題を遂行した．その結果，

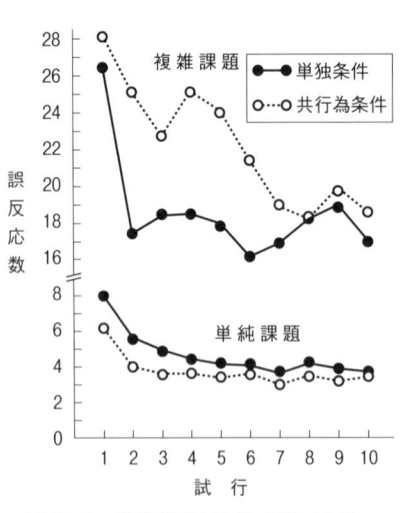

図13-2 迷路課題における誤反応数．

単純課題では，共行為条件のほうが誤反応数が少なく，成績がよかったが，複雑課題では，これとは逆に，単独条件のほうが誤反応数が少なく，成績がよかった（図13-2）．このように，課題の難易度により他者の存在の機能は変わりうる．また，その他者から評価されているという懸念により課題の遂行が促進されることも示されている．

○同調行動

私たちは他者に合わせて，意見や態度を変えることがあるが，これを**同調**（conformity）という．アッシュは，多数からの圧力により，容易に同調が起こることを示している（Asch, 1951）．実験では，まず，実験参加者に対して図13-3のような標準刺激を提示し，比較刺激の中から，標準刺激と同じ長さの線分を選ぶよう教示した．この課題を1人でおこなう条件では，正答率は99％以上であった．しかし，7人の

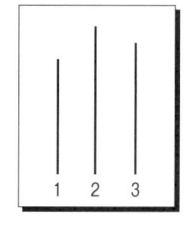

図13-3　Asch（1951）が用いた実験刺激．

図13-4　着席している7人のうち右から2番目が実験参加者．

第13章 他者とのつながり：社会的行動　211

集団中,実験参加者を除く6人のサクラがわざと誤った解答(たとえば,図13-3で3と答える)をする条件では,全体の約32％の実験参加者が同調(誤った解答)した(図13-4).この結果は,人は,それが明らかに誤っていると分かっていても,他者からの圧力により自身の意見を変えることを示している.こうした同調に影響を及ぼす要因には,集団の大きさや個人の集団内での地位,個人の性格特性などが挙げられる.まず,集団が大きい方が同調は増大する(ただし,5～6人以上になると違いは見られなくなる).このとき重要になるのが,他者の意見が全員一致していることである.他者の中に1人でも異論を唱えるものがいると,同調する割合は大きく減少する.また,集団内の地位が低い人ほど同調する割合が高くなる.さらに,自尊感情が低い人や親和要求が強い人は,同調しやすいことが知られている.

ドイッチ(Deutsch, M.)とジェラード(Gerard, H. B.)は,同調が起こる要因として**情報的影響**(information social influence)と**規範的影響**(normative social influence)を指摘している.情報的影響とは,多くの人の判断は,情報として有益であり,"正解に近い"という考えにもとづいている.1人でも異論を唱えると同調が低下するのは,それにより情報の確かさが低下するためと考えられる.一方,規範的影響とは,集団の和を乱したくない,他者から好かれたいという動機からくるものである(Deutsch & Gerard, 1955).

コラム

ミルグラムの服従実験

　同調行動の例として,権力への服従を実験的に調べた有名な研究にアイヒマン実験がある(Milgram, 1965, 1974).ナチス・ドイツの官僚であったアドルフ・アイヒマンは,ホロコーストの実行責任者として罪に問われ,逃亡生活の後にアルゼンチンで逮捕された.彼は,戦争犯罪の裁判において,ユダヤ人迫害について遺憾の意を表明したが,自身は職務命

令に忠実に従ったに過ぎないと主張した．この裁判を受けて，イエール大学の心理学者ミルグラムは，権威に服従する人間の心理を明らかにするために以下のような実験をおこなった．

　教師役となった実験参加者は，記憶再生テストを生徒役の実験参加者に出題し，生徒役が答えを間違える度に電気ショックを与えるよう教示された．電気ショックは，15ボルトから450ボルトまで15ボルト刻みで30段階に分かれていて，生徒役が答えを間違える度に電気ショックの強度を増加させた．実際に生徒役に電気ショックが与えられることはなかったが，電圧が上げられる度に，隣りの部屋からは悲鳴が聞こえてきた．また，330ボルト以降は，生徒役のサクラは無反応になった．実験者は，教師役に対して，生徒役の反応に関わらず電気ショックを送り続けるよう繰り返し教示した．

　教師役は，どのぐらいまで電圧を上げたのだろうか．驚くべきことに，なんと教師役40人のうち25人は，最大値である450ボルトまで電圧を上げたのであった！多くの教師役は，実験中動揺を示し，汗をかいたり，極度の緊張を感じたが，米国の名門イエール大学で行われた学術研究を途中で中止することはなかった．この結果は，アイヒマンが主張したように，人は大きな権力に対して容易に服従することを示すものであった．

◎社会的相互作用

　私たちは他者とのかかわりのなかで日々生活しており，自身の行動は他者の行動へ，また，他者の行動は自身の行動へ影響を及ぼす．個人の行動が他者により影響を受け変わることを**社会的相互作用**という．たとえば，国際外交では，相手国が友好的であるか否かでこちらの対応も大きくかわるであろう．また，恋愛やスポーツなどの日常にある人間関係においても同じことがいえる．

○社会的交換理論

　二者間の関係には，家族，恋人，上司と部下など様々なものがあり，社会的相互作用にも，日常の何気ない会話から交渉や取引など様々なものがある．こうした他者とのかかわりを理論化したものが**社会的交換理論**（social exchange theory）である．ホーマンズ（Homans, G. C.）は，経済学のアナロジーから二者間の社会的相互作用をコストと利得の関係から説明した．彼の理論によると，私たちは他者との関係において，コストを最少にして報酬を最大にするように振る舞う．コストとは，二者間の相互作用において抑制的に働く要因（たとえば，時間，お金，労力など）を指し，一方，報酬とは，他者との相互作用において促進的に働く要因（たとえば，喜びや友情，社会的援助など）を指す．たとえば，大学のキャンパスで献血がおこなわれており，友人にいっしょに献血をしようと誘われたとする．あなたが献血をすることへのコストとして，採血の際の針の痛みや採血にかかる時間および労力が考えられ，献血をしないことへのコストとして，友人の誘いを断ることへの罪悪感が考えられる．一方，献血をすることへの報酬は，他者を助けることへの喜びが考えられ，献血をしないことへの報酬は，早く家に帰れることや採血の際の不安や緊張を経験しないですむことが考えられる．社会的交換理論によると，私たちは常に意識するわけではないが，コストと報酬をはかりにかけて判断をおこなっている．

○共有地の悲劇

　第9章「選ぶ・決める」で見たように，衝動的な振る舞いは，長期的にみた個人の利益を減らす結果となることがある．社会的な選択場面においても，目先の報酬を優先すると，自分自身を含む社会全体が不利益を被ることがある．**社会的ジレンマ**（social dilemma）とよばれるこうした現象は，「**共有地の悲劇**」として広く知られている．「共有地の悲劇」とは，以下のような寓話である．

　ある村では，ウシが自由に草を食べられるように共同で牧草地を所有している．ウシの数がそれほど多くなければ，すべてのウシは十分な量の草を食

べ，よく成長する．しかし，人々が利益を生むためにウシの数を次々に増やしていくと，ウシは十分な草を食べることができず，生育不良となってしまう．その結果として以前ほど高くウシが売れなくなり，牧草地を共有するすべての人が利益を失うことになる．

　この寓話で問題となるのは，ウシを1頭増やすことで得られる利益は大きいが，失うコスト（牧草地への負担）は小さいように見えることである．この「共有地の悲劇」の構造は，私たちの日常生活の中で起きている身近な問題にも見られる．乱獲による天然資源の枯渇がよい例だろう．

　私たちは，こうした問題に対して何ができるのだろうか．その一つは，第9章「選ぶ・決める」で衝動的な選択を抑制する方法として紹介した自己拘束である．私たちは，目の前に報酬があると衝動的な選択をしてしまう．しかし，あらかじめ衝動的な選択をおこなわないようにしておけば，自己制御ができるのである．自己拘束は，社会的ジレンマ状況においても有効である．共有地の悲劇を例にすると，事前に一人当たり何頭のウシを所有できるかを決めておくことや，そうしたルールが守られなければ罰金を科すことなどが考えられる．

◎ゲーム理論と社会的ジレンマ

　ゲーム理論は，1944年にフォン・ノイマン（von Neumann, J.）とモルゲンシュテルン（Morgenstern, O.）により書かれた「ゲームの理論と経済行動」の公刊によって生まれた（von Neumann & Morgenstern, 1944）．ゲーム理論とは，2人以上の意思決定主体（プレイヤー）が存在し，互いに相手の選択によって利得量が変化するような選択場面（相互依存的選択状況）において，各プレイヤーがどのように選択をおこなうべきかを導く理論である．ゲーム理論では，プレイヤーは，ゲームにおいて獲得する得点を最大化するような合理的な選択をおこなうことが前提となる．プレイヤーが用いる選択の計画を**方略**（strategy）という．ゲームには，プレイヤーの利害が完全に相反し，2人のプレイヤーの利得の和がゼロになる**ゼロ和ゲーム**（zero-sum game）や，

表13-1 囚人のジレンマゲームの利得表．

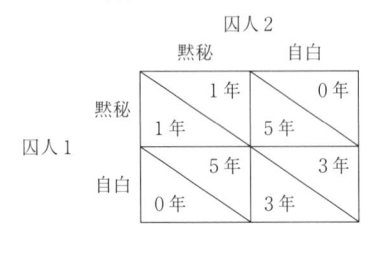

	囚人2 黙秘	囚人2 自白
囚人1 黙秘	1年 / 1年	0年 / 5年
囚人1 自白	5年 / 0年	3年 / 3年

囚人のジレンマゲーム（prisoner's dilemma game）のように，2人のプレイヤーの利得の和がゼロにならない**非ゼロ和ゲーム**が存在する．

囚人のジレンマゲームは，2人の囚人が共犯の容疑で逮捕され，取調べを受ける話として紹介される．互いに黙秘をすれば2人とも1年の刑であるが，もし，自分だけが自白すれば自分は無罪放免，相手は5年の刑に服すことになる（表13-1）．また，自分は黙秘して，相手が自白した場合は，これとは逆に，自分は懲役5年，相手は無罪放免になる．しかし，もしどちらも自白したならば，互いに3年の刑に服さなければならない．こうしたお互いの利益が対立するジレンマ状況では，合理的なプレイヤーは黙秘よりも自白を選択する．なぜなら，相手の選択に関わらず自白を選択することで常により大きい利得を得る（あるいはより小さい損失で済ます）ことが出来るからである．

ゲーム理論は，それぞれの利害が対立する場面において，人々がどのような選択を行うかを考えるうえで規範的枠組み（第9章「選ぶ・決める」参照）を与えるものであるが，実際の選択は，必ずしも理論的な予測と一致しない．このような理論的予測と実際の選択との間の不一致がなぜ起こるのか，また，協力行動はどのような条件下で増やすことができるのかという問題が，心理学，経済学，生物学などの分野で広く研究されている．

○ゲーム理論による動物の社会的行動の研究

これまでゲーム理論は，個人と集団の関係を問題とする社会心理学において多くの研究がおこなわれてきたが，近年，オペラント条件づけの研究においても動物の社会的行動の研究法として取り上げられている．たとえば，グリーンらは，ハトをコンピュータと対戦させることで，ゲーム理論におけるゲーム構造（囚人のジレンマ・チキンゲーム）と対戦相手の方略（ランダム方略・しっぺ返し）の効果を調べている（Green, Price, & Hamburger, 1995）．

表13-2　囚人のジレンマゲームとチキンゲームにおける利得表.

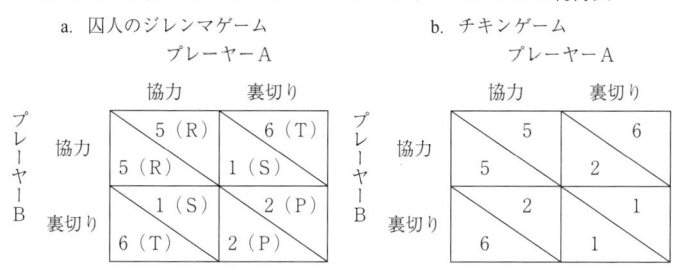

a. 囚人のジレンマゲーム

プレーヤーA

	協力	裏切り
プレーヤーB 協力	5 (R) / 5 (R)	6 (T) / 1 (S)
プレーヤーB 裏切り	1 (S) / 6 (T)	2 (P) / 2 (P)

b. チキンゲーム

プレーヤーA

	協力	裏切り
プレーヤーB 協力	5 / 5	6 / 2
プレーヤーB 裏切り	2 / 6	1 / 1

　囚人のジレンマゲームは，表13-2aに示すように，T＞R＞P＞Sかつ，R＞(T＋S)／2の不等式を満たしていることが条件となる．また，チキンゲームは，表13-2bに示すように，双方のプレイヤーが裏切りを選択したときに，どちらのプレイヤーも最も低い利得を得ることになる．囚人のジレンマゲームにおける一度きりの選択では，常に裏切りを選択することが最適な方略となる．しかし，選択が複数回繰り返される場合は，相手の方略により自身の最適な方略が異なる．たとえば，相手が常に裏切ったり，裏切りと協力をランダムに選択するならば，常に裏切りを選択することが最適な方略となるが，相手が自身と同じ選択を次試行で繰り返す，**しっぺ返し（tit-for-tat）**方略を用いるならば，最終試行以外では常に協力をすることが最適な方略となる．

　グリーンらの実験では，ハトは，「協力」するかそれとも「裏切る」かを，2つのキーをつつくことで示した．ハトがいずれかの選択をすると，青色または黄色のランプでコンピュータの選択が示され，双方の選択の組み合わせによって報酬が呈示された．その結果，囚人のジレンマゲームでは，コンピュータの方略にかかわらず，ハトは，「裏切り」を多く選択することが示された．また，チキンゲームでは，コンピュータの方略がランダムな場合，「裏切り」を選択する割合が約50％になることが示された．

　ハトが「裏切り」を選好する結果は，ヒトを対象としたゲーム理論の結果と大きく異なるものである．この原因の一つとして，グリーンらの実験は，ゲームをおこなう対戦相手にコンピュータを用いたため，選択場面が極めて人工的であったことが考えられる．アオカケスを用いて，ジレンマゲームに

おける選択行動を調べた研究では，しっぺ返し方略を取るように訓練された個体が対戦相手に用いられた．透明な仕切り板を通して双方が見える状況でおこなわれたこの実験では，「協力」を選択する割合が50％を超える個体も見られ，グリーンらの結果より多くの協力選択が確認された（Stephens, McLinn & Stevens, 2002）．

○社会的相互作用とマッチング法則

　第6章「複雑な学習」で述べた個体の行動配分を扱うマッチング法則は，ヒトの社会的行動も記述できるのだろうか．コンガー（Conger, R.）とキリーン（Killeen, P.）は，ヒト集団が会話をする社会的場面にマッチング法則を適用することで，その一般性を検討している（Conger & Killeen, 1974）．彼らの実験では，4名の大学生が円状に座って，薬物乱用について議論した．実験参加者のうち3名はサクラ（実験協力者）で，そのうち1名は議論の進行係であった．また，残りの2名は，実験参加者の発言に対して，異なる割合（VIスケジュール）で「それは良い指摘だ」などの言語強化子を提示した．その結果，30分のセッション中，強化子がランダムに呈示されるセッション前半では，実験参加者が2人のサクラへ話しかける割合は無差別に近かったが，強化子が特定の割合で呈示されるセッション後半では，強化の割合にほぼ一致する結果となった．彼らの研究は，マッチング法則がヒトの社会的行動にも適用可能であることを示した点で興味深い．

○社会的順位

　集団で選択がおこなわれる場合，すべての成員が必ずしも同じ量の利益を得るわけではない．動物の集団には，通常，個体間の優劣を示す**社会的順位**（social order）が存在する．群れの中に社会的順位が存在することの利点は，集団内の不要な闘争を減少させることであると考えられる．ヒトの社会においては，個人間の直接的な相互作用を経て築かれる社会的順位もあるが，会社における役職や軍隊における階級など，制度化されているものが多い．

　実際に社会的順位の測定がどのように行われるかを見てみよう．山口・伊藤・佐伯・大西（2008）では，**一対比較法**を基礎とした測定法を用いて社会

的順位を測定している．実験では，すべての個体が一度ずつ対戦する総当たり戦をおこなった．集団を形成している雄のハト7個体を2個体ずつ実験装置に入れ，餌ペレット1個を餌場中央に提示した．提示された餌を摂取した個体をその試行での勝者とし，各ペアごとに30試行おこなった．このような順位づけを35週間後に再びおこない順位の安定性を調べた．その結果，最上位の個体が他のすべての個体に対して優位であり，第2位以下の個体もこれに従うことが明らかにされた．また，1回目の測定で得られた各個体の尺度値と2回目の測定で得られた尺度値の相関は，高く安定していることが示された．このように，個体間の序列を明らかにすることは，社会的相互作用が生じる場面での個体の行動を理解するうえで重要である．

◎**社会割引**

　同じ報酬量であっても，それを共有する他者が存在する場合と1人で独占できる場合では報酬の価値は異なる．これは，報酬を共有する他者の存在は，第9章「選ぶ・決める」で述べた遅延時間や確率（不確実性）と同様に，報酬の価値を減少させる割引要因の一つと見なせることを意味している．これを**社会割引**（social discounting）という．他者と報酬を共有する傾向は，文化によって異なると考えられる．たとえば，米国は個人主義の文化であり，日本は集団主義の文化であるといわれている（Triandis, 1995）が，もしこの通説が正しいのであれば，日本人の方がアメリカ人よりも，報酬を他者と共有する傾向が高くなるであろう．

　このような観点から，日本人大学生とアメリカ人大学生を対象に，仮想の金銭報酬を用いて，共有による報酬の価値割引が測定された（Ito, Saeki, & Green, 2011）．この研究では，自分一人で独占できる報酬金額と他者（家族・親類または面識のない他者）と共有する報酬金額の等価点を求め，そこから社会割引の程度（割引率）が推定された．社会割引は，報酬を独占するか，それとも他者と分け合うかを問題にしていることから，割引率は個人の利己性（利他性）の程度を示す指標と考えられる．実験参加者は，他者と共有す

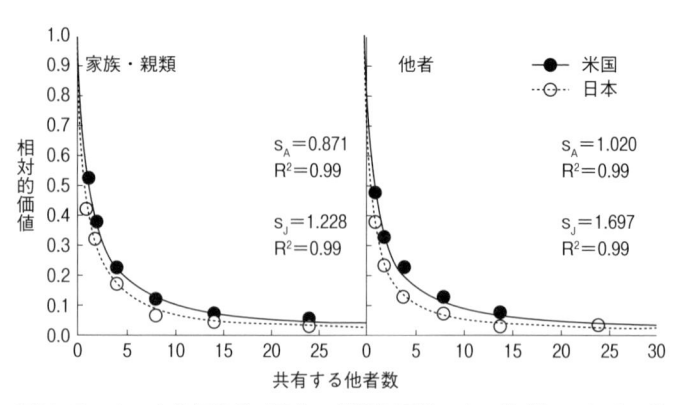

図13-5 2つの集団条件（家族・親類と面識のない他者）における社会割引率の日米比較．白丸は日本，黒丸は米国を表す．S_Aは米国の割引率，S_Jは日本の割引率を表す．Ito, et al.（2011）を改変．

る13万円（または1,300ドル）と独占するx円（またはxドル）の間で選択をおこなった．他者の人数を1名，2名，4名，8名，14名，24名の6条件設けた．その結果，アメリカ人，日本人どちらの群でも，報酬を家族・親類と共有するほうが面識のない他者と共有するよりも割引率が低かった．これは，家族・親類に対しては，より利他的に振る舞うことを意味している．次に，アメリカ人と日本人を比較すると，報酬を家族・親類と共有する場合でも面識のない他者と共有する場合でも，日本人のほうがアメリカ人よりも割引率が高かった．これは，アメリカ人学生よりも日本人学生のほうがより利己的であることを示している．この結果は，これまでいわれてきた集団主義の日本人は利他的，個人主義のアメリカ人は利己的という通説と相反するものである（図13-5）．

◎理想自由分布理論

　早朝込み合う電車のホームでどの車両に乗るかという選択は，他の乗客がどれぐらい並んでいるかや，改札や階段からの距離などによって左右されるであろう．また，スーパーマーケットの買い物客が複数のレジに並ぶ場合，

もしすべての店員が同じ効率で客をさばき,かつ,1人の客に要する時間が等しいならば,各レジに並ぶ客の数はほぼ等しくなるであろう.こうした集団の分布に関する問題は,生物学の一領域である行動生態学における**理想自由分布理論**(the ideal free distribution theory)により説明されている.

最も単純な選択場面として,2つの選択肢間における個体の分布を考えた場合,理想自由分布理論は,以下の式で表される(Fretwell & Lucas, 1970).

$$\frac{N_1}{N_2} = \frac{A_1}{A_2} \quad (13\text{-}1)$$

ただし,Nは個体数,Aは選択肢に存在する報酬量,または選択肢への報酬の流入率,添字は選択肢を表す.理想自由分布理論は,すべての個体が何の制約もなく「自由(free)」に選択肢間を行き来できるならば,各個体は「理想的(ideal)」に,報酬量が最大化される選択肢を選択することを予測する.

○動物の研究

理想自由分布理論を実験的に検討したハーパー(Harper, D. G. C.)は,20 m離れた池の周り2ヶ所でパンくずを給餌し,33羽のマガモの分布を調べた(Harper, 1982)その結果,パンくずが1:1の比で給餌されると,マガモの分布も急速に1:1に近い分布を示した.また,パンくずを給餌する割合を2:1にすると,マガモの分布もおおよそ2:1となった.

このように,理想自由分布理論の予測を支持する研究がある一方で,他の研究では,個体の分布が理想自由分布理論の予測から逸脱することを示している.そうした逸脱現象を記述するために,理想自由分布理論に相対報酬量に対する集団の感度とバイアスパラメータを付加した以下の一般理想自由分布理論が提案されている.

$$\frac{N_1}{N_2} = b \left(\frac{A_1}{A_2}\right)^s \quad (13\text{-}2)$$

ただし，s は報酬量の比に対する集団の感度，b は報酬量の比とは独立した選択肢への偏好を表す．$s = b = 1.0$ の時は，報酬量の比と個体数の比が完全に一致し，(13-2) 式は (13-1) 式となり，これを**生息地マッチング** (habitat matching) という．s が1.0よりも大きいときは，相対的に報酬量の多い選択肢に対して過剰に多くの個体が分布することを表し，これを過大マッチングという．これとは逆に，s が0から1.0の間のときは，相対的に報酬量の少ない選択肢に対して過剰に多くの個体が分布することを表し，これを過小マッチングという．一方，b が1.0よりも大きいときは，選択肢1への，また b が0から1.0の間のときは，選択肢2への偏好を表す．一般理想自由分布理論を用いて，昆虫，魚，鳥など様々な動物の分布を調べた研究では，集団の分布が相対的に報酬量の少ない選択肢に対して過剰に多く分布する過小マッチングを示すことが明らかにされている．

〇ヒトの研究

クラフト (Kraft, J. R.) とバウムは，円状に着席した大学生が，赤と青のカード（2つの場所）を示して選択する実験手続きを用いて，理想自由分布理論の予測を検討した (Kraft & Baum, 2001)．実験では，赤と青にあらかじめ割り当てられていた得点を，赤と青を選んだ人数で均等配分するという手続きを用いていたが，彼らの実験には，集団の大きさ（人数）が変わっても，得点が同じであるという手続き上の問題があった．

このため，山口・伊藤 (2006) は，手続き上の問題を修正した上で，彼

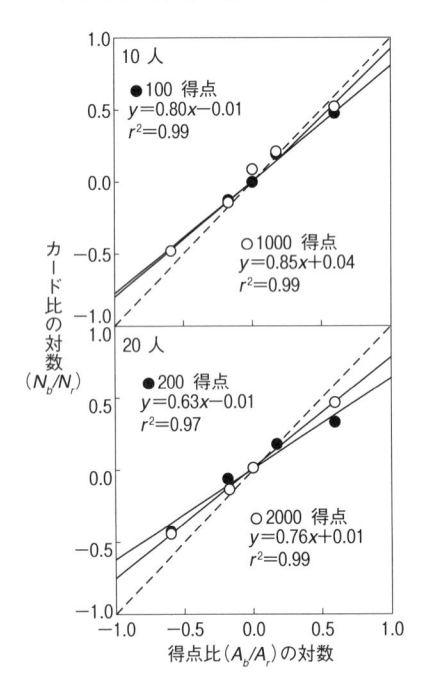

図13-6 報酬（得点）比に対する選択されたカード比の対応関係．山口・伊藤 (2006)

らと同じような赤と青のカードを示して選択する手続きを用い，大学生を対象として集団の大きさ（人数）と報酬（得点）の絶対量の効果を検討した．その結果，絶対報酬量を増加させると，報酬に対して敏感になる（直線の傾きが大きくなる）ことが明らかになった．このように，集団における個体の分布は，個体の選択行動の原理であるマッチング法則（第6章「複雑な学習」参照）と同じように，そこで得られる報酬の比に一致するように行われるのである．しかし，絶対報酬量の効果があることは，2つの場所から得られる報酬量の比（相対的関係）を前提としている理想自由分布理論の限界を示唆している（図13-6）．

読書ガイド

- 池上知子・遠藤由美『グラフィック社会心理学』サイエンス社　1998
  *社会心理学における様々なトピックを分かりやすくコンパクトにまとめている．

- Poundstone, W. *Prisoner's dilemma: John von Neumann, Game theory and the puzzle of the bomb.* Doubleday. 1992（松浦俊輔他（訳）『囚人のジレンマ：フォン・ノイマンとゲームの理論』青土社　1995）
  *ゲーム理論の歴史からその応用方法までが分かりやすく書かれている．

課題13-1：個体の行動配分を記述する「マッチング法則」と個体の分布を記述する「理想自由分布理論」の類似点を述べなさい．

課題13-2：共有地の悲劇と類似した現象を日常生活の中に探してみよう．

第14章 治す：臨床

「理論が意義を持つのは、それがより高度な実験的研究を導き、治療の結果、はっきりした改善がもたらされる限りにおいてである」

―――アイゼンク『心理療法の効果』より

私たちは日々の生活を送る中で，何らかのきっかけによって，それまでの生活習慣を維持することが困難になることもある．たとえば，進学や転居などによる環境の変化，家族や友人など身近な人との関係の変化，天災や不慮の事故に遭遇する可能性もある．多くの場合私たちは，このようなことをきっかけとして，それまでの生活習慣を維持できなくなっても，次第に新たな生活習慣を形成し，それに適応していくことができる．しかし，新たな生活習慣を形成できないまま，心理的苦悩を抱えた状態が長く続く場合もある．これは，個体が置かれた環境において，不適応な状態にあるといえる．

　心理学における臨床の研究は，個体の心理的苦悩を軽減するために援助を行い，これを通して不適応から適応へと個体の改善を目指すことを目的とする．アメリカ心理学会では「科学，理論，実践を統合して，人間行動の適応調整や人格的成長を促進し，さらには不適応，障害，苦悩の成り立ちを研究し，問題を予測し，そして問題を軽減，解消することを目指す学問」として臨床心理学を定義している．心理学の他の分野とは異なり，個体の不適応に関する問題を扱う研究活動と，社会の様々な臨床場面において，個体の不適応に対する援助および予防を行う実践活動の両面を有している．

◎精神分析学

　精神科医であったフロイトは，自身の治療経験に基づいて，精神分析学の理論と技法を確立していった．彼は，個体の不適応の背景として意識されない内的過程の働きを仮定し，無意識を基本とする主観的な葛藤の体験を重視した．精神分析理論では，個体の心理的苦悩は，これまでの葛藤を無意識に抑圧することによって生じると考えられる．フロイトは，この無意識的葛藤を意識化することによって，個体の心理的苦悩は解消されると主張した（第12章「人となり」参照）．

○精神分析療法

　個体の無意識に近づき，無意識的葛藤を意識化させるためにフロイトが用いた方法は，**自由連想法**（free association）であった．クライエント（患者）は，カウチと呼ばれる寝椅子に横になり，自由に連想したことをどんな内容であっても口頭で表現することが求められる．セラピスト（治療者）はクライエントの頭の後ろ側に座って，クライエントが表現する内容を聞き，その内容からクライエントの無意識を理解しようとする．セラピストが理解した内容は，クライエントに伝えられ，これによってクライエントは自らの無意識的葛藤を意識することができるようになる．このとき，セラピストがクライエントに行う言語的介入は**解釈**（interpretation）とよばれる．

　通常，精神分析学では，このような自由連想法による介入を1回の50分のセッションで，週3～5回の頻度で行う．自由連想法はクライエントにとって負荷のかかる設定であるといわれるが，このような設定の中で，クライエントとセラピストの間には**転移**（transference）とよばれる現象が生じる．転移とは，クライエントが過去に他者との間で経験した体験を，セラピストとの関係に持ち越して体験することであり，**感情転移**とよばれることもある．たとえば，幼少期に強く叱責された父親に対する不満感を，セッション中に男性セラピストに対する不満感として表出することなどがある．転移は，クライエントの過去の葛藤の再現であり，この葛藤を解決することで治療が進展すると考えられる．現在，精神分析療法は，より簡便な精神分析的心理療法として用いられることが多い．精神分析的心理療法は，自由連想法に準じた方法による面接を週1～3回の頻度で行う．

○防衛機制

　自由連想法の過程でクライエントがセラピストに対して示す転移は，防衛機制の一つとして考えられている．防衛機制は，苦痛な感情から自らを守るために発動されるものであり，無意識への抑圧はその中核とされる．フロイトは，心的構造論として，自我，イド，超自我の3つの領域の力動的な関連を想定したが，このうち自我は，無意識の意識化に対し，防衛機制を用いて

表14-1　主な防衛機制.

抑圧	不安をともなう受け入れがたい衝動やこれと結びついた観念や感情を意識から締め出し，自分で気づかないようにする機制．
退行	発達段階を逆行して，より未成熟で未分化な反応を示したり，より低い目標や要求水準に退いてしまうこと．
反動形成	不安をともなう衝動を単に抑圧するだけでは足らないようなとき，もとの衝動と正反対の行動をとることで，その表出を抑えるとする機制．
転移	本来，ある対象に向けられた感情や態度を，全く別の対象に向けることで，不安や緊張を解消しようとするもの．
昇華	本能衝動のエネルギーを，超自我や社会からの要請に沿った方向へ向けること．
投射, 投影	自分自身の観念，感情，衝動などを自分のものとしては受け入れがたいので抑圧し，他人がそうした観念，感情，衝動をもっていると見なすこと．

抵抗する（第12章「人となり」参照）．

　個体は，日常的に防衛機制を用いているとされ，これが過度になった場合に，心理的苦悩や不適応が生じやすいと考えられている．防衛機制には様々な種類があるが，そのうち，多くの研究者に共通して取り上げられるものは，表14-1にまとめられる．精神分析療法は，クライエントの防衛機制として抑圧された無意識を再構成することで，心理的苦悩や不適応を解消しようとするのである．

◎クライエント中心療法

　ロジャーズは，当時「患者」あるいは「被分析者」と呼ばれていた来談者を初めて「クライエント」とよんだ．これは現在，臨床場面で一般的に用いられる言葉として定着している．精神分析療法ではセラピストの解釈が治療の中心であり，分析者であるセラピストが被分析者であるクライエントに対して解釈を与えるという治療関係であった．これに対し，ロジャーズは，クライエントの治療的変化には，セラピストとクライエントの対等な関係が重要であることを主張した．クライエントは本来，自分で回復できる力を持っていると考えたためである．

　治療過程においてセラピストに求められることは，解釈や分析を行うことではなく，クライエントが自らの問題に責任を持って取り組めるように，ク

ライエントの体験を受け止め，共感的に理解することであると，ロジャーズは主張した．当初，ロジャーズの方法は**非指示的療法**（non-directive therapy）とよばれたが，後に，彼はその表面的な技法よりセラピストの基本的態度の重要性を強調するため，**クライエント中心療法**（client-centered therapy）として，クライエントの主体性を尊重するためのセラピストの態度条件をまとめた．

○セラピストの基本的態度

クライエント中心療法では，クライエントを中心とするセラピストの態度によって，クライエントは本来の力を発揮し，自らの問題を解決することができると考える．ロジャーズは，セラピストの基本的態度として必要で十分な条件を以下の3点にまとめた．

(1) **無条件の肯定的配慮**（unconditional positive regard）

無条件の肯定的配慮とは，セラピストがクライエントの感情や体験を，評価を含まずに受け止めることである．

(2) **共感的理解**（empathic understanding）

共感的理解とは，セラピストが「あたかもその人のように（as if）」という状態を失わず，クライエントの体験や内的世界を自分自身も感じることである．

(3) **純粋性**（genuineness）

純粋性とは，セラピストがクライエントとの関係の中で，自分らしく，ありのまま（what he actually is）でいることである．

以上の3つの態度は相互に関連し，いずれか一つでも欠けると，セラピストの基本的な態度の成立は困難になる．クライエントのありのままを受け止め（無条件の肯定的態度），セラピスト自らがありのままでいること（純粋性）を基盤として，自らの感情を手がかりにし，クライエントに共感すること（共感的理解）ができるのである．

○自己概念と適応

ロジャーズは，個体の不適応な状態を，個体の経験と自己概念とのずれとして説明した．個体の経験と自己概念の間のずれが大きい場合，現実への適

応は困難な状態（不適応）となる．治療によって両者のずれを縮めることができ，適応へ向かうと考えられる．

　たとえば，何らかの失敗を経験し，この経験を受け入れることができないクライエントは，経験と自己概念のずれが大きい状態にあるといえる．失敗の経験により感じた否定的な感情を意識化することができず，自己概念の中に取り入れることができないのである．ここで，セラピストがクライエントをありのままに受け止め，共感することによって，クライエントは，失敗した経験をそのまま自己概念の中に取り入れることができるようになる．こうして，経験と自己概念の一致する部分が増えるのである．

　治療技法としてのクライエント中心療法は，その効果の実証性が十分に示されていないものの，セラピストの基本的態度については，**カウンセリング・マインド**として，教育や医療の現場などで広く活用されている．なお，セラピストの基本的態度を表す具体的な技法（うなずきや相づち）の有効性は，社会的相互作用の研究の枠組みからも明らかにされている（第13章「他者とのつながり」参照）．

◎科学的根拠にもとづく治療法

　アイゼンク（第12章「人となり」参照）は，1952年に「The effects of psychotherapy」を発表し，この中で，臨床心理学における科学的方法論の必要性を主張した．彼は多数の文献をレビューした結果，特に精神分析の効果について疑問を投げかけた．そして，当時まだ新しい試みであった，学習理論にもとづく治療法が有望であることを主張した．アイゼンクの主張を契機として，心理療法の効果を科学的に実証するエビデンスベイスト・アプローチが発展することとなる．このアプローチの中心的役割を担っているのは，**行動療法**（behavior therapy）である．行動療法は，その治療過程における方法を具体的に示すことができ，客観的に観察可能な行動の変化として治療効果を示すことができるためである．

　近年，エビデンスベイスト・アプローチは，臨床心理学の基本的立場とし

て位置づけられつつある（下山，2010）．個別のアセスメントにもとづいた実践や，治療効果の研究が進められたことで，臨床心理学は，専門活動としての社会的責任に焦点を当てるようになった．多様なクライエントに対応できるセラピストの育成も課題であり，たとえば，精神分析と行動療法という異なる立場を統合するような新しい技法も注目されている（大河内，2008）．

◎行動療法

行動療法では，個体の不適応は，何らかの学習（条件づけ）により獲得されたものと考える．このため，学習の原理に基づいて不適応を改善することが治療の基本となる．この考え方には，(1)問題行動は正常行動からの逸脱に過ぎないので，病気そのものは存在しない，(2)その治療は，問題行動を形成・維持している行動を強める仕組み（強化随伴性）を取り除くことである，(3)社会・文化的要因は，問題行動の形成・維持に重要な役割を果たしている，という前提がある．

○拮抗条件づけ

行動療法の先駆的研究としては，1920年代にジョーンズ（Jones, M. C.）が行った子どもの恐怖症治療が挙げられる．この試みは，ワトソンの情動条件づけを出発点とする（第5章「経験から学ぶ」参照）．ジョーンズは，ウサギ恐怖症の3歳の子どもを対象に，レスポンデント条件づけの原理にもとづいて治療を行った．彼女は，まず子どもの食事中に，子どもから離れた場所にウサギを置き，徐々にウサギの位置を子どもに近づけていった．この結果，数週間後には，子どもはウサギに近づき，触ることができるようになったのである．

彼女が使用した方法は，**拮抗条件づけ**（counterconditioning）とよばれている．これは，レスポンデント条件づけによって学習された行動を除去するための方法のひとつであり，特定の条件刺激（CS）に，それ以前に対呈示されていた無条件刺激（US 1）とは相反する別の無条件刺激（US 2）を新たに対呈示することによって，条件反射を除去する手続きである．つまり，

恐怖を引き起こす刺激（US1）と結びついたウサギ（CS）に，食事という恐怖と相反する刺激（US2）を対呈示することによって，ウサギに対する恐怖を除去したのである．このとき，ウサギと子どもの距離を徐々に近づける手続きを採用したことは，その後の研究に引き継がれている．

　ウォルピ（Wolpe, J.）は，特に不安・恐怖の治療法として**系統的脱感作**（systematic desensitization）を考案した．ジョーンズの方法と同様に拮抗条件づけを用いるが，これを導入する前に，表14-2のような**不安階層表**の作成と，リラックスをするための**弛緩法**を実施することが特徴である．セラピストは，まずクライエントに不安を感じる場面を列挙してもらい，それぞれの場面に対する主観的な不安の強さを **SUD**（Subjective Unit of Disturbance）とよばれる数値で表してもらう．これらを数値の低い順に並び替え，整理して，不安階層表を作成する．弛緩法としては，筋弛緩法，呼吸法，および自律訓練法などが用いられ，クライエントは，いずれかの弛緩法を習得する．これらの事前準備が整ったら，セラピストは，不安階層表に従って，SUDの低いものから順に，クライエントに刺激を呈示する．クライエントの不安が生じたら，弛緩法を用いて拮抗条件づけを行う．そして，クライエントの不安が消失したら，次の刺激を呈示した上で再び弛緩法を行う．このような作業を繰り返すことで，クライエントは，最終的に，当初は最もSUDが高かった場面に対しても不安を感じなくなるのである．セラピストとクライエントの共同作業として，不安階層表の作成と，弛緩法の習得という事前準備を行うことは，この治療法の成功に重要な役割を担う．

表14-2　不安階層表（中学生の不登校の事例）．

呈示順序	場面	SUD
1	休み時間に廊下で仲の良い友達と話す	10
2	廊下側の一番後ろの席で国語の授業を受ける	20
3	廊下側の一番後ろの席で英語の授業を受ける	30
4	窓側の一番後ろの席で国語の授業を受ける	40
5	一人で教室を移動する	50
6	昼休みに数名のグループでお弁当を食べる	60
7	遅刻して教室に入る際にクラスメイトに一斉に振り向かれる	80
8	英語の授業中に指名される	100

コラム

スクールカウンセリングの実際：不登校への対応と予防

　小学校4年生のAくんは，3ヶ月以上学校を欠席したままの状態が続いていた．家では食事をほとんど摂らず，自暴自棄な発言を繰り返すため，母親は追いつめられていた．

　長期の欠席が始まったきっかけは，ある日，給食中に気分が悪くなったことであった．病院で診てもらうと異常はなかったものの，本人にとっては呼吸ができないほどの大きな恐怖であった．それ以後，給食時間が近づくと気分が悪くなり，そのうち教室にいるだけで気分が悪くなった．保健室に行くと落ち着くが，頻繁に保健室に行くと担任やクラスメイトから叱責されてしまう．やがて，登校時間が近づくと気分が悪くなり，欠席が重なった．ここまでの経緯は，味覚嫌悪学習，レスポンデント般化，および行動随伴性（第5章「経験から学ぶ」参照）の枠組みで理解することができる．

　スクールカウンセリングで重要なことは，このような理解をもとに，今後どのように対応すべきか具体的に助言し，Aくんを取りまく環境を調整することである．この事例では，まず「遅刻や早退であっても，学校内で一定の時間を過ごすこと」を目標として，これができた日はカレンダーに花丸印を記入し，家族から賞賛や励ましの声をかけるよう助言した．それまで不定期に買い与えていたゲームソフトは，花丸が10個たまった時点で買う約束とした．学校側には，Aくんが一時的に教室外で時間を過ごせるよう，協力を依頼した．

　母親の初回来談から2週間後，Aくんは母親とともに，花丸印が記入されたカレンダーを持参して，カウンセリングルームにやってきた．カウンセラーに対し「思い切って行ってみたら，意外と大丈夫だった」と，久しぶりに行った学校での様子を楽しそうに語った．その後，目標を徐々に変更したところ，給食時間も含め，教室で過ごすことができるように

なり，食事に対する嫌悪感も解消されていった．

以上のように，行動療法では，(1)実現可能で具体的な目標を設定し，(2)目標を達成しやすいように学校や保護者と連携し，(3)達成したときの強化随伴性を設定することを基本的な手順とする．最終的には，設定した強化随伴性を元の状態に戻しても登校が継続されるよう働きかける．一般に，登校渋りとよばれるような段階で対応すれば，長期に渡る不登校は防ぐことができる．

近年，不登校や問題行動の予防的な取り組みとして，スクールカウンセラーが教室内で行う**心理教育**（psychoeducation）が注目されている．オペラント条件づけ（第5章「経験から学ぶ」参照）や観察学習の原理を基礎とした**社会的スキルトレーニング**（social skills training: SST）を，学校における集団場面に応用した実践はこの一例である（空間・和田・伊藤・佐伯，2009）．今後は，このような取り組みの長期的な効果を明らかにすることで，予防的介入のさらなる展開が期待される．

○応用行動分析

オペラント条件づけの原理にもとづく行動療法は，行動分析学の応用分野，**応用行動分析**（applied behavior analysis; ABA）の一つであり，**行動修正学**（behavior modification）ともよばれる．3項強化随伴性の枠組みを用いて不適応行動の機能を分析し，適応行動を定着させることで個体の心理的安定を図ろうとする方法は，特に問題行動を主訴とする子どもの事例で顕著な効果を発揮する．とりわけ，近年，**自閉症児**への治療教育的アプローチに関するエビデンス研究が活発に進められ，この結果，応用行動分析にもとづく療育は，最も効果的なアプローチであることが明らかにされた（井上，2009）．

応用行動分析にもとづく自閉症児の療育は，言語や社会的相互作用など，広範囲に及ぶ標的行動の獲得を目的として，統一的な手続きが用いられることが特徴である（山本・渋谷，2009）．実際の療育においては，セラピストは，

まずクライエントの好きなものを手がかりに，クライエントにとっての強化子を見つけ出し，セラピスト自身も強化子として機能するよう働きかける．基本的には，クライエントが標的行動を自発しやすいように先行刺激を整えた上で，自発された行動を強化する手続きを繰り返す．このとき徐々に，先行刺激を以前の自然な状態に戻したり，強化子を呈示する基準を変更することによって，標的行動の難度を上げていく．このようにして，クライエントは，様々な行動を獲得していくのである．標的行動は，クライエントが心理的に安定した状態で日常生活を過ごすために必要なものを中心として個別に設定される．

コラム

医療場面の応用行動分析

普遍的な行動の原理に基づく応用行動分析は，教育，医療，産業，福祉など，ヒトの行動を問題とする様々な領域に適用することができる．とりわけ，習慣化されていない新しい行動を継続して行うことが，生活および社会参加の維持に関わるような医療場面の事例では，応用行動分析を適用する必要性が高まっている．

飛田・鈴木・伊藤（2008）は，慢性疾患患者13名（平均年齢61.1歳）を対象に，運動行動の形成と維持を目的としたプログラムを開発し，この有効性を示した．このプログラムの特徴は，慢性腎不全の治療として血液の人工透析を受ける患者を対象に，透析の治療中に実施できる運動行動の形成と維持を目的として応用行動分析の技法を用いたことである．これは，透析治療に使う透析椅子にゴム製のチューブを設置し，これを手や足で引っ張ることで筋力を強化する運動である．ゴムの強度や引っ張る回数は，患者の状態に合わせて設定された．さらに，運動手帳を作成して，運動行動の実施結果を視覚的にフィードバックし，シールの貼付や言語的賞賛を強化子として用いた．3ヶ月間におよぶプログラムの

結果，対象となった13名の患者のうち12名の運動実施率は90％以上という高い水準を維持した．また，応用行動分析による介入を提供しない対照群との比較からも，このプログラムの有効性が明らかにされた．このプログラムの対象となった患者の一人は，プログラムの終了後「階段を上るのが楽になった」と日常場面において運動の効果を実感していることを報告している．

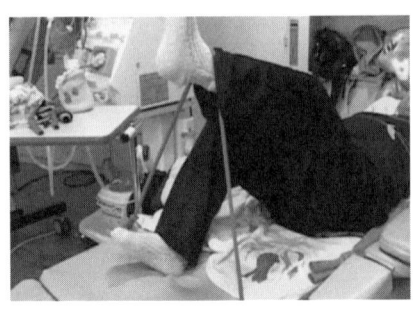

図14-1　透析中にベットの上で行うゴムを使った足の運動．

　このように，目標とする行動を自発しやすいような環境を提供し，この効果を実感させることで行動を維持するよう働きかける応用行動分析のアプローチは，今後，医療における様々な場面に適用されることが期待される．

〇他行動強化法

　応用行動分析では，ヒトや動物の行動分析で用いられた様々な方法を家庭や教室などで起こる問題行動の介入に用いている．その一つは，問題行動それ自体に介入するのではなく，問題行動とは無関係な別の行動に介入する方法である．これは，問題行動とは別の行動を強めたり，弱めたりする操作を行う手続きであり，**他行動強化法**とよばれる（山口・伊藤，2001）．

　この他行動強化法の理論的根拠は，第6章「複雑な学習」で述べた選択行動の基本原理であるマッチング法則から導出された（14-1）式の双曲線関数モデルである（伊藤，2005）．

$$R = \frac{kr}{r + r_e} \qquad (14-1)$$

ただし，R は単一の行動，r はその行動を行うことから得られる強化子，r_e は，この行動以外のすべての行動から得られる強化子，k は経験定数である．この式は，R が問題行動であるとしたら，問題行動を減らすには，問題行動から得られる強化子（r）を減らせばよいことを示している．さらに，この式は，これとは別のやり方，問題行動から得られる強化子には触れないで，全く別の行動から得られる強化子を増やすことで，問題行動を減らせることを意味している．前者の方法を問題行動そのものに働きかけるので**直接法**，後者の方法を別の行動へ働きかけるので**間接法**という．

　喫煙行動を止めさせるために，タバコの価格を上げることは，直接法を適用することであり，他の行動の選択肢（パソコンのゲームや楽器で遊ぶことなど）を設けることは，間接法を適用することである．このような間接法により喫煙量が減ることが示されているので，他行動強化法には一定の効果が認められている（Bickel, DeGrandpre, Higgins, Hughes & Badger, 1995）．

〇行動経済学的アプローチ

　第6章「複雑な学習」で取り上げた行動経済学から，また別の新たな治療法を導出することができる．行動を維持する強化子間の関係である代替性と補完性から，喫煙という問題行動を減らすために，タバコの価格を上げる（コストの増加）こと，補完関係にある飲酒の制限（補完財の直接操作），タバコと代替関係にあるニコチンパッチやニコチンガムの呈示（代替財の直接操作）などが提案されるのである．この新たな治療法は，他行動強化法と似ているようにも見えるが，行動経済学の枠組みから有効な介入を特定している点に大きな特徴がある．

　具体的事例から，2つの治療法の相違を見てみよう．「かんしゃく」を起こしている子どもと「かんしゃく」をなだめるために一緒に遊んだり，オモチャを買い与える親がいるとしよう．この事例では，子どもの「かんしゃく」

が問題行動，子どもと一緒に遊ぶことが問題行動の強化子，オモチャは他行動に対する強化子といえる．他行動強化法では，買い与えるオモチャを増やすことで，問題行動を減らすことができると考えるのに対し，行動経済学の補完性の観点からは，オモチャと遊びは補完関係にあるので，オモチャを買い与えることは，むしろ問題行動を増加させる結果となると考えられる．このように，取り上げた事例では，他行動強化法の限界と行動経済学的枠組みから導出される治療法の意義が示されている（山口・伊藤，2001）．

○認知行動療法

学習の原理に基づいて不適応を改善しようとする行動療法の考え方は，個体の行動と結びつく外的な刺激を重視する．これに対し，刺激の受け取り方の個体差に注目することで，個体の内面の問題として認知的側面を重視し，治療における行動の変容より，認知の変容を重視する立場は，**認知療法**（cognitive therapy）とよばれる．ここでの認知とは，個体がある場面に出会ったとき自動的に生じる思考（自動思考），および，個体が保持している信念（スキーマ）を意味する．認知療法では，個体の不適応は「認知の歪み」によってもたらされると考えられる．認知に焦点を当て，この歪みを修正することが治療の基本となる．多くの場合，クライエントの認知に介入する際には，認知的技法だけでなく行動的技法も活用する．行動療法と認知療法の2つを源流とし，これらを効果的に組み合わせる技法は，総称として，**認知行動療法**（cognitive behavior therapy）とよばれる．

認知行動療法は，特に成人の気分障害や不安障害に有効であることが報告されている．実際の治療は，構造化された手順で行われることが特徴である．治療技法として，たとえば，**セルフ・モニタリング法**をホームワークとして用いる．これは，クライエントが自ら，日常的にある場面において生じた自動思考や感情を記録することで，感情や思考のパターン（信念）に気づき，認知の変容につなげることを目的とする．一般に，認知行動療法におけるクライエントは，セラピストとの合意に基づき，治療に対して協力的な姿勢が求められる．このような特徴から，適用範囲が限られることも事実ではある

が，予防的な介入としての有効性も明らかにされている．

読書ガイド

- 下山晴彦『これからの臨床心理学』（臨床心理学をまなぶ1）　培風館　2010
  *臨床心理学をこれから学ぼうとする読者向けに，臨床心理学の歴史と現状について詳しく解説されている．臨床心理学の今後の課題と展望についても述べられている．

- 玉瀬耕治・佐藤容子（編）『臨床心理学』（心理学のポイント・シリーズ）　学文社　2009
  *臨床心理学の基礎知識について，設問に回答する形式で分かりやすくまとめられ，キーワードを簡便に確認できるよう工夫されている．

- Miltenberger, R.G. *Behavior Modification: Principles and Procedures*; (2nd ed.) Wandsworth. 2001.（園山繁樹・野呂文行・渡部匡隆・大石幸二（訳）『行動変容法入門』二瓶社）　2006
  *応用行動分析の初学者向けに，応用行動分析の基礎知識と技法について詳しく解説されている．

課題14-1：精神分析療法，クライエント中心療法，および行動療法における個体の不適応の捉え方と，治療の方向性の違いについて述べなさい．

課題14-2：エビデンスベイスト・アプローチについて述べなさい．

文　献

第1章

- Bridgman, P. W.（1928）*The logic of modern physics*. New York: Macmillan.（今田 恵・石橋栄（訳）『現代物理学の論理』創元科学叢書　1941）
- 平野啓一郎『私とは何か：「個人」から「分人」へ』講談社現代新書　2012
- 廣松 渉他（編）『岩波 哲学・思想事典』岩波書店　1998
- 伊藤正人『行動と学習の心理学：日常生活を理解する』昭和堂　2005
- James, W.（1907）*Pragmatism*（枡田啓三郎（訳）『プラグマティズム』岩波文庫　1957）
- 森山 徹『ダンゴムシに心はあるのか：新しい心の科学』PHP新書　2011
- Neisser, U.（1967）*Cognitive psychology*. New York: Appleton-Century-Crofts.
- Nolen-Hoeksema, S., Fredrickson, B., Loftus, G. R., & Lutz, C. *Atkinson & Hilgard's Intoroduction to psychology*（16th. Ed.）.（内田一成（監訳）『ヒルガードの心理学（第16版）』金剛出版　2015）
- O'Donohue, W., & Kitchener, R.（1999）*Handbook of behaviorism*. New York: Academic Press.
- 佐藤方哉『行動理論への招待』大修館書店　1976
- Schultz, D. P., & Schultz, S. E. 2000 *A history of modern psychology*（7 th Ed.）Harcourt Brace.（村田孝次（訳）『現代心理学の歴史（第3版）』培風館　1992）
- Skinner, B. F.（1935）The generic nature of the concepts of stimulus and response. *Journal of General Psychology*, **12**, 40–65.
- Skinner, B. F.（1974）*About behaviorism*. New York: Knopf.
- Watson, J. B.（1913）Psychology as the behaviorist views it. *Psychological Review*, **20**, 158–177.
- Williams, M.（1999）*Wittgenstein, mind and meaning: Toward a social conception of mind*. Routlege.（宍戸通庸（訳）『ウィトゲンシュタイン，心，意味：心の社会的概念に向けて』松柏社　2001）

第2章

- 安藤洋美（1989）『統計学けんか物語：カール・ピアソン一代記』海鳴社
- Bernard, C.（1865）*Introduction a l'etude de la medicine experimentale*（三浦岱栄（訳）『実験医学序説』岩波文庫　1970）
- 伊藤正人（2006）『心理学研究法入門：行動研究のための研究計画とデータ解析』昭和堂
- Kuhn, T.（1962）*The structure of scientific revolution*. Chicago: The University of Chicago Press.（中山 茂（訳）『科学革命の構造』みすず書房　1971）
- Mach, E.（1918）*The analysis of sensations and the relation of the physical to the psychical*.

（須藤吾之助・廣松 渉（訳）『感覚の分析』法政大学出版局　1971）

第3章

- 相場 覚（編）『現代基礎心理学2　知覚1：基礎過程』東京大学出版会　1982
- Atkinson, R. L., Atkinson, R. C., Smith, E. E., Bem, D. J., & Nolen-Hoeksema（2000）*Hilgard's introduction to psychology*（13th Ed.）Wadsworth Publishing.（内田一成（監訳）『ヒルガードの心理学』ブレーン出版　2002）
- Blough, D. S.（1958）A method for obtaining psychophysical thresholds from the pigeon. *Journal of the Experimental Analysis of Behavior*, **1**, 31-43.
- Gescheider, G. A.（1997）*Psychophysics: The fundamentals*（3 rd Ed.）LEA（宮岡徹（監訳）『心理物理学：方法・理論・応用』北大路書房　2002）
- 印東太郎（1969）尺度構成　和田陽平・大山 正・今井省吾（編）『感覚知覚ハンドブック』誠信書房
- 木下富雄（編）『教材心理学：心の世界を実験する（第4版）』ナカニシヤ出版　2001
- 日本色彩学会『新編 色彩科学ハンドブック（第3版）』東京大学出版会　2011
- Stevens, S. S.（1979）*Psychophysics*. New York: Academic Press.
- Stevens, S. S., & Guirao, M.（1964）Individual loudness functions. *Journal of the Acoustical Society of America*, **36**, 2210-2213.
- 山内昭雄・鮎川武二『感覚の地図帳』講談社　2001
- Yamazaki, Y., Yamada, H., Murofushi,, M., Momose, H., & Okanoya, K.（2004）Eastimation of hearing range in raptors using unconditioned responses. *Ornithological Science*, **3**, 85-92.

第4章

- Boakes, R.（1984）*From Darwin to behaviorism: Psychology and the minds of animals*. Cambrige University Press.（宇津木保・宇津木成介（訳）『動物心理学史：ダーウィンから行動主義まで』誠信書房　1990）
- Catania, C. A.（1970）Reinforcement schedules and psychophysical judgments: A study of some temporal properties of behavior. In W. N. Schoenfeld（Ed.）, *The theory of reinforcement schedules*. New York: Appleton-Century-Crofts.
- Duncker, K.（1938）Induced motion. In W. H. Ellis（Ed.）, *Source book of gestalt psychology*. London: Harcourt Brace.
- Gibson, E. J., & Walk, R. D.（1960）The "Visual cliff" *Scientific American*, **202**, 64-71.

- Held, R., & Hein, A.（1963）Movement produced stimulation in the development of visually guided behavior. *Journal of Comparative and Physiological Psychology*, **56**, 872-876.
- 伊藤正人（1976）動物に於ける時間弁別：その心理物理学的研究　大阪市立大学文学部紀要「人文研究」第28巻　498-522.
- Ito, M., & Asano, T.（1977）Temporal discrimination in Japanese monkeys. *Japanese Psychological Research*, **19**, 39-47.
- Kanizsa, G.（1979）*Organization in vision: Essays on Gestalt perception*.（野口薫（監訳）『視覚の文法：ゲシュタルト知覚論』サイエンス社　1985）
- 木下富雄（編）『教材心理学：心の世界を実験する（第4版）』ナカニシヤ出版　2001
- 森川和則（2010）知覚心理学は右肩下がりか，右肩上がりか　38年間のトレンド．心理学ワールド　第51号　日本心理学会
- 中村敏枝（2003）この世界を意味づけること　金児暁嗣（編）『サイコロジー事始め』有斐閣
- 鳥居修晃（編）『現代基礎心理学3　知覚2：認知過程』東京大学出版会　1982
- Treisman, M.（1963）Temporal discrimination and the indifference interval: Implications for a model of the "internal clock". *Psychological Monographs*, 77,（13, No.576）.
- von Uexküll, J., & Kriszat, G. *Streifzüge durch die Umwelten von Tieren und Menschen*. Fischer verlag 1934（日高敏隆・羽田節子（訳）『生物から見た世界』岩波文庫　2005）
- 和田陽平・大山正・今井省吾（編）『感覚知覚ハンドブック』　誠信書房　1969

第5章

- Ferster, C. B., & Skinner, B.F.（1957）*Schedules of reinforcement*. New York: Appleton-Century-Crofts.
- Garcia, J., Ervin, F. R., & Koelling, R. A.（1966）Learning with prolonged delay of reinforcement. *Psychonomic Science*, **5**, 121-122.
- 伊藤正人（2005）『行動と学習の心理学：日常生活を理解する』昭和堂
- Jenkins, H. M., & Harrison, R. H.（1960）Effect of discrimination training on auditory generalization. *Journal of Experimental Psychology*, **59**, 246-253.
- 実森正子・中島定彦（2000）『学習の心理：行動のメカニズムを探る』サイエンス社
- Lowe, C. F., Beasty, A., & Bentall, R. P.（1983）The role of verbal behavior in human learning: Infant performance on fixed-interval schedules. *Journal of the Experimental Analysis of Behavior*, **39**, 157-164.
- Mazur, J. E.（2006）*Learning and Behavior*. NJ: Pearson Prentice-Hall.（磯　博行・坂上貴之・

- 川合伸幸（訳）『メイザーの学習と行動（日本語版 第3版）』二瓶社　2008）
- 小野浩一（2005）『行動の基礎：豊かな人間理解のために』培風館
- Premack, D.（1962）Reversibility of the reinforcement relation. *Science*, **136**, 255-257.
- Premack, D.（1963）Prediction of the comparative reinforcement values of running and drinking. *Science*, **139**, 1062-1063.
- Reynolds, G. S.（1975）*A primer of operant conditioning*. San Francisco: Foresman.（浅野俊夫（訳）『オペラント心理学入門：行動分析への道』サイエンス社　1978）
- 佐藤方哉（1976）『行動理論への招待』大修館書店
- Smith, J. C., & Roll, D. L.（1967）Trace conditioning with X-rays as the aversive stimulus. *Psychonomic Science*, **9**, 11-12.
- 杉山尚子（2005）『行動分析学入門—ヒトの行動の思いがけない理由』集英社新書
- Thorndike, E. I.（1911）*Animal intelligence: Experimental studies*. New York: Macmillan.
- Tinbergen, N.（1950）*The study of instinct*. Oxford: Oxford University Press.（永野為武（訳）『本能の研究』三共出版　1959）
- Watson, J. B., & Rayner, R.（1920）Conditioned emotional reactions. *Journal of Experimental Psychology*, **3**, 1-14.
- Yerkes, R. M., & Morgulis, S.（1909）The method of Pavlov in animal psychology. *Psychological Bulletin*, **6**, 257-273.

第6章

- 朝日新聞記事「チンパンジーも技見て盗む」　2013
- Baum, W. M.（1974）On two types of deviation from the matching law: Bias and undermatching. *Journal of the Experimental Analysis of Behavior*, **22**, 231-242.
- Baum, W. M.（1979）Matching, undermatching, and overmatching in studies of choice. *Journal of the Experimental Analysis of Behavior*, **32**, 269-281.
- Epstein, R.（1981）On pigeons and people: A preliminary look at the columban simulation project. *The Behavior Analyst*, **4**, 43-55.
- Epstein, R., Lanza, R. P., & Skinner, B. F.（1979）Symbolic communication between two pigeons (*Columba livia domestica*). *Science*, **207**, 543-545.
- 藤田和生（1998）『比較認知科学への招待：「こころ」の進化学』ナカニシヤ出版
- Herrnstein, R. J.（1961）Relative and absolute strength of response as a function of frequency of reinforcement. *Journal of the Experimental Analysis of Behavior*, **4**, 267-272.
- Holland, J. G., & Skinner, B. F.（1961）*The analysis of behavior: a program for self-instruction*.

- New York: McGraw-Hill.
- Hursh, S. R.（1980）Economic concepts for the analysis of behavior. *Journal of the Experimental Analysis of Behavior*, **34**, 219–238.
- 石田 淳（2007）『短期間で組織が変わる行動科学マネジメント』ダイヤモンド社
- 伊藤正人（1983）選択行動　佐藤方哉（編）『現代基礎心理学6　学習II　その展開』東京大学出版会
- 伊藤正人（2009）マッチング関数を使う　坂上貴之（編）『意思決定と経済の心理学』朝倉書店
- 舞田竜宣・杉山尚子（2008）『行動分析学マネジメント：人と組織を変える方法論』日本経済新聞出版社
- 松沢哲郎（1991）『チンパンジー・マインド：心と認識の世界』岩波書店
- 島宗 理（2000）『パフォーマンス・マネジメント―問題解決のための行動分析学―』米田出版
- Skinner, B. F.（1968）*The technology of teaching*. New York: Appleton-Century-Crofts.（村井 実・沼野一男（監訳）『教授工学』　東洋館出版社　1969）
- 恒松 伸（2009）需要関数を使う　坂上貴之（編）『意思決定と経済の心理学』朝倉書店
- 渡辺 茂（編）（2000）『心の比較認知科学』ミネルヴァ書房

第7章

- Ainslie, G. Breakdown of will. Cambridge: Cambridge University Press. 2001（山形浩生（訳）『誘惑される意志』NTT出版 2006）
- Ayres, I. *Carrots and sticks*：*Unlock the power of incentives to get things done.* Bantam. 2010（山形浩生（訳）『ヤル気の科学：行動経済学が教える成功の秘訣』文藝春秋 2012）
- Butler, R. A.（1954）Curiosity in monkeys. *Scientific American*, Feb.70–75.
- Darwin，C.（1872）*The expression of the emotiions in man and animals*. Chicago: The University of Chicago Press.
- Eible-Eibesfeldt, I.（1972）Similarites and differences between cultures in experessive movement. In R. A. Hinde（Ed.）, *Non-verbal communication*. Cambridge: Cambrigde University Press.
- Harlow, H. F.（1976）Monkeys, men, mice, motives, and sex. In H. P. Zeigler（Ed.）, *Psychological research: The inside story*. New York: Harper & Row.
- James, W.（1982）*Psychology, briefer course*.（今田寛（訳）心理学（上下）岩波文庫 1992）
- 国友隆一　『セブン―イレブン流心理学』　三笠書房　1999

- Lindsy, D. B. (1951) Emotion. In S. S. Stevens (Ed.), *Handbook of experimental psychology.* New York: John Wily & Sons.
- Lubinski, D., & Thompson, T. (1987) An animal model of the interpersonal communication of interoceptive (private) states. *Journal of the Experimental Analysis of Behavior*, **48**, 1-15.
- 日本行動科学学会（編）『動機づけの基礎と実際：行動の理解と制御をめざして』川島書店　1997
- 新美良純・白藤美隆　(1969)　皮膚電気反射：基礎と応用　医歯薬出版
- Seligman, M. E. P. (1975) *Helplessness: On depression, development, and death.* San Francisco: Freeman.
- Smith, C. A., & Ellsworth, P. C. (1987) Patterns of cognitive appraisal in emotion. *Journal of Personality and Social Psychology*, **48**, 813-848.

第 8 章

- Baddeley, A. D., & Hitch, G. (1974) Working memory. In G. H. Bower (Ed.) *The psychology of learning and motivation.* Vol. 8 Academic Press.
- Blough, D. S. (1959) Delayed matching in the pigeon. *Journal of the Experimental Analysis of Behavior*, **2**, 151-160.
- Collins, A. M., & Loftus, E. F. (1975) A spreading-activation theory of semantic processing. *Psychological Review*, **82**, 407-428.
- D'Amato, M. R., & O'Neill, W. (1971) Effect of delay interval illumination on matching behavior in the capuchin monkey. *Journal of the Experimental Analysis of Behavior*, **15**, 327-333.
- Glanzer, M., & Cunitz, A. R. (1966) Two storage mechanisms in free recall. *Journal of Verbal Learning and Verbal Behavior*, **5**, 351-360.
- Inoue, S., & Matsuzawa, T. (2007) Working memory of numerals in chimpanzees. *Current Biology*, **17**, 1004-1005.
- Lindsay, P., & Norman, D. (1977) *Human information processing* (2nd Ed.) New York：Academic Press.
- Loftus, E. F., & Palmer, J. C. (1974) Reconstruction of automobile destruction: An example of the interaction between language and memory: *Journal of Verbal Learning and Verbal Behavior*, **13**, 585-589.
- Meyer, D. E., & Schvaneveldt, R. W. (1976) Meaning, memory structure, and mental processes. *Science*, **192**, 27-33.
- Miller, G. A. (1956) The magical number seven, plus or minus two：Some limit on our capacity

for processing information *Psychological Review*, **63**, 81-97.
- 太田信夫・多鹿秀継（2000）『記憶研究の最前線』北大路書房
- Sands, S. F., & Wright, A. A. (1980) Serial probe recognition performance by a rhesus monkey and a human with 10-and 20-item lists. *Journal of Experimental Psychology: Animal Behavior Processes*, **6** , 386-396.
- 高野陽太郎（1995）『認知心理学2：記憶』東京大学出版会
- Tulving, E., Schacter, D. S., & Stark, H. A. (1982) Priming effects in word-fragment completion are independent of recognition memory. *Journal of Experimental Psychology: Learning, Memory, and Cognition*, **8** , 336-342.

第9章

- Dixon, M. R., Hayes, L. J., Binder, L. M., Manthey, S., Sigman, C., & Zdanowski, D. M. (1998) Using a self-control training procedure to increase appropriate behavior. *Journal of Applied Behavior Analysis*, **31**, 203-22.
- Green, L., Fry, A. F., & Myerson, J. (1994) Discounting of delayed rewards: A life-span comparison. *Psychological Science*, **5** , 33-36.
- Green, L., Myerson, J., Lichtman, D., Rosen, S., & Fry, A. F. (1996) Temporal discounting in choice between delayed rewards: The role of age and income. *Psychology and Aging*, **11**, 79-84.
- Green, L., Myerson, J., & Ostaszewski, P. (1999) Amount of reward has opposite effects on the discounting of delayed and probabilistic outcomes. *Journal of Experimental Psychology: Learning, Memory, and Cognition*, **25**, 418-427.
- Hare, T. A., Camerer, C. F., & Rangel, A. (2009) Self-control in decision-making involves modulation of the vmPFC valuation system. *Science*, **324**, 646-648.
- 広田すみれ・増田真也・坂上貴之（編）（2006）『心理学が描くリスクの世界―行動的意思決定入門（改訂版）』慶應義塾大学出版会
- 実光由里子・大河内浩人（2007）確率による報酬の価値割引：現実場面と仮想場面の比較 心理学研究, **78**, 269-276.
- Kahneman, D., & Tversky, A. (1979) Prospect theory: An analysis of decision under risk. *Econometrica*, **47**, 263-291.
- Madden, G. J., Petry, N. M., Badger, G. J., & Bickel, W. K. (1997) Impulsive and self-control choices in opioid-dependent patients and non-drug-using control participants: Drug and monetary rewards. *Experimental and Clinical Psychopharmacology*, **5** , 256-262.

- Mazur, J. E. (1987) An adjusting procedure for studying delayed reinforcement. In M. L. Commons, J. E. Mazur, J. A. Nevin, & H. Rachlin (Eds.), *Quantitative analyses of behavior: Vol. 5 The effect of delay and of intervening events reinforcement value*. NJ: Lawrence Erlbaum Association. pp. 55-73.
- Mazur, J. E., & Logue, A. W. (1978) Choice in a "self-control" paradigm: Effects of fading procedure. *Journal of the Experimental Analysis of Behavior*, **30**, 11-18.
- Rachlin, H. (1976) *Behavior and learning*. San Francisco: Freeman.
- Rachlin, H., & Green, L. (1972) Commitment, choice and self-control. *Journal of the Experimental Analysis of Behavior*, **17**, 15-22.
- Rachlin, H., Raineri, A., & Cross, D. (1991) Subjective probability and delay. *Journal of the Experimental Analysis of Behavior*, **55**, 233-244.
- 佐伯大輔（2011）『価値割引の心理学―動物行動から経済現象まで』昭和堂
- 佐伯大輔・伊藤正人・佐々木恵（2004）青年期における遅延・確率・共有による報酬の価値割引　日本行動分析学会第22回年次大会発表論文集, 56.
- 坂上貴之（編）（2009）『意思決定と経済の心理学』　朝倉書店

第10章

- Bruner, J. S., Goodnow, J. J., & Austin, G. A. (1956) *A study of thinking*. New York: John Wiley & Sons.（岸本　弘・岸本紀子・杉崎恵義・山北　亮（訳）『思考の研究』明治図書出版，1969）
- Gigerenzer, G., & Hoffrage, U. (1995) How to improve Bayesian reasoning without instruction: Frequency formats. *Psychological Review*, **102**, 684-704.
- Köhler, W. (1925) *The mentality of apes*. London: Kegan Paul.（宮　孝一（訳）『類人猿の知恵試験』岩波書店，1962）
- Lefford, A. (1946) The influence of emotional subject matter on logical reasoning. *Journal of General Psychology*, **34**, 127-151.
- Luchins, A. S. (1942) Mechanization in problem solving. *Psychological Monographs*, **54**（6）, No. 248.
- Mayer, R. E. (1977) *Thinking and problem solving: An introduction to human cognition and learning*. IL: Scott, Foresman and Company.（佐古順彦（訳）『新思考心理学入門―人間の認知と学習へのてびき―』サイエンス社，1979）
- 森　敏昭・井上　毅・松井孝雄（1995）『グラフィック認知心理学』サイエンス社
- 佐伯大輔・伊藤正人（1997）不確実状況における意思決定を巡る「選択行動研究」と

「認知的意思決定研究」の融合　行動分析学研究, **11**, 56-70.
- 佐藤方哉（1976）『行動理論への招待』大修館書店
- von Fersen, L., Wynne, C. D., Delius, J. D., & Staddon, J. E.（1991）Transitive inference formation in pigeons. *Journal of Experimental Psychology: Animal Behavior Processes*, **17**, 334-341.
- Vygotsky, L. S.（1934）Мышление и речь.（柴田義松（訳）『新訳版　思考と言語』新読書社　2001）
- Winokur, S.（1976）*A primer of verbal behavior: an operant view.* NJ: Prentice-Hall.（佐久間徹・久野能弘（監訳）『スキナーの言語行動理論入門』ナカニシヤ出版, 1984）
- 山岸直基（2000）系列反応の変動性に及ぼす強化随伴性の効果　行動分析学研究, **15**, 52-66.

第11章

- Allport, G. W.（1962）Psychological models for guidance. *Harvard Educational Review*, **32**, 373-381.
- Buss, A. H., & Plomin, R.（1984）*Temperament: Early developing personality traits.* Erlbaum.
- Clarke-Stewart, A., Friedman, S., & Koch, J.（1985）*Child development: A topical approach.* New York: John Wiley & Sons.
- Erikson, E. H.（1963）*Childhood and society*（2nd ed.）New York: Norton.（仁科弥生（訳）『幼児期と社会』みすず書房　1977）
- Forzano, L. B., Michels, J. L., Carapella, R. K., Conway, P., & Chelonis, J. J.（2011）Self-control and impulsivity in children: Multiple behavioral measures. *The Psychological Record*, **61**, 425-448.
- Goldsmith, H. H.（1983）Genetic influences on personality from infancy to adulthood. *Child Development*, **54**, 331-355.
- 樋口義治・金子尚弘・高橋たまき　発達　小川隆（監修）　杉本助男・佐藤方哉・河嶋孝（編）（1989）『行動心理ハンドブック』培風館
- 香山リカ（2009）ニッポン　母の肖像『NHK 知る楽　歴史は眠らない』日本放送出版協会
- Mischel, W., Shoda, Y., & Rodriguez, M. L.（1989）Delay of gratification in children. *Science*, **244**, 933-938.
- 小川真人・高橋登（2012）幼児の役割遊び・ふり遊びと「心の理論」の関連　発達心理学研究, **23**, 85-94.
- 奥田健次・井上雅彦（2000）自閉症児の「心の理論」指導研究に関する行動分析学的

検討：誤信課題の刺激性制御と般化　心理学評論, **43**, 427-442.
- Piaget, J.（1964）*Six etudes de psychologie*. Geneve: Editions Gonthier.（滝沢武久（訳）『思考の心理学：発達心理学の6研究』みすず書房　1999）
- Premack, D., & Woodruff, G.（1978）Does the chimpanzee have a theory of mind? *Behavioral and Brain Sciences*, **4**, 515-526.
- Schlinger, H. D.. *A behavior analytic view of child development*. Plenum.（1995）（園山繁樹・山根正夫・根ヶ山俊介・大野裕史（監訳）『行動分析学から見た子どもの発達』二瓶社　1998）
- Sonuga-Barke, E. J. S., Lea, S. E. G., & Webley, P.（1989）The development of adaptive choice in a self-control paradigm. *Journal of the Experimental Analysis of Behavior*, **51**, 71-85.
- 空間美智子（2011）報酬の価値割引から見た自己制御の発達的研究　大阪市立大学大学院文学研究科博士論文
- 空間美智子・伊藤正人・佐伯大輔（2010）就学児における自己制御の発達的変化：小学生用簡易版遅延割引質問紙の改訂　日本行動分析学会第28回年次大会論文集, 120.
- 空間美智子・伊藤正人・佐伯大輔・嶋崎まゆみ（2010）自閉症児の自己制御訓練における選択手続きの検討　人文研究, **61**, 162-170.
- Sroufe, L. A., & Waters, E.（1976）The ontogenesis of smiling and laughter: A perspective on the organization of development in infancy. *Psychological Review*, **83**, 173-189.
- 高橋道子・藤崎眞知代・仲真紀子・野田幸江（1993）『子どもの発達心理学』新曜社
- 矢野喜夫（1979）文化環境と人格形成　岡本夏生・野村庄吾（編）『育つことのうちそと』ミネルヴァ書房　104-150.
- Vygotsky, L. S.（1960）История развития высших психических функций.（柴田義松（監訳），土井捷三・神谷栄司・園田貴章（訳）『文化的―歴史的精神発達の理論』学文社　2005）
- Vygotsky, L. S.（1934）Мышление и речь.（柴田義松（訳）『新訳版　思考と言語』新読書社　2001）
- 若井邦夫（2006）『グラフィック乳幼児心理学』サイエンス社

第12章

- Allport, G. W.（1961）*Pattern and growth in personality*. New York: Holt, Rinehart and Winston.（今田　恵（監訳），星野　命・今田　寛（訳）『人格心理学』誠信書房　1968）
- Dollard, J. & Miller, N. E.（1950）*Personality and psychotherapy: An analysis in terms of learning, thinking, and culture*. New York: McGraw-Hill.（河合伊六・稲田準子（訳）『人格

と心理療法：学習・思考・文化の視点』誠信書房　1972）
- Eysenck, H. J.（1967）*The biological basis of personality*. Springfield: Charlesc, Thomas publisher.（梅津耕作・祐宗省三他（訳）『人格の構造：その生物学的基礎』岩崎学術双書　1973）
- Freud, S.（1911）Formulations regarding the two principles in mental functioning. Collected papers/ Sigmund Freud; authorized translation under the supervision of John Riviere; vol. 4. Basic Books.（1959）13-21.（井村恒郎・小此木啓吾（訳）精神現象の二原則に関する定式『自我論・不安本能論』人文書院　1970）
- Freud, S.（1933）Neue Folge der Vorlesungen zur Einführung in die Psychoanalyse.（懸田克躬・高橋義孝（訳）『精神分析入門：(正・続)』人文書院　1971）
- 川崎佐紀子・佐藤方哉・若山達子・渡辺恵子（1989）パーソナリティ　小川　隆（監修）杉本助男・佐藤方哉・河嶋　孝（編）『行動心理ハンドブック』　培風館
- Kretschmer, E.（1958）*Geniale Menschen*.（内村祐之（訳）『天才の心理学』　岩波文庫　1982）
- Kretschmer, E.（1921）*Körperbau und Charakter: Untersuchungen zum Konstitutionsproblem und zur Lehre von den Temperamenten*. Berlin: Springer.（相場　均（訳）『体格と人格』文光堂　1974）
- Mischel, W.（1968）*Personality and assessment*. New York: Wiley.（託摩武俊（監訳）1992『パーソナリティの理論：状況主義的アプローチ』　誠信書房）
- Mischel, W. & Shoda, Y.（1995）A congnitive-affective system theory of personality: Reconceptualizing situations, dispositions, dynamics,and invariance in personality structure. *Psychological Review*, **102**, 246-268.
- Mischel, W., Shoda, Y., & Ayduck, O.（2007）*Introduction to personality : Toward an integrative science of the person*; 8 th ed. New York: Wiley.（黒沢　香・原島雅之（監訳）2010『パーソナリティ心理学：全体としての人間の理解』　培風館）
- 小塩真司（2010）『はじめて学ぶパーソナリティ：個性をめぐる冒険』ミネルヴァ書房
- 渡邊芳之（2010）『性格とはなんだったのか：心理学と日常概念』新曜社

第13章

- Asch, S. E.（1946）Forming impression of personality. *Journal of Abnormal and Social Psychology*, **41**, 258-290.
- Asch, S. E.（1951）Effects of group pressure upon the modification and distortion of judgments. In H. Guetzkow（Ed.）*Groups, leadership and men: Research in human relations*. Carnegie Press.

- Conger, R., & Killeen, P.（1974）Use of concurrent operants in small group research. *Pacific Sociological Review*, **17**, 399-416.
- Deutsch, M., & Gerard, H. B.（1955）A study of normative and informational social influences upon individual judgment. *Journal of Abnormal and Social Psychology*, **51**, 629-636.
- Festinger, L., & Carlsmith, J. M.（1959）Cognitive consequences of forced compliance. *Journal of Abnormal and Social Psychology*, **58**, 203-210.
- Fretwell, S. D., & Lucas, H. L, Jr.（1970）On territorial behavior and other factors influencing habitat distribution in birds. *Acta Biotheoretica*, **19**, 16-36.
- Green, L., Price, P. C., & Hamburger, M. E.（1995）Prisoner's dilemma and the pigeon: Control by immediate consequence. *Journal of the Experimental Analysis of Behavior*, **64**, 1-17.
- Harper, D. G. C.（1982）Competitive foraging in mallards : "Ideal free"ducks. *Animal Behaviour*, **30**, 575-589.
- Hunt, P. J., & Hillery, J. M.（1973）Social facilitation in a coaction setting: An examination of the effects over learning trials. *Journal of Experimental Social Psychology*, **9** , 563-571.
- 池上知子・遠藤由美（1998）『グラフィック社会心理学』サイエンス社
- Ito, M., Saeki, D., & Green, L.（2011）Sharing, discounting, and selfishness: A Japanese-American comparison. *The Psychological Record*, **60**, 59-76.
- Jones, E. E., & Harris, V. A.（1967）The attribution of attitudes. *Journal of Experimental Social Psychology*, **3** , 1-4.
- Kraft, J. R., & Baum, W. M.（2001）Group choice: The ideal free distribution of human social behavior. *Journal of the Experimental Analysis of Behavior*, **76**, 21-42.
- Milgram, S.（1965）Some conditions of obedience and disobedience to authority. *Human Relations*, **18**, 57-76.
- Milgram, S.（1974）*Obedience to authority*. New York: Harper and Row.
- Poundstone, W. *Prisoner's dilemma: John von Neumann, Game theory and the puzzle of the bomb.* Doubleday.（1992）（松浦俊輔他（訳）『囚人のジレンマ：フォン・ノイマンとゲームの理論』青土社　1995）
- Stephens, D. W., McLinn, C. M., & Stevens, J. R.（2002）Discounting and reciprocity in an iterated prisoner's dilemma. *Science*, **298**, 2216-2218.
- Triandis, H. C.（1995）*Individualism and collectivism*. Colorado: Westview Press.（神山貴弥・藤原武弘（編訳）『個人主義と集団主義：2つのレンズを通して読み解く文化』北大路書房　2002）
- von Neumann, J., & Morgenstern, O.（1944）*Theory of games and economic behavior* (3rd ed.).

（銀林 浩・橋本和美・宮本敏雄（監訳），阿部修一・橋本和美（訳）『ゲームの理論と経済行動』ちくま学芸文庫　2009）
- 山口哲生・伊藤正人（2006）理想自由分布理論に基づく個体分布の実験的検討：絶対報酬量と集団サイズの効果　心理学研究，**76**, 547-553.
- 山口哲生・伊藤正人・佐伯大輔・大西佑佳（2008）ハト集団における社会的順位の尺度化　動物心理学研究，**58**, 133-138.

第14章

- Bickel, W. K., DeGrandpre, R. J., Higgins, S. T., Hughes, J. R., & Badger, G. J. (1995) Effects of simulated employment and recreation on drug taking: A behavioral economic analysis. *Experimental and Clinical Psychopharmacology*, **3**, 467-476.
- Eysenck, H. J. (1952). The effects of psychotherapy: an evaluation. *Journal of Cousulting Psychology*, **16**. 319-324.
- Eysenck, H. J. (1966) *The effects of psychotherapy.* Internatinal Science Press, Inc.（大原健士郎・清水 信（訳）『心理療法の効果』誠信書房　1969）
- 井上雅彦（2009）自閉症児に対するエビデンスに基づく実践を我が国に定着させるための戦略　行動分析学研究，**23**, 173—183.
- 伊藤正人（2005）『行動と学習の心理学：日常生活を理解する』昭和堂
- Miltenberger, R.G. *Behavior Modification: Principles and Procedures*; (2nd ed.) Wandsworth. (2001).（園山繁樹・野呂文行・渡部匡隆・大石幸二（訳）『行動変容法入門』二瓶社　2006）
- 大河内浩人（2008）機能分析心理療法と心理療法の統合　臨床心理学，**8**, 123-129.
- 下山晴彦（2010）『これからの臨床心理学』（臨床心理学をまなぶ1）　培風館
- 空間美智子・和田彩紀子・伊藤正人・佐伯大輔（2009）小学校におけるカードゲームを用いた集団社会的スキル訓練　日本行動療法学会第35回大会発表論文集，324-325.
- 玉瀬耕治・佐藤容子（編）（2009）『臨床心理学』（心理学のポイント・シリーズ）学文社
- 飛田伊都子・鈴木純恵・伊藤正人（2008）運動行動の維持を導くプログラムの有効性：慢性血液透析者における臨床実験介入的検討　日本行動分析学会第26回年次大会論文集，49.
- 山口哲生・伊藤正人（2001）喫煙・飲酒・薬物摂取の行動経済学　行動分析学研究，**16**, 185-196.
- 山本淳一・澁谷尚樹（2009）エビデンスにもとづいた発達障害支援：応用行動分析学の貢献　行動分析学研究，**23**, 46-70.

索 引

あ

- アイゼンク……191 〜 194, 197, 225, 230
- 愛着……116, 179, 181
- 愛着行動……116, 181
- 曖昧図形……52, 53
- 明るさの対比……43
- アルゴリズム……157
- アレ（Allais）のパラドックス……139
- 暗順応……41
- 暗所視……33
- 閾値……40, 43
- 意識心理学……6, 7
- 維持リハーサル……125
- 一次性強化子……83
- 一般マッチング法則……95, 96
- 逸話蒐集法……69
- イド……195, 196, 199, 200, 227
- 意味記憶……127, 128
- 意味ネットワークモデル……128, 129
- 色残像……35, 43
- 因果的関係……16, 20, 24
- 印象……56, 206, 207
- ヴィゴツキー……167, 169 〜 172
- ウィトゲンシュタイン……10, 13, 153
- ウエーバー……5, 40, 44
- ヴェルトハイマー……7, 53, 62
- ヴント……2, 6, 7, 16
- 鋭敏化……71
- エピソード記憶……127
- エピソード記録法……21
- エビデンスベイスト・アプローチ……230
- エビングハウス……121, 122
- エリクソン……171 〜 173
- 演繹的推論……158 〜 160
- 横断的研究……184, 185
- 応用行動分析……234 〜 236
- 大きさの恒常性……57
- オールポート……170, 190 〜 192
- 奥行き知覚……59, 63, 64
- オペラント……76
- オペラント条件づけ……17, 41, 62, 68, 72, 74, 79, 83, 88, 93, 97 〜 99, 101, 102, 106, 111, 114, 132, 138, 142, 143, 154, 155, 159, 162 〜 164, 167, 181, 209, 216, 234
- オペラント行動（反応）……76, 77, 79, 96, 165, 166
- 重みづけ関数……140 〜 142

か

- 絵画的手がかり……60
- 快感原則……195
- 外言……167
- 外的帰属……207
- 概念……9, 17, 88, 97, 98, 128, 160, 161
- 解発子……70, 112
- 開放経済環境……97
- カウンセリング・マインド……230
- 科学哲学……9, 16, 17, 27
- 鍵刺激……70
- 蝸牛……36
- 学習曲線……72, 75
- 学習性動機……109, 111
- 学習性無力感……117
- 確率割引……148, 149
- 仮現運動……61, 62
- 過小マッチング……96, 222
- ガスリー……8
- 仮説演繹体系……9
- 過大マッチング……96, 222
- 価値関数……140, 141
- 活性化説……108
- 葛藤……143, 172, 173, 195, 196, 199, 200, 226, 227
- 構え……156
- 感覚運動期……174
- 感覚記憶……122, 124
- 間隔スケジュール……80
- 間欠強化……79
- 観察……8, 10, 13, 15 〜 23, 29, 30, 55, 57, 64, 69, 71, 89, 98, 155, 178, 179, 201, 207
- 観察学習……98, 106, 117, 234
- 干渉説……129

感情転移···227
関数分析···8
間接プライミング···························127, 128
完全マッチング·······································96
桿体···32, 33, 41
記憶······31, 62, 98, 101, 119 ～ 122, 124, ～ 136, 157, 186, 206, 213, 248
幾何学的錯視······································55, 56
記号·······28, 29, 88, 93, 94, 115, 159, 164
気質···189, 190
記述理論··138, 139
擬人主義的解釈·····································69
帰属···206 ～ 208
基礎生起率判断の誤り························162
期待効用理論·····························138 ～ 140
拮抗条件づけ·································231, 232
機能主義···7
帰納的推論····································158, 160
規範的影響···212
規範理論···138
記銘····································120 ～ 122, 124
キャノン・バード説··························108
キャノン··104, 108
強化······17, 72 ～ 74, 76 ～ 86, 94 ～ 98, 100, 101, 109 ～ 115, 163, 165, 166, 181, 184, 198, 209, 236, 238
強化子······76, 77, 79, 81, 83, 84, 94, 96, 97, 100, 109 ～ 112, 116, 117, 132, 133, 144, 146, 166, 218, 235, 237, 238
強化スケジュール····················79 ～ 81
共有地の悲劇································214, 215
均衡化···174
均等化··26
偶然的観察···18
具体的操作期····································174
クライエント中心療法········228 ～ 230
クラス概念···9
クレッチマー·······························189, 190
群化の法則··54
群間比較法································25 ～ 27
経験効果··27
形式的操作期····································174
系統的脱感作······································232

系列位置効果····························125, 132, 133
ゲーム理論······················206, 215 ～ 217
ケーラー··························7, 57, 88, 89, 155
ゲシュタルト心理学·······7, 53, 57, 61, 62, 155
言語·······36, 81, 88, 93, 153 ～ 155, 163, 168, 186, 218, 234
言語行動·······························154, 163 ～ 168, 209
検索の失敗説·····································129
検索·····································120, 121, 125, 128, 129
現実原則·······································195, 198
減衰説··129
5因子モデル·······························193, 194, 197
効果の法則······································75, 77
恒常現象··52, 58
恒常法··40
構成主義···7
行動価格··97
行動経済学·························96, 97, 142, 237
行動指紋··202
行動修正学·······································234
行動主義································7, 8, 11, 170, 191
行動随伴性············76, 78, 79, 82, 167, 233
行動分析学·················11, 172, 184, 198, 199, 234
行動変動性····································162, 163
行動療法··························193, 230, 231, 234, 238
行動理論··9
行動連鎖······································83, 114
効用·······························4, 44, 138, 139, 140
効用関数··139, 140
刻印づけ··70
心の理論··183, 184
誤信念課題····································183, 184
個体差·······26, 95, 174, 176, 178, 188, 193, 197, 198, 201, 202, 238
個体内比較法································25 ～ 27
コホート研究·····································185
混合実験計画法··································25
混交要因··25
混色···34, 35
コンピュータ・アナロジー··············122

さ

再学習……………………………………… 121, 122
再生法………………………… 62, 63, 121, 125
再体制化…………………………………………… 155
彩度………………………………………………… 35
再認法……………………………………………… 121
錯視現象……………………………………… 52, 55
3項強化随伴性………………… 76, 209, 234
参照点……………………………………………… 140
3色型色覚………………………………… 33, 34
三色説………………………………………………… 35
残像………………………………………… 35, 42, 43
三段論法………………………………………… 158
散布図……………………………………………… 22
ジェームズ…………………………………… 7, 108
ジェームズ・ランゲ説……………………… 108
シェマ…………………………………………… 173, 174
自我………………… 172, 195, 196, 198 〜 200, 227, 228
視覚的断崖……………………………………… 63, 64
視覚野…………………………………………………… 32
自我同一性……………………………………… 172
時間知覚……………………………………… 62, 63
時間評価…………………………………………… 62
弛緩法……………………………………………… 232
色相…………………………………………… 35, 43
刺激閾…………………………………… 37, 40, 41
刺激性制御………………………………… 82, 184
刺激等価性…………………………… 92, 93, 167
刺激布置…………………………………… 52, 54
思考…………… 6, 88, 153 〜 155, 157, 158, 162, 163, 167, 168, 174, 183, 193, 238
視紅…………………………………………………… 33
視交叉…………………………………………… 32, 33
試行錯誤…………………………… 75, 88, 89, 155
自己拘束…………………………………… 144, 215
自己産出運動……………………………………… 64
自己制御…………… 106, 143 〜 145, 148, 150, 176 〜 178, 196, 215
視神経……………………………………………… 32
指数関数…………………………………………… 147
自然科学的方法……………………… 8, 16, 17
実験心理学…………………………………… 6, 40

実際運動…………………………………………… 61
しっぺ返し方略……………………………… 218
自動運動…………………………………………… 61
自動反応形成……………………………………… 78
自発的回復………………………………………… 72
自発的微笑……………………………………… 179
視物質………………………………………… 33, 35
自閉症児………………………………… 184, 234
社会化……………………………………………… 170
社会構成主義………………………………………… 13
社会性の発達……………… 170, 176, 178, 206
社会的影響…………………………………… 206, 210
社会の交換理論……………………………… 214
社会の行動連鎖……………………………… 166
社会的順位…………………………… 206, 210, 218, 219
社会的ジレンマ………………… 206, 214, 215
社会的相互作用………… 206, 213, 214, 218, 219, 230, 234
社会的促進……………………………………… 210
社会的動機……………………………………… 111
社会的認知……………………………………… 206
社会的微笑……………………………………… 179
社会的抑制……………………………………… 210
社会割引………………………………………… 219
尺度構成……………………… 40, 43, 45 〜 47, 63
遮断化………………………………………… 77, 112
弱化…………………………………………… 76, 79
遮蔽（マスキング）…………………………… 43
囚人のジレンマゲーム…………………… 216, 217
従属変数…………………………………… 24 〜 26
集団………… 179, 206, 210, 212, 216, 218 〜 223, 234
縦断的研究……………………… 23, 184, 185
自由連想法……………………………………… 227
主観的等価点……… 40, 55, 146, 147, 149
主観的輪郭………………………………………… 54
需要の法則………………………………… 96, 97
需要の価格弾力性……………………………… 96
順向干渉………………………………………… 129
順序効果……………………………………… 26, 27
ジョーンズ…………………………………… 231, 232
生涯発達心理学……………………………… 172
消去………………………………… 72, 74, 79, 82, 83

状況依存的行為分析論（エスノメソドロジー）······················ 10, 13
状況論··· 201
条件刺激······················· 71, 72, 207, 231
条件性強化························· 83, 84, 111, 115
条件性強化子······························ 83, 84, 111
条件性弁別··· 91
条件性抑制·· 116
条件反射······················· 8, 71, 72, 207, 231
情動············ 103 〜 106, 108, 109, 112, 113, 115 〜 117, 192
情動条件づけ························· 73, 116, 231
衝動性················ 143, 144, 146, 148, 177, 193
情報処理·································· 122, 123, 157
情報処理モデル···································· 122
情報的影響··· 212
剰余変数·· 25
初頭性効果································· 125, 133
視力··· 36
新近性効果······························· 125, 126, 133
人工言語訓練······································· 91
新行動主義··· 8, 9
心身二元論··· 11
心理物理学··································· 39, 40
心理物理学的測定法··························· 40, 146
心理物理関数······················· 40, 41, 44, 45
推移的推論·· 159
錐体······································ 32, 33, 35, 41
随伴性形成行動···································· 167
推論············ 17, 18, 126, 155, 158 〜 162, 174
スキナー····· 8 〜 11, 13, 67, 74, 76, 77, 80, 98 〜 100, 165 〜 168, 170, 172, 198, 199
図と地の分化································· 52, 54
ストレンジ・シチュエーション法
·· 181
性格············ 187 〜 190, 193, 206, 207, 212
精神分析学······· 7, 104, 181, 195, 197, 198, 226, 227
生息地マッチング································ 222
精緻化リハーサル································ 125
生得的解発機構································ 10, 70
正の強化·· 78

正の強化子·· 79
正の罰··· 78, 79
節約率·· 122
セルフ・モニタリング法······················· 238
ゼロ和ゲーム····································· 215
宣言的記憶································· 126, 127
選好逆転··· 140
選好逆転現象······································ 140
前操作期·· 174
相関····························· 22, 177, 192, 219
相関係数······································ 22, 27
相関分析······················· 18, 19, 22, 23, 30
想起············ 120, 125, 127, 129, 132, 154
双曲線関数······················· 146, 147, 149, 236
相殺化·· 26
操作行動··· 110
操作主義·· 9
操作的定義·· 9
組織的観察···································· 19, 20

た

ダーウィン····························· 7, 68, 112, 113
代替関係································· 96, 97, 237
代替性·· 237
態度········ 172, 181, 197, 206, 208, 209, 211, 228
対比現象······································ 43, 52
代理性強化·· 98
多義図形······································ 52, 53
タクト······································ 166, 167
他行動強化法·························· 236 〜 238
短期記憶······ 122, 124 〜 126, 129, 132, 133, 135
探索行動·································· 109, 110
遅延割引····························· 145 〜 149, 177, 178
知覚的補完··· 54
チキンゲーム································ 216, 217
逐次接近法···································· 78, 99
チャンク··· 124
仲介変数（媒介変数）······························ 9
聴覚野·· 36
長期記憶······ 122, 124 〜 126, 129, 130, 136

超自我 195, 196, 199, 200, 227
調整遅延手続き 146
調節 173, 174
直接プライミング 127, 128
貯蔵 120, 121, 124, 126, 128, 134
貯蔵庫モデル 122, 124, 129, 134
直観像記憶 136
追跡研究 177, 185, 190
対呈示 72, 73, 78, 116, 231, 232
ティーチング・マシン 98～100
定位反射 38, 39, 71
ティンバーゲン 69, 70
デカルト 11, 153, 154
手続き的記憶 126, 127
徹底的行動主義 10, 11, 13, 198
デューイ 7
転移 227, 228
動因 104, 106, 200
同化 173, 174, 180
等感度曲線 37～39
動機づけ 62, 103～105, 108～111, 206
統合 18, 126, 142, 173, 226, 231
洞察 88, 89, 155, 197
同調 211, 212
動物心理物理学 39
トールマン 8, 9
特性 26, 36, 37, 39, 47, 67, 125, 176, 178, 185, 201, 212
特性論 190, 191, 193～195, 197
独立変数 24～26

な

内観心理学 6
内観法 6～8, 16
内言 167
内受容刺激 111, 114, 115
内的帰属 207, 208
内発的微笑 179
二次性強化子 83
二重盲験法 21
2色型色覚 34
認知行動療法 238
認知心理学 11～157, 201, 248, 249

認知的・感情的システム 201
認知的不協和理論 208, 209
認知の発達 170, 174, 176, 178
認知療法 238
ネオパーソナリティ目録 194

は

パース 7
パーソナリティ 176, 178, 187～199, 201, 202, 207, 208
パヴロフ 8, 70～72, 74
罰 76, 78, 79
発達の最近接領域 171, 172
ハル 8, 9
般化 73, 82, 83, 97, 98
般化勾配 82, 83
反対色 34
反対色説 35
反応形成 78, 99, 100, 172
ピアジェ 171, 173～175
ピアソン 9, 27, 28
非指示的療法 229
非ゼロ和ゲーム 216
ヒューリスティック 143, 157
表象 154
標本抽出（サンプリング） 20
比率スケジュール 80
比例尺度 46
不安階層表 232
フィッシャー 9, 28
封鎖経済環境 97
フェイディング法 145
フェヒナー 5, 40, 44
フェヒナーの対数法則 44, 45
フォン・ノイマン 215
フォン・フリッシュ 70
不可能図形 57
輻輳角 60
符号化 124
負の強化 78
負の強化子 79, 116, 117
負の罰 78, 79
プライミング 127, 128

プラグマティズム……………………… 7
プレマックの原理…………………… 84, 85
フロイト……… 7, 9, 104, 170 〜 172, 195,
　196, 198 〜 200, 226, 227
プログラム学習…………………… 98 〜 100
プロスペクト理論………………… 140 〜 143
分化強化…………………………………… 82
分析………………………… 18, 19, 22, 30, 192
ベイズの定理…………………………… 162
ベキ関数…………………………………45, 46
ヘルムホルツ……………………… 5, 35, 40
変形生成文法…………………………… 164
弁別……………………………… 82, 98, 167
弁別閾……………………………………… 40
弁別刺激……… 58, 76, 82, 83, 90, 94, 100,
　111, 166, 167, 209, 210
防衛機制………………………… 196, 227, 228
忘却曲線…………………………… 121, 122
方法論的行動主義…………………… 10, 11
方略…………………………… 215 〜 218
飽和化…………………………………77, 112
ホール……………………………………… 7
補完関係…………………………96, 237, 238
補完性……………………………… 237, 238
保持…………… 120 〜 122, 124 〜 126, 130
ホメオスタシス………………… 104, 106
本能行動………………………… 69, 70, 112

ま

マグニチュード推定法………………46, 47
マッチング法則… 94 〜 97, 138, 139, 218,
　223, 236
マッハ……………………… 15 〜 17, 27, 31
マンセルの表色系……………………… 35
満足の遅延…………………………… 176, 177
マンド…………………………………… 166
味覚嫌悪学習…………………… 73, 74, 233
見本合わせ課題……… 90, 91, 132, 133, 135
ミュラー・リヤーの錯視……………… 55
味蕾………………………………………… 47
無差別…………………………… 146, 218
無条件刺激…………………… 71, 72, 231
無条件性強化子………………………… 83

無条件反射……………………………… 71
明順応…………………………………… 41
明所視…………………………………… 33
明度……………………………………… 35
毛様筋の調節…………………………… 60
モーガン………………………………… 69
モーガンの公準………………………… 69
モジュラス（基準値）指定法……… 46
モルゲンシュテルン………………… 215

ゆ

誘因…………………………………… 104
誘導運動……………………………… 61
要因の水準…………………………… 24
要素心理学…………………………… 6, 7
抑圧…………………… 195, 196, 226 〜 228
4 色型色覚……………………………… 34
4 枚カード問題……………………… 159

ら

ライル………………………………… 11
リスク嫌悪…………………………… 141
リスク指向…………………………… 141
理想自由分布理論…………… 220 〜 223
リハーサル………… 124 〜 126, 129, 133
両眼視差……………………………… 60
臨界期………………………………… 70
類型………………………… 188, 192, 194, 197
類型論……………… 188 〜 192, 194, 197
累積記録……………………………… 80, 81
ルール支配行動……………………… 167
ルビンの杯………………………… 52, 53
馴化…………………………………… 71
連続強化……………………………… 79
ローレンツ…………………………… 69
ロジャーズ………………… 171, 228, 229
ロマネス…………………………… 68, 69
論理実証主義………………………… 9, 16
論理的思考………………………… 158, 174

わ

ワトソン……… 7 〜 9, 11, 16, 73, 116, 170,
　231

索引 261

■分担執筆者略歴

伊藤 正人（第1章，第2章，第3章，第4章，第7章担当）編者略歴参照

佐伯 大輔（さえき　だいすけ）（第5章，第6章，第10章，第13章担当）
 2000年4月　日本学術振興会特別研究員（DC 2）
 2001年3月　大阪市立大学大学院文学研究科後期博士課程単位修得退学
 2001年4月　日本学術振興会特別研究員（PD）
 2008年3月　博士（文学）
 現在　大阪公立大学大学院文学研究科教授

●専門分野
 学習心理学，行動分析学

●研究業績
 著書
  『価値割引の心理学：動物行動から経済現象まで』昭和堂（単著）2011
 論文
  佐伯大輔（2002）遅延報酬の価値割引と時間選好　『行動分析学研究』，16, 154-169. 他

山口 哲生（やまぐち　てつお）（第8章，第9章，第13章担当）
 2003年4月　日本学術振興会特別研究員（DC 2）
 2006年3月　大阪市立大学大学院文学研究科後期博士課程単位修得退学
 2012年9月　博士（文学）
 現在　東邦大学医学部准教授

●専門分野
 行動分析学，行動的意思決定

●研究業績
 論文
  山口哲生・伊藤正人（2006）理想自由分布理論に基づく個体分布の実験的検討：絶対報酬量と集団サイズの効果　『心理学研究』，76, 547-553. 他

空間 美智子（そらま　みちこ）（第11章，第12章，第14章担当）
 2011年3月　大阪市立大学大学院文学研究科後期博士課程修了　博士（文学）
 現在　京都ノートルダム女子大学現代人間学部准教授

●専門分野
 臨床心理学，行動分析学

●研究業績
 著書
  『セルフコントロールを育てる心理学：行動分析学からのアプローチ』昭和堂（単著）2022
 論文
  空間美智子・伊藤正人・佐伯大輔（2007）遅延による価値割引の枠組みを用いた就学前児の自己制御に関する実験的検討　『行動分析学研究』，20, 101-108. 他

■編者略歴

伊藤 正人（いとう　まさと）
1981年3月　慶應義塾大学大学院社会学研究科博士課程修了　文学博士
現在　大阪公立大学大学院文学研究科客員教授　大阪市立大学名誉教授
この間，カリフォルニア大学サンジェゴ校訪問教授（1982年-1983年），京都大学霊長類研究所共同利用研究員（1989年-1990年），Journal of the Experimental Analysis of Behavior 編集委員（1990年-1993年）などを務める．日本心理学会研究奨励賞受賞（1992年）

●専門分野
学習心理学，行動分析学

●研究業績
著書
『行動と学習の心理学：日常生活を理解する』昭和堂（単著）2005
『心理学研究法入門：行動研究のための研究計画とデータ解析』昭和堂（単著）2006
論文
Ito, M., & Asaki, K. (1982) Choice behavior of rats in a concurrent-chains schedule: Amount and delay of reinforcement. *Journal of the Experimental Analysis of Behavior*, 37, 383-392. を始めとして，*Journal of the Experimental Analysis of Behavior, Learning & Motivation, Animal Behaviour, Japanese Psychological Research*，心理学研究，動物心理学研究，行動分析学研究などで論文を多数公刊．

現代心理学――行動から見る心の探求

2013年4月25日　初版第1刷発行
2025年2月25日　初版第6刷発行

編　者　伊藤　正人
発行者　杉田　啓三

〒607-8494　京都市山科区日ノ岡堤谷町3-1
発行所　株式会社昭和堂
TEL(075)502-7500／FAX(075)502-7501
ホームページ　http://www.showado-kyoto.jp

ⓒ 2013　伊藤正人ほか　　　　　　　　　　印刷　亜細亜印刷
ISBN 978-4-8122-1308-7
＊落丁本・乱丁本はお取り替え致します．
Printed in Japan

本書のコピー，スキャン，デジタル化の無断複製は著作権法上での例外を除き禁じられています．本書を代行業者等の第三者に依頼してスキャンやデジタル化することは，たとえ個人や家庭内での利用でも著作権法違反です．